数据科学与大数据管理丛书

Intelligent Supply Chain
Management

智慧供应链管理

浦徐进 张文 程郁琨 主编

机械工业出版社
CHINA MACHINE PRESS

本书系统介绍了智慧供应链管理的基本概念和基本理论，并详细阐述了新兴技术驱动智慧供应链运作的全过程。本书包括以下内容：智慧供应链基本理论和发展历程、世界各国智慧供应链的政策体系及其演化、智慧供应链关键技术、智慧供应链组织变革、智慧物流管理、智慧库存管理、智慧采购管理、智慧营销管理、智慧风险管理、智慧质量管理、智慧供应链绩效管理、智慧供应链应用等。本书引入大量实际案例，聚焦大数据、区块链、云计算等新兴技术驱动智慧供应链运作的机理，层层深入地阐释企业构建强大、智慧、安全供应链体系的商业逻辑。

本书可作为高等院校大数据管理与应用、工商管理、工业工程等专业的"智慧供应链管理"课程教材，也可作为管理科学与工程、工商管理等学术学位硕士研究生，以及物流工程与管理、工业工程与管理等专业学位硕士研究生的参考用书，还可供企业供应链管理人员工作参考。

图书在版编目（CIP）数据

智慧供应链管理 / 浦徐进, 张文, 程郁琨主编．
北京：机械工业出版社, 2025.3．--（数据科学与大数据管理丛书）．-- ISBN 978-7-111-77549-2

Ⅰ．F252.1-39

中国国家版本馆 CIP 数据核字第 2025LG8234 号

机械工业出版社（北京市百万庄大街 22 号　邮政编码 100037）
策划编辑：张有利　　　　　　　　责任编辑：张有利　王华庆
责任校对：刘　雪　马荣华　景　飞　责任印制：任维东
天津嘉恒印务有限公司印刷
2025 年 4 月第 1 版第 1 次印刷
185mm×260mm・20.75 印张・472 千字
标准书号：ISBN 978-7-111-77549-2
定价：69.00 元

电话服务　　　　　　　　　　　网络服务
客服电话：010-88361066　　　　机　工　官　网：www.cmpbook.com
　　　　　010-88379833　　　　机　工　官　博：weibo.com/cmp1952
　　　　　010-68326294　　　　金　书　网：www.golden-book.com
封底无防伪标均为盗版　　　　机工教育服务网：www.cmpedu.com

前　言

智慧供应链是指通过有机结合日益成熟的物联网技术与现代供应链管理的理论、方法和技术，在企业内部以及企业之间构建的智能化、数字化、自动化、网络化的技术与管理综合集成系统。2017年10月，国务院办公厅发布《国务院办公厅关于积极推进供应链创新与应用的指导意见》，提出了促进制造供应链可视化和智能化的重要任务。《中华人民共和国国民经济和社会发展第十四个五年规划和2035年远景目标纲要》提出，分行业做好供应链战略设计和精准施策，形成具有更强创新力、更高附加值、更安全可靠的产业链供应链。习近平总书记在党的二十大报告中明确指出，"加快建设制造强国、质量强国、航天强国、交通强国、网络强国、数字中国。"党的二十大报告围绕建设现代化产业体系做出部署时强调，推动战略性新兴产业融合集群发展，构建新一代信息技术、人工智能、生物技术、新能源、新材料、高端装备、绿色环保等一批新的增长引擎。加快发展物联网，建设高效顺畅的流通体系，降低物流成本。

与同类教材相比，本教材在编写理念、内容安排和呈现方式等方面体现出一定的特色与创新。

（1）从习近平新时代中国特色社会主义思想的育人逻辑出发，将马克思主义立场、观点、方法贯穿教材始终，全面落实立德树人根本任务，教育引导青年学生坚定理想信念。

（2）针对数智技术与供应链管理相结合的全过程，准确阐述智慧供应链管理的基本概念、原理和方法，及时体现学科行业新知识、新技术、新成果，充分反映新时代中国特色社会主义伟大实践。

（3）引入大量实际案例，聚焦大数据、区块链、云计算等新兴技术驱动智慧供应链运作的机理，层层深入地阐释企业构建强大、智慧、安全供应链体系的商业逻辑。

本教材的结构由浦徐进确定；第1~4章由浦徐进负责，参与编写的人员包括肖仪、李浩、张熠璐、丁玉婷等同学；第5~8章由张文负责，参与编写的人员包括李素馨、蒋玉坤、曾国茂、代茗卓等同学；第9~12章由程郁琨负责，参与编写的人员包括曹雨馨、孟颖、左非凡等同学。本教材由浦徐进、张文统稿。

本教材的编写得到了机械工业出版社多位编辑老师的大力支持和帮助，正是在他们的精心指导下，我们的工作成果才得以呈现在读者眼前。在此，我们郑重地对诸位编辑致以诚挚的感谢和敬意。本教材的编写得到了国家自然科学基金项目的资助，感谢国家自然科学基金委员会管理科学部对本团队的长期支持。本教材在编写和评审的过程中也得到了顺丰集团的案例支持，在此特别感谢。

在本教材的编写过程中，我们参考了大量的相关教材和文献资料，虽然主要参考文献已经列出，但难免有参考文献的遗漏。我们向已经列出和未列出的参考文献的作者致以由衷的感谢。本教材但凡有可取之处，均受益于这些学者的学术贡献，而本教材存在的错漏，则应归咎于我们的学识有限，在此予以郑重声明。

由于编者水平有限，书中肯定有不妥之处，望广大读者不吝赐教。

编　者

目 录

前言

第1章 智慧供应链基本理论和发展历程……1

学习目标……1
开篇案例 菜鸟供应链搭建智慧供应网络……1
1.1 智慧供应链的内涵……2
1.2 智慧供应链管理的意义……5
1.3 智慧供应链的构建与优化……6
1.4 智慧供应链的产生与发展……11
1.5 智慧供应链管理的组织与实施……14
章末案例 京东的供应链智能化征程……17
习题……18

第2章 世界各国智慧供应链的政策体系及其演化……19

学习目标……19
开篇案例 德国智慧供应链的发展历程……19
2.1 美国智慧供应链的政策体系及其演化……21
2.2 欧洲各国智慧供应链的政策体系及其演化……23
2.3 日本智慧供应链的政策体系及其演化……26

2.4 韩国智慧供应链的政策体系及其演化……27
2.5 我国智慧供应链的政策体系及其演化……28
章末案例 深圳市智慧供应链发展的探索与实践……35
习题……36

第3章 智慧供应链关键技术……37

学习目标……37
开篇案例 顺丰科技探索物流与供应链场景下的万物互联……37
3.1 智慧供应链技术概述……38
3.2 物联网技术……39
3.3 移动互联网技术……48
3.4 大数据技术……56
3.5 云计算技术……63
3.6 人工智能技术……71
3.7 区块链技术……77
章末案例 菜鸟综合应用数智技术实现智慧供应链管理……86
习题……88

第4章 智慧供应链组织变革……89

学习目标……89
开篇案例 智慧供应链建设背景下京东的组织结构变革……89

4.1 供应链组织形态发展过程 ………… 90
4.2 供应链组织结构特征分析 ………… 94
4.3 智慧供应链组织结构 ……………… 98
4.4 智慧供应链生态体系 …………… 106
章末案例 物联网环境下华为供应链
　　　　　的组织结构变革 ………… 112
习题 …………………………………… 114

第 5 章　智慧物流管理 …………… 115
学习目标 ……………………………… 115
开篇案例　京东物流与茅台物流战
　　　　　略签约，携手推进全球
　　　　　范围智慧物流合作 ……… 115
5.1 物流与智慧物流概述 …………… 116
5.2 智慧物流系统的机理与架构 …… 127
5.3 智慧物流管理信息平台 ………… 135
5.4 智慧物流管理的组织与实施 …… 143
章末案例 中远海运科技：烟草智慧
　　　　　物流一体化管理平台 …… 145
习题 …………………………………… 148

第 6 章　智慧库存管理 …………… 149
学习目标 ……………………………… 149
开篇案例 京东推出"智慧供应链"，
　　　　　要让企业实现真正的
　　　　　"零库存" ………………… 149
6.1 智慧库存概述 …………………… 150
6.2 传统库存管理存在的问题 ……… 155
6.3 智慧库存系统的机理与架构 …… 157
6.4 智慧库存管理信息平台 ………… 167
6.5 智慧库存管理的组织与应用 …… 170
章末案例 日日顺物流智能仓开启
　　　　　大件物流仓储"智"时代 … 175
习题 …………………………………… 177

第 7 章　智慧采购管理 …………… 178
学习目标 ……………………………… 178
开篇案例 "赋能万物，智慧共赢"：
　　　　　小米集团采购数字化转
　　　　　型纪实 …………………… 178
7.1 智慧采购概述 …………………… 180
7.2 传统采购管理存在的问题 ……… 182
7.3 智慧采购系统的要素、架构
　　原则与业务体系 ………………… 183
7.4 智慧采购管理信息平台 ………… 186
7.5 智慧采购管理的组织与典型模式 … 193
章末案例 国家电网：数智赋能，创新
　　　　　融合——基于精益智能评审
　　　　　的采购管理创新实践 …… 196
习题 …………………………………… 198

第 8 章　智慧营销管理 …………… 199
学习目标 ……………………………… 199
开篇案例 百度智慧营销打开品牌
　　　　　增长新蓝海 ……………… 199
8.1 智慧营销概述 …………………… 200
8.2 智慧营销系统的特征与架构原则 … 205
8.3 智慧营销系统的业务体系 ……… 208
8.4 智慧营销管理的组织与实施 …… 227
章末案例 数字化驱动拼多多营销
　　　　　模式创新 ………………… 229
习题 …………………………………… 231

第 9 章　智慧风险管理 …………… 232
学习目标 ……………………………… 232
开篇案例 美国港口卡车司机罢工
　　　　　抗议加剧供应链危机 …… 232
9.1 传统风险管理概述 ……………… 233
9.2 智慧风险管理的内涵 …………… 243

9.3 智慧风险管理系统 …………… 246
9.4 智慧风险管理的组织、应用
　　及实践 ………………………… 252
章末案例　金米智慧供应链服务 …… 254
习题 …………………………………… 255

第 10 章　智慧质量管理 ………… 256
学习目标 ……………………………… 256
开篇案例　犀牛智造的质量管理 …… 256
10.1 传统供应链质量管理概述 ……… 257
10.2 智慧供应链质量管理的内涵 …… 264
10.3 智慧供应链的原则和形成过程 … 267
10.4 智慧供应链质量标准体系的
　　　构建 …………………………… 269
10.5 智慧供应链质量管理的组织、
　　　应用及实践 …………………… 275
章末案例　蒙牛集团"智慧质量"
　　　　　数字化管理工程 ………… 277
习题 …………………………………… 279

第 11 章　智慧供应链绩效管理 …… 280
学习目标 ……………………………… 280
开篇案例　人工智能与大数据的完美
　　　　　结合，让城市变得智能 … 280

11.1 供应链绩效管理概述 …………… 281
11.2 智慧供应链绩效管理概述 ……… 289
11.3 智慧供应链绩效评价体系 ……… 295
11.4 智慧供应链绩效管理的实施与
　　　价值 …………………………… 300
章末案例　"丰智云"助力：顺丰智慧
　　　　　供应链绩效提升与数字化
　　　　　转型 …………………… 304
习题 …………………………………… 306

第 12 章　智慧供应链应用 ………… 307
学习目标 ……………………………… 307
开篇案例　京东的智慧供应链与
　　　　　无人仓储物流系统 ……… 307
12.1 智慧供应链对农业领域的影响 … 308
12.2 智慧供应链对金融领域的影响 … 311
12.3 智慧供应链对能源领域的影响 … 314
12.4 智慧供应链对新零售领域的
　　　影响 …………………………… 317
12.5 智慧供应链对智能制造领域
　　　的影响 ………………………… 318

参考文献 …………………………… 321

第1章 智慧供应链基本理论和发展历程

【学习目标】

通过本章的学习，学生应该能够：
☑ 了解智慧供应链的内涵；
☑ 了解智慧供应链的发展历程及我国智慧供应链的发展现状；
☑ 掌握智慧供应链的基本构建框架及优化方法。

● 开篇案例　　菜鸟供应链搭建智慧供应网络

菜鸟网络（Cainiao Network，简称"菜鸟"）是阿里巴巴集团旗下的智慧供应链平台，成立于2013年。作为全球领先的智慧供应链服务提供商之一，菜鸟致力于通过整合物流资源和应用新技术，为消费者、商家和物流公司提供高效、可追溯的供应链解决方案。

菜鸟的成立是为了满足全球最大、最复杂的电商平台阿里巴巴对供应链服务不断增长和变化的需求，并为阿里巴巴旗下的速卖通、淘宝、天猫、天猫国际及天猫淘宝海外等电商平台提供服务，从而支撑阿里巴巴电商平台业务的运作。得益于阿里巴巴平台的支持，菜鸟对电商及电商供应链的洞察有先天的优势，并对全球电商动态格局有深刻的了解。菜鸟拥有行业一流的专业研发团队，在人工智能、智能硬件、软件应用等方面表现出色，致力于全球智能网络及人工智能技术在物流价值链中的创新，是国内第一家成功引入标准化电子面单系统的物流公司，率先推出创新的逆向物流服务，并通过物流价值链的大量信息训练人工智能（Artificial Intelligence，AI）引擎，通过AI技术帮助公司实现降本增效、优化运营。

菜鸟不断发展端到端的物流方案实施能力，战略性控制关键节点以保障服务质量与可靠性，根据菜鸟官网2023年的公告，公司供应链形成了复杂而庞大的网络体系。

（1）综合电商物流枢纽，总建筑面积超过 15 万 m^2 的两个 e-Hub（贸易数字中枢），包括面向 38 个国家和地区的枢纽列日 e-Hub 以及面向东南亚电商市场的枢纽吉隆坡 e-Hub。

（2）仓库，国内物流有超过 750 个专用仓，国际物流有超过 360 个专用仓，管理的 1 100 多个仓库总面积达到 1 650 万 m^2。

（3）分拣中心，国内物流有超过 350 个分拣中心，国际物流有超过 27 个分拣中心。

（4）干线运输，与第三方服务提供商（如中国国际货运航空股份有限公司等）合作，截至 2023 年 6 月 30 日，跨境航线已有超 2 700 条运输线路。

（5）清关，截至 2023 年 6 月 30 日，已与超过 100 个口岸建立智能清关系统。

（6）末端，国内配送网点超 4 400 个，驿站超 17 万个。

我国是全球跨境电商物流市场的最大组成部分和主要增长动力。在未来，跨境电商物流预计将超越全球电商物流市场的整体增长，2023—2027 年复合年均增长率（Compound Annual Growth Rate，CAGR）预计为 18.7%，占同期整体市场增量的 49.6%。当前，菜鸟正在紧抓出海大趋势，逐步构建高密度的全球覆盖网络。

资料来源：秦朔，中国新动力：为了让世界变得更平‖大视野，微信公众号：秦朔朋友圈，2023 年 11 月 13 日。

1.1　智慧供应链的内涵

1.1.1　供应链与供应链管理

21 世纪的企业竞争更多是供应链水平之间的竞争，供应链的管理思想改变了企业商业模式的思维和商业活动的方式，谁能拥有独特优势的供应链，谁就能获得竞争优势。

"供应链"这一名词直接译自英文 Supply Chain，许多学者从不同的角度给出了不同的定义。虽说不同学者的表述不完全一致，但都认为供应链是一个系统，是人类生产活动和社会经济活动中客观存在的事物。人类生产和生活的必需品都要经历从最初的原材料生产、零部件加工、产品装配、分销、零售到最终消费这一过程。这里既有物质产品的生产和消费，也有非物质形态（如服务）产品的生产（提供服务）和消费（享受服务）。生产、流通、交易、消费等环节形成了一个完整的供应链系统，具体来说就是围绕核心企业，通过对信息流、物流、资金流的控制，从采购原材料开始，制成中间产品（如零部件）和在制品，直至生产出最终产品，最后由销售网络把产品送到消费者手中，将供应商、制造商、分销商和零售商直至消费者连成一个整体的功能网链结构，如图 1-1 所示。

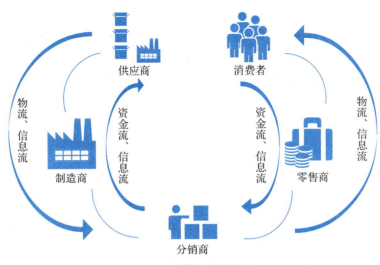

图 1-1　供应链功能网

供应链管理（Supply Chain Management，SCM）是在市场竞争加剧、现代信息技术发展，以及传统的企业管理模式存在弊端等背景下形成的管理思想，是一种战略性的、系统性的方法，旨在协调和优化涉及产品或服务从原材料采购到最终消费者的全过程活动，它涵盖了供应链中各个环节和参与方之间的物流、信息流和资金流。供应链管理的关键目标是提高供应链的效率、灵活性和反应能力，以满足消费者需求并实现持续竞争优势。具体来说，供应链管理就是围绕核心企业，将供应商、制造商、分销商和零售商进行集成化管理，并利用计算机网络技术全面规划供应链中的物流、信息流和资金流等，从而实现在生产出满足服务水平要求的商品的同时使系统的成本最小化。

1.1.2　智慧供应链的概念

2017 年 10 月，国务院办公厅发布了《国务院办公厅关于积极推进供应链创新与应用的指导意见》，意见指出，要加强供应链的可视化与智能化，到 2020 年形成一批适合我国国情的供应链发展新技术和新模式，基本形成覆盖我国重点产业的智慧供应链体系。

随着全球经济环境发生巨变，国际局势动荡，大国贸易摩擦不断，我们真切地感受到各种危机发生的频率在加快，黑天鹅事件接连发生，事件因果不再具有线性相关，世界越发无法预测、难以理解，市场环境的波动性和不确定性进一步加强。供应链作为企业核心竞争力之一，其重要性再次置于商业成功的聚光灯下，如何通过打造韧性供应链来增强企业面对复杂和不确定环境的生存能力，正成为企业亟待解决的难题。《2024 年国务院政府工作报告》提出，要大力推进现代化产业体系建设，推动产业链供应链优化升级，明确了产业链现代化的重点任务。因此，运用人工智能和数字化技术赋能供应链业务的智慧供应链模式引起了产业界和学术界的高度重视，成为未来供应链优化升级的主流方向。

"智慧供应链"的概念由复旦大学的罗钢博士于 2009 年在上海市的信息化与工业化融合会议上首先提出。它是一种结合了物联网技术，现代供应链管理理论、方法和技术，在企业以及企业间构建的，实现供应链智能化、网络化和自动化的技术与管理综合集成系统。Wu 等学者也将"智慧供应链"定义为新的互联业务系统，从孤立的、本地的和单一的企业应用程序扩展到供应链范围内的系统性智能实施。近年来，多位学者进一步阐述了智慧供应链的内涵，如智慧供应链是一种具备按需定制化、流程可视化、智能反应以及拥有良好的预警系统等特点的柔性组织，能够实现供应链的精敏化；智慧供应链是将一系列现代科学技术应用到产业供应链管理过程中，实现供应链体系的高度智能化；智慧供应链是将智能技术与管理融合的集成系统，具备可视化、透明化和协同性三大特点。

事实上，智慧供应链的核心是使供应链中的成员实现无缝对接，尽量消除信息不对称因素的影响，最终从根本上解决供应链效率问题。因此，本书对智慧供应链采用如下定义：智慧供应链是以市场和用户需求为导向，以"人、货、场"为核心，依托大数据、人工智能等技术驱动，实现对选品、定价、库存、销售、物流、配送等环节的精准化管控，形成智能决策、智能运营和智能营销，最终实现成本、效益和用户体验优化的供应链模式。

1.1.3 智慧供应链的优势

智慧供应链与传统供应链的区别在于，传统供应链主要依赖于人工操作和管理，信息化水平较低，容易受到人为因素的影响；而智慧供应链则通过先进的技术手段，实现了各环节的自动化、智能化和可视化管理。与传统供应链相比，智慧供应链在数字化程度、协同程度、运作模式上具有明显优势。

（1）智慧供应链的渗透性更强。智慧供应链利用物联网、传感器和数据分析等技术，实现对供应链各环节的实时监测和数据采集。供应链各参与方能够获得准确、及时的信息，从而提高整体的可视化和透明化程度。管理层和运营层会主动吸纳物联网、互联网、人工智能、大数据、云计算以及区块链等关键技术，推动供应链管理模式不断升级，为这些技术的应用提供更好的条件。

（2）智慧供应链的延展性更强。智慧供应链是以先进的互联网信息化技术为支撑的，供应链中的各类信息具有更强的流动性、整合性与共享性，企业可以随时与供应链上下游的其他成员进行沟通交互，从而大大增强了供应链的延展性，有效解决了传统供应链中因信息层级传递而造成的效率降低等问题。

（3）智慧供应链的可视化程度更高。智慧供应链可以提供关于物流和供应链其他方面的实时数据，帮助企业应对库存短缺、避免瓶颈、满足合规要求，并跟踪产品到交付。供应链可视化可以改善用户和供应商的关系，提高供应链效率，增加利润率。

（4）智慧供应链能够更好地应对市场变化和需求波动。通过实时监测和数据分析，企业可以更及时地调整生产计划、库存管理计划和物流运输计划，以适应需求的变化。这种灵活性和敏捷性可以帮助企业降低成本、提高用户满意度，并在竞争激烈的市场中保持竞争优势。

（5）智慧供应链的信息技术性更强。智慧供应链通过数字化和自动化技术，实现供应链各参与方之间的协同合作和信息共享。这种协同合作可以促进供应链的高效运作和资源优化，同时也有助于更好地管理供应链中的环境影响，减少资源浪费，并支持可持续发展的目标。

（6）智慧供应链的流程更透明。智慧供应链可以使企业能够透明地采取行动，并通过模拟可能的情景和变化来预测未来的结果（What-If场景），进而根据不断变化的条件及时调整供应链。

目前，智慧供应链体系有三大主要模块，分别是数字经济、共享经济和电子商务；形成了一些新型基础设施，包括物联网、人工智能等；融入了一些先进的计算机技术，包括云计算、大数据、区块链等。从技术层面来看，智慧供应链主要涵盖物联网、人工智能、云计算、大数据、区块链等基础设施及技术。首先利用大数据、云计算等技术存储物流数据，对数据进行优化；其次通过区块链、人工智能、物联网等技术和基础设施对智慧供应链进行完善；最后实现三大目标，分别是供应链信用、供应链合理决策和供应链节点协同。

1.2 智慧供应链管理的意义

智慧供应链结合了先进的物联网技术和现代供应链管理理论、方法与技术，实现了供应链的数字化、网络化、智能化，是未来供应链发展、变革、转型的必然方向。

1. 有效整合供应链的内部信息

在传统供应链系统中，成员间的信息交流只是局限于具有直接供需关系的企业之间，同时在实际交流过程中，不同企业采用的信息标准也不一致，从而导致供应链系统中的信息无法实现自由流通、整合与共享。

智慧供应链是以智能化信息技术的集成为支撑的，能够借助大数据、云计算、人工智能等先进技术有效解决成员之间信息系统的异构性问题，从而保证了信息在整个供应链系统中的自由高效流通，具有更强的信息整合性与共享性。

2. 增强供应链流程的可视化和透明性

在传统供应链系统中，上下游企业之间的信息相对孤立隔绝，缺乏流动性、共享性，整个供应链的可视化程度很低，从而导致上下游企业只能从自身业务和所处环节出发选择合作伙伴，而不能基于对整个供应链系统产供销状况的全面了解来做出最优选择，进而使供应链中企业之间缺乏一致性和协作性，无法建立良好稳定的合作关系，供应链系统的整体运作效率和竞争力较低。

智慧供应链具有更强的可视化和透明性，能够实现内部企业间信息的充分沟通和共享。企业可以及时、全面地获取供应链中各环节流程的信息，增强对内外部环境的敏锐感知与快速合理的反应能力，并通过与上下游企业的整合协作，实现有序生产管理，提升整个供应链的运作效率。

3. 实现供应链全球化管理

在传统供应链系统中，信息交流沟通主要表现为点对点的方式，但是，随着供应链的拓展和内部层级的不断增多，这种沟通方式越来越难以应对更加复杂的信息流通需求。

智慧供应链系统具有更强的延展性，有助于实现供应链的全球化扩张和管理，同时又能有效避免因全球化扩张而导致的信息流通不畅、运作效率下降等问题。信息的高度整合及其共享性与可视化的特点，重塑了以往点对点的交流沟通方式，使智慧供应链信息流通更加自由高效，从而打破了成员间的信息交流阻碍，可以更高效地实现供应链的全球化管理。

4. 降低企业的运营风险

在传统供应链中，可能导致安全风险的因素非常复杂，如果没有良好的供应链安全管理和风险控制，由于供应链导致的安全风险就会急剧增加，企业甚至无法了解安全风险是如何发生，这样就难以避免或防范下一次类似的安全风险。

智慧供应链系统具有信息整合共享性、可视化、延展性以及协作性等优势，有效解决了传统供应链中信息流通不畅、不能共享、成员协作化程度低等痛点，使内部成员可以全面实时了解整个供应链中各环节流程的产供销状况，促进上下游企业的有效整合协作，从而降低企业运营风险，提高整个供应链系统的运作效率和效果。

1.3 智慧供应链的构建与优化

智慧供应链构建与优化的主要任务是利用新兴技术（如物联网、人工智能、大数据等）来实现供应链的智能化、高效化和可持续发展，包括实现实时可视化，提高信息透明度，优化数据分析和决策支持，提升灵活性和敏捷性，促进协同合作，增强可持续性等。通过建立数字化平台、整合供应链数据、应用智能算法等手段，企业可以优化需求预测、库存管理、生产计划和物流运输等环节，提高供应链效率、降低成本、满足市场需求，实现可持续发展目标。

1.3.1 智慧供应链的构建原则

近年来，越来越多的企业开始实施智慧供应链管理，对原有管理模式进行改革。尽管现代化的管理模式能够加速供应链的运作，但是供应链容易受到诸多外界因素的影响而无法正常运作。出现意外情况后，无论是供应链上哪个环节的生产及运作受到影响，都会对其他环节的企业发展产生干扰。因此，智慧供应链的构建应该遵循以下原则。

（1）数据驱动：智慧供应链的构建应以数据为基础，通过收集、分析和利用大数据来支持决策和优化供应链运作。数据驱动的方法可以提供准确的信息和实时的洞察，帮助企业更好地了解供应链的状态、需求和风险，从而做出更明智的决策。

（2）整体优化：智慧供应链的构建应该从整体优化的角度考虑，而不是仅仅关注某一环节或某一功能的改进。企业需要综合考虑供应链的各个环节和参与者，并通过优化流程、提高效率和减少浪费来实现整体的供应链优化。

（3）协同合作：智慧供应链的构建需要建立紧密的协同合作关系，包括供应商、物流合作伙伴、零售商以及其他利益相关者。通过共享信息、资源和风险，实现供应链各方的协同规划、协同决策和协同执行,从而提高供应链的灵活性和响应能力。

（4）技术创新：智慧供应链的构建需要积极采用新兴技术（如人工智能、物联网、区块链等）。这些新兴技术可以改善供应链的可视化、预测性和自动化程度,提高供应链的效率、可靠性和安全性。

（5）持续改进：智慧供应链的构建需要有一个持续的过程,需要不断进行改进和优化。企业应该建立能够适应市场环境变化的机制,不断评估和调整供应链的表现,并采取措施来解决问题、改进流程和应对新的挑战。

1.3.2 智慧供应链构建的总体框架及关键技术

智慧供应链构建的总体框架包括数据整合与可视化、数据分析与预测、实时监控与响应、协同合作与追溯,以及持续改进与创新,这些组成部分相互关联,可以用智慧供应链管理信息系统和智慧供应链图谱来表示。

1. 智慧供应链管理信息系统

智慧供应链管理信息系统是智慧供应链的关键支持系统,其体系结构可以用如图 1-2 所示的金字塔表示。该金字塔从整个供应链管理的角度,对智慧物流系统进行全面协调、监控和管理。

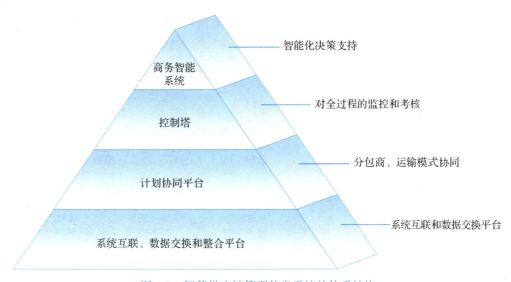

图 1-2 智慧供应链管理信息系统的体系结构

金字塔的底层是系统互联、数据交换和整合平台,用于与供应链各参与方或同一参与方的其他应用系统进行互联对接和数据协同共享。企业内部的应用系统集成主要通过企业服务总线（Enterprise Service Bus, ESB）和接口技术等实现,而与外部企业（供应商、制造商和物流分包商）的数据交换则通过系统互联和电子数据交换（Electronic Data Interchange, EDI）实现。

金字塔的第 2 层是计划协同平台,根据订单和供应链上的资源情况,以智能化方式制订总体物流计划,并将其分解成具体环节或针对具体物流服务商的分计划。

这些分计划会被分配给各分包商或子系统，并根据总体计划执行。同时，平台的商务模块根据与各分包商的合同和完成的服务对应付费用进行核算管理，根据与供应商的合同对整个供应链的应收费用进行核算管理，并形成应收/应付凭证，通过接口转发至财务系统。

控制塔位于金字塔的第 3 层，是针对复杂供应链管理需求而发展起来的体系。它对供应链全过程进行全面监控、异常事件控制和量化考核，类似于机场中高层的控制塔台，具备总揽全局的能力。

金字塔的顶层是商务智能系统，用于供应链的智能化决策支持。当前物流行业的商务智能系统通常基于规则库、知识库和决策支持体系构建，可以完成成本绩效分析、方案推演和优化等基本决策支持功能。通过建立数学模型或应用其他大数据分析方法，实现对整个供应链运作的智能化决策支持。

2. 智慧供应链图谱

罗戈研究院在 2017 年提出了智慧供应链图谱，根据管理层级将智慧供应链自上而下分为 3 个部分，包括智慧化平台（决策层）、数字化运营（管理层）、自动化作业（作业层），如图 1-3 所示。如果把智慧物流比作人，那么智慧化平台是"大脑"，数字化运营是"中枢"，而自动化作业则是"四肢"。

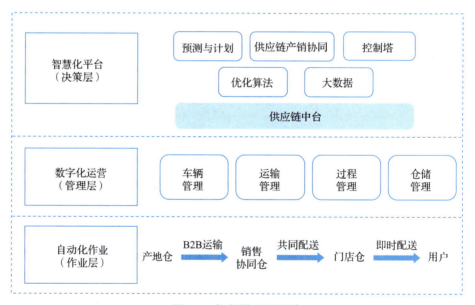

图 1-3　智慧供应链图谱

供应链的决策层主要包括预测与计划、供应链产销协同、控制塔，以及支撑这些决策功能的优化算法和大数据。此外，与传统供应链主要依靠企业资源计划（Enterprise Resource Planning，ERP）系统总揽各项业务不同，智慧供应链正在塑造全新的"大中台"概念。通过供应链中台，实现多资源组织和全生态管控与优化，以满足供应链整体的信息化、系统化、互联化的发展需求。图 1-3 所显示的供应链中台从不同工作台的视角，把整个业务从商品到计划、采购、履约、库存、结算全部包含进来。通过在数据应用架构上设置不同的规则、应用模型和算法模型，为供应链运作提供全方位支持，实现多资源、多组织、全生态管控与优化。包括供应商、商品、订单、库存、结算、会员、模式在内的底层业务为供应链中台提供了实践场景，通过对这些实践场景产生的数据进行数字化处理，将其做成数据架构，再利用人工智能和大数据分析技术，面向不同的角色形成能够支持供应链运作的有效决策，从而指导管理实践。智慧供应链利用智慧化平台去计算、思考、决策，通过数字化运营平台评估供应商供货量、供货价格、仓储量、入仓位置，并对用户喜好、需求数量等做出精准预测，从而指导企业经营以及仓储、运输等自动化作业。

管理层是系统管理层面，通过管理系统来连接作业层，支持决策层。这个系统层面更偏向于供应链执行，更多关注物流和运营，包含车辆管理、运输管理、过程管理和仓储管理，未来也会更多地涉及物联网。

作业层主要是仓储作业和运输作业。基于不同的仓储配送需求，其涉及的内容和模式也各不相同。以零售为例，在典型的 B2C（Business-to-Consumer）电商领域，有快递公司和仓配公司，仓库的布局主要是贴近消费端。面向新零售，则需要线上线下融合的仓库门店一体。门店既是仓库，同时也越来越成为新的机会点。对于 B2B（Business-to-Business），仓的体系包括流通端的产地仓与销售协同仓、门店仓，随着销售协同仓密度的提高，产地仓将会是新的机会点。

互联网、物联网、云计算、大数据等技术的飞速发展，推动供应链管理逐渐向可视化、智能化、自动化、集成化和云化的方向发展。智慧供应链运作通常会用到以下技术：①数据技术，包括数据收集、存储以及分析技术；②人工智能技术，包括机器学习技术、算法技术；③数学应用技术，包括运筹学与统计学的相关技术；④信息技术，包括信息传输技术、网络通信技术；⑤流程管理技术，包括准时制（Just In Time，JIT）、约束理论（Theory of Constraints，TOC）、业务流程再造（Business Process Reengineering，BPR）等。

在智慧供应链时代，制造企业需要实现物流与信息流的统一。企业内部的采购、生产、销售流程都伴随着物料的流动，因此越来越多的制造企业开始重视物流自动化，自动化立体仓库、自动导引车（Automated Guided Vehicle，AGV）、智能吊挂系统在制造企业得到了广泛的应用；而在仓储与配送环节，智能分拣系统、堆垛机器人、自动辊道系统日趋普及。仓储管理系统（Warehouse Management System，WMS）和运输管理系统（Transport Management System，TMS）也受到普遍关注。

实现智慧供应链的关键技术还包括自动识别技术，例如无线电射频识别（Radio Frequency Identification，RFID）或条码、地理信息系统（Geographic Information System，GIS）/全球定位系统（Global Position System，GPS）定位、电子商务、EDI 技术，以及供应链协同计划与优化技术等。其中，EDI 技术是企业间信息集成（B2B Integration）的必备手段。EDI 技术最重要的价值，就是可以在供应链上下游企业之间，通过信息系统之间的通信，实现整个交易过程无须人工干预。历经多年发展，主流的 EDI 技术已经基于互联网来传输数据，而我国很多大型企业建立的供应商门户实际上只是一种 Web EDI，不能与供应商的信息系统集成，供应商只能人工查询信息。

供应链协同计划与优化是智慧供应链最核心的技术，可以实现供应链同步化，真正消除供应链的牛鞭效应，帮助企业及时应对市场波动。虽然部分供应链已实现了信息的交互及业务上的协同,但是这种所谓的协同并没有智能的成分,仅仅提高了人为决策的同步性和反应性。目前,智能决策技术主要包括智能需求预测技术(包括大数据挖掘、机器学习、神经网络等)、智能生产与库存计划决策(包括运筹优化、智能算法技术、决策分析等)、供应链运行智能预警监控技术(包括智能推理、专家系统和仿真技术等)。

1.3.3 智慧供应链的类型与匹配策略

智慧供应链的类型与匹配策略是智慧供应链管理中的重要议题。智慧供应链的类型可以根据供应链中信息技术的应用程度和整合程度进行分类,并根据不同类型的供应链选择相应的匹配策略。

1. 信息集成型供应链及其匹配策略

信息集成型供应链的核心是通过信息技术的应用,实现供应链各环节和参与方之间信息的整合和共享,从而实现供应链的高度协同和效率优化。在信息集成型供应链中,各个环节的信息系统通过统一的信息平台进行集成,不同参与方之间的数据交换和协同决策得以实现,从而实现供应链的全过程可视化和有效管理。这种供应链的关键特征是采用标准化的数据交换协议和接口,确保信息的一致性和实时性,以及通过信息共享和协同决策支持系统,实现供应链的高效运作和灵活响应。

在信息集成型供应链中,供应链参与方之间的信息流通和协同合作是关键。通过建立统一的信息平台和数据集成架构,不同环节的信息系统能够实现互联互通,实时共享供应链的关键信息,从而提高供应链的响应速度和决策质量。此外,信息集成型供应链还可以通过数据分析和挖掘技术,实现对供应链运作的实时监控和预测分析,帮助企业做出更准确的决策和调整。

匹配策略:信息集成型供应链的建立和运营需要企业在信息技术和组织管理方面做出相应的投资和改进。企业需要建立适应信息集成型供应链的信息系统架构,包括企业内部应用系统的集成和外部供应链参与方的数据交换。同时,企业还需要培养具备信息集成和协同管理能力的人才,并建立相应的组织机构和流程,以实现供应链各环节的有效协同和决策支持。

2. 网络化供应链及其匹配策略

网络化供应链的核心是通过互联网和物联网技术,将不同的供应链参与方连接在一起,实现供应链的虚拟化和网络化管理。在网络化供应链中,信息和数据在互联网上进行传递和共享,供应链的各个环节和参与方通过网络进行沟通和协同,实现供应链的高效运作和资源优化。这种供应链类型的关键特征是构建安全可靠的网络通信基础设施,利用云计算和边缘计算技术进行数据存储和处理,以及应用物联网技术实现设备间的互联互通。

在网络化供应链中,互联网和物联网技术发挥着关键作用。通过建立安全可靠的网络通信基础设施,供应链参与方可以实现实时的信息交换和数据共享,加快供应链的决策速度和响应能力。同时,云计算和边缘计算技术使供应链具备强大的数据存储和处理能力,使得供应链参与方可以基于大数据分析和机器学习等技术进行供应链的优化和决策支持。此外,物联网技术的应用使得供应链中的物理设备能够通过网络互联，实现设备状态的实时监测和远程控制，提高供应链的运作效率和可靠性。

匹配策略：建立和运作网络化供应链需要企业建立安全可靠的网络通信基础设施，保障供应链数据的安全和隐私。同时，企业还需要进行信息系统的升级和整合，确保供应链参与方之间的数据交换和协同能够顺利进行。此外，企业还需要培养具备网络化供应链管理能力的人才，并建立相应的组织机构和流程，以实现供应链的网络化协同和决策支持。

3. 智能化供应链及其匹配策略

智能化供应链的核心是利用人工智能、大数据和机器学习等技术，实现供应链的自动化和智能化运营。在智能化供应链中，通过引入智能技术，供应链的各个环节和关键决策过程能够自动化执行和智能化优化，从而提高供应链的效率、可靠性和灵活性。这种供应链类型的关键特征是应用数据挖掘和预测分析技术进行需求预测和库存优化，采用智能物流和自动化仓储技术提高物流效率，利用智能合约和区块链技术确保交易的透明和安全等。

在智能化供应链中，人工智能技术发挥着重要作用。通过对大量的供应链数据进行分析和挖掘，人工智能可以帮助企业进行准确的需求预测和库存优化，减少库存成本，降低缺货风险。同时，智能化供应链还可以应用智能物流和自动化仓储技术，实现物流过程的自动化和智能化，提高物流效率和准时交付率。此外，智能合约和区块链技术的应用可以确保供应链交易的透明和安全，减少信息不对称，降低欺诈风险。

匹配策略：建立和运营智能化供应链需要企业建立适应智能化供应链的信息系统架构，包括数据采集和处理、智能决策支持等方面的技术应用。同时，企业还需要培养具备人工智能和数据分析能力的人才，建立相应的组织机构和流程，以实现供应链的智能化协同和决策支持。

此外，根据具体行业和供应链特点，还有其他类型的智慧供应链，如定制化供应链、可持续供应链等。对于每种类型的智慧供应链，都需要根据其特点和需求制定相应的匹配策略，以实现供应链的优化和提升。

1.4 智慧供应链的产生与发展

1.4.1 智慧供应链的发展历程

智慧供应链的发展始于技术创新的推动。企业积极采用新兴技术（如物联网传感器和 RFID 技术），实现供应链各环节的实时监测和数据采集。同时，人工智能和大数据技术的引入，为企业提供了更准确的预测和决策支持，加强了供应链规划并优化了资源配置。智慧供应链的发展历程与大数据的应用息息相关，发展阶段可以分为大数据普及阶段和大数据共享阶段。

1. 大数据普及阶段

大数据普及阶段是从 21 世纪初至 2008 年，企业开始意识到供应链各环节之间的协调和整合的重要性。大数据普及阶段的核心是以数据为驱动,通过更加智能化和预测性的技术来优化供应链运作。在这一阶段,企业开始应用大数据、人工智能、物联网和云计算等技术,实现供应链的实时监测、预测分析和自动化决策。通过智能化的供应链规划、需求预测和库存管理,企业能够更好地应对市场需求波动,减少库存风险,并实现供应链的灵活性和响应性。大数据普及阶段的关键目标是实现供应链的智能化和可持续发展。

2. 大数据共享阶段

大数据共享阶段是从 2008 年至今,尤其是在数字经济和共享经济兴起的背景下,智慧供应链得到了快速发展。大数据共享阶段是在大数据普及阶段基础上的进一步演进,其核心是建立更加开放和协同的供应链生态系统。在这一阶段,企业开始与供应链伙伴、第三方服务提供商和消费者共享数据和资源,实现供应链的全流程协同和价值共创。通过区块链技术的应用,实现了供应链的可追溯性、透明性和安全性,促进供应链伙伴之间的信任和合作。同时,大数据共享阶段还注重可持续发展和社会责任,将环境、社会和治理因素纳入供应链决策和运作中。大数据共享阶段的关键目标是实现供应链的协同创新和共享经济,数字化转型、供应链金融的融合发展以及网络化协同与共享经济在此阶段起到了至关重要的作用。

数字化转型是智慧供应链发展的重要里程碑。通过数字化技术,企业实现了供应链信息的实时共享和可视化管理,促进了供应链各参与方之间的协同合作。同时,数字化转型也提升了供应链的灵活性和敏捷性,使企业能够更快地适应市场需求和变化。

在智慧供应链的发展过程中,供应链金融的融合发展起到了重要的推动作用。通过智能化的供应链金融服务平台,企业能够更便捷地获得融资支持,降低融资成本,加强供应链伙伴之间的信任和合作。供应链金融的创新为企业提供了更多的融资渠道和金融工具,促进了供应链的稳定运行和可持续发展。

此外,智慧供应链的发展还强调网络化协同与共享经济的重要性。通过建立供应链网络平台,企业能够与供应链伙伴实现更紧密的协作和资源共享,从而提高供应链的效率和灵活性。共享经济模式的应用促进了资源配置的优化和利用效率的提升,为供应链的可持续发展注入了新的活力。

1.4.2 我国智慧供应链发展的新特征及新挑战

随着信息技术的进步和创新,以及物联网、大数据、人工智能等技术的应用,智慧供应链得以实现数字化、智能化和协同化。这样的发展背景推动着企业寻求更加高效、敏捷和可持续的供应链管理方式,以应对日益复杂的市场环境和不断变化的消费者需求。当前我国智慧供应链的发展正处于快速发展的阶段,呈现出一系列鲜明的新特征。

(1)技术创新驱动。我国智慧供应链的发展在很大程度上受益于技术创新的推动。人工智能、大数据、物联网、区块链等先进技术的广泛应用,为智慧供应链带来了新的机遇和挑战。我国企业积极探索和应用这些技术,通过智能化的供应链管理系统、智能物流设备和智能合约等技术手段，提升供应链的效率、可靠性和灵活性。

（2）数字化转型成效显著。我国智慧供应链的发展在数字化转型方面取得了显著成效。企业通过数字化技术实现供应链信息的实时共享和可视化管理，优化供应链规划、采购、生产和物流等环节，提高运作效率和决策精准度。数字化转型还加强了企业与供应链伙伴之间的合作和协同，推动供应链的整体优化和协同发展。

（3）供应链金融融合发展。智慧供应链的发展促进了供应链金融的融合与创新。我国企业借助信息技术和金融科技手段，实现供应链融资、供应链风险管理和供应链支付等方面的创新。通过智能化的供应链金融服务平台，企业能够更好地解决融资难题，降低风险成本，推动供应链的稳定运行。

（4）网络化协同与共享经济兴起。智慧供应链的发展推动了供应链网络化协同和共享经济的兴起。通过建立供应链网络平台和共享资源平台，企业能够与供应链伙伴实现更紧密的协作和资源共享，提高供应链的反应速度和灵活性。共享经济模式的应用促进了资源配置的优化和利用效率的提升。

（5）注重数据安全和隐私保护。随着智慧供应链的发展，数据安全和隐私保护成为重要关注点。我国企业在智慧供应链建设中加强了数据安全管理，采取了多种措施保障供应链数据的安全性和隐私性，包括数据加密、权限控制和隐私保护技术等，确保供应链数据的合规和安全。

总体而言，当前我国智慧供应链发展的新特征反映了我国智慧供应链的发展现状和趋势，为企业在智慧供应链建设中提供了重要的参考和指导。然而，我国智慧供应链建设仍然面临着诸多挑战。

（1）技术和数据障碍。智慧供应链的建设需要依赖先进的信息技术和大量的数据支持。目前，我国供应链领域存在技术和数据的不足问题。一方面，部分企业在技术应用和数字化转型方面存在滞后现象，缺乏相关技术的应用和人才的支持；另一方面，数据的质量、完整性和共享机制等方面仍然不够完善，限制了智慧供应链的发展和协同效果的实现。

（2）供应链复杂性与信息流通。我国供应链的复杂性增加了智慧供应链的建设难度。供应链涉及不同地区、不同企业和不同环节的协同合作，信息流通受到物流、贸易和政策等多方面因素的影响。在信息共享、交互和协同方面，信息孤岛、信息壁垒和数据安全等问题依然存在，阻碍了智慧供应链的全面实施和有效运作。

（3）企业文化和组织变革。智慧供应链的建设需要企业进行文化转变和组织架构调整。我国企业在传统的管理思维和组织结构上存在惯性，难以适应智慧供应链所需的灵活、协同和创新的管理方式。同时，智慧供应链的建设需要各个环节的参与者共同合作和共享资源，需要建立开放、互信和合作的企业文化，这对于一些企业来说也是一个挑战。

（4）安全与隐私保护。智慧供应链的发展离不开信息和数据的收集、传输和存储。随着信息技术的应用，数据安全和隐私保护成为一个重要的问题。供应链中涉及的数据往往包含商业敏感信息和个人隐私，因此保护数据安全和隐私成为智慧供应链发展的重要挑战。在数据共享和合作的同时，需要制定并完善相应的法律法规和技术措施，确保数据的安全性和合规性。

1.5 智慧供应链管理的组织与实施

智慧供应链管理的组织与实施需要适当的技术基础设施、数据采集和整合、系统实施、流程优化和改进、培训和变革管理,以及监控和持续改进等方面的工作。通过有效的组织和实施,企业可以实现智慧供应链管理的目标,并提升供应链的效率和竞争力。

1.5.1 智慧供应链管理的组织

智慧供应链管理的组织是企业为了实现高效、准确和可靠的供应链运作而建立的一套管理机制。这个组织包括多个方面的考虑和实践,如企业管理层的支持、供应链管理团队的建立、跨部门的合作、供应商和物流合作伙伴的参与、培训和教育、绩效评估和激励机制、持续改进和创新等。

(1)企业管理层的支持。企业管理层应该认识到智慧供应链管理对企业业务的重要性,并提供必要的资源和支持。他们需要明确传达智慧供应链管理的战略意图,并与各级员工一起制定并推动相关的目标和计划。企业管理层还应该充分了解供应链管理的技术和趋势,以便有效地指导和支持供应链管理团队。

(2)供应链管理团队的建立。供应链管理团队负责智慧供应链管理的规划、实施和监督,团队成员应该具备供应链管理经验和专业知识,能够协调各个供应链环节的工作。他们需要了解供应链管理的最佳实践和新技术,以指导供应链的优化和创新。供应链管理团队还可以与其他部门合作,推动供应链管理的落地,并确保各项策略和目标的实施。

(3)跨部门的合作。智慧供应链管理涉及多个部门和环节的协同合作。企业应该建立跨部门的合作机制,促进采购、生产、物流、销售等部门的密切合作,从而确保供应链各环节之间的信息共享和协同工作。跨部门的合作可以帮助企业更好地协调供应链的各个方面,提高供应链的整体效率和响应能力。

(4)供应商和物流合作伙伴的参与。企业应该与供应商建立良好的合作关系,共享信息并进行协同发展。通过与供应商的紧密合作,企业可以更好地控制供应链的可靠性和可见性。与物流合作伙伴合作,可以确保物流过程的可见性和协同性,提高运输效率和货物跟踪能力。供应商和物流合作伙伴的积极参与有助于构建一个更加高效和协同的供应链网络。

(5)培训和教育。为了支持智慧供应链管理的实施,企业应该提供培训和教育。智慧供应链管理涉及新的技术和工作方式,员工需要熟悉和掌握相关的概念和工具。企业可以通过内部培训、外部培训机构培训和在线学习等方式,向员工提供培训和教育机会。这可以帮助员工适应智慧供应链管理的变化,并提高他们在供应链管理中的专业能力和素质。

(6)绩效评估和激励机制。企业应该建立绩效评估和激励机制,以确保智慧供应链管理的实施和持续改进。这可以通过设定供应链管理的关键绩效指标来实现,如供应链响应时间、库存周转率、供应链成本等。员工的绩效评估和奖励机制应与这些指标相结合,激励员工积极参与智慧供应链管理的工作。企业可以设立供应链管理的工作目标,并将其纳入员工绩效考核体系,同时提供相应的奖励和认可措施。

(7)持续改进和创新。智慧供应链管理是一个不断演进的过程,企业应该鼓励员工提出改进和创新的建议,并建立反馈机制,及时采纳和落实有效的改进措施。可以通过定期的供应链绩效评估和问题识别,以及持续的交流和沟通来实现。企业还可以组织跨部门的改进团队,专门负责智慧供应链管理的改进项目,推动创新和卓越的供应链管理实践。

总之,智慧供应链管理的组织是为了实现高效、准确和可靠的供应链运作而建立的一套管理机制和团队结构。这个组织需要管理层的支持、供应链管理团队的建立、跨部门的合作、供应商和物流合作伙伴的参与、培训和教育、绩效评估和激励机制、持续改进和创新等多个方面的考虑和实践。通过建立这样的组织,企业可以更好地管理供应链,提高运作效率,降低成本,增强竞争力。

1.5.2 智慧供应链结构中企业的角色

在智慧供应链结构中,企业扮演着关键的角色,其不仅是供应链的参与者,还是供应链的管理者和推动者。概括起来,企业在智慧供应链中承担着以下5个重要角色。

(1)供应商角色。作为供应商,企业需要与下游参与者建立紧密的合作关系,利用智慧技术提高供应链的可视化和透明化程度。通过供应链数字化平台,企业可以实时监测原材料和零部件的库存水平、交付状态和质量信息。此外,企业可以利用预测分析和需求计划工具来预测市场需求,提前准备和调整供应计划,确保准时供应并降低库存成本。通过与供应链中其他参与者的紧密协作,企业能够实现供应链的协同作业,确保物流的高效运转。

(2)制造商角色。企业可以利用物联网和智能制造技术来优化生产过程。通过将设备连接到物联网,并采集和分析实时数据,企业可以实现设备的远程监控和故障预测,从而提高生产线的效率和可靠性。智能制造技术可以支持灵活生产和定制化需求,通过快速调整生产线和生产节拍来满足不同市场需求。企业还可以利用智慧技术来优化物料管理、质量管理和工艺管理流程,从而提高产品质量,降低生产成本。

(3)分销商和零售商角色。企业在扮演分销商和零售商的角色时,可以利用智慧供应链技术来了解市场需求、消费者行为和销售趋势。通过整合多种渠道的销售数据和社交媒体信息,企业可以进行精准的市场分析和预测,以优化库存管理、定价策略和促销计划。智慧供应链技术也可以支持实时库存跟踪和订单管理,确保及时交付,满足客户需求。企业还可以利用智能物流和配送技术,实现供应链的可靠性和响应性,提升消费者体验和品牌忠诚度。

(4)技术创新者角色。企业在智慧供应链中扮演技术创新者的角色时,需要积极探索和应用新兴技术,以推动供应链的数字化转型和创新。例如,企业可以利用人工智能和机器学习来优化需求预测和预防性维护,通过大数据分析和可视化工具来实现供应链的实时监控和决策支持。企业可以利用区块链技术来增强供应链的透明度、可追溯性和安全性,实现更高水平的合作和信任。此外,企业可以积极参与供应链数字化平台的开发和应用,推动供应链各方之间的数据共享和协同创新。

(5)供应链管理者。作为智慧供应链的管理者,企业需要制定和执行供应链策略,协调供应链各环节和参与方的合作,确保供应链的顺畅运作和目标的实现。企业还需要建立有效的供应链管理体系,包括数据管理、风险管理、合作伙伴关系管理等,以实现供应链的高效管理和持续改进。

1.5.3 智慧供应链管理的应用及实践

智慧供应链管理是一种综合性的管理方法，它应用了各种技术和实践，以提高供应链的效率、准确性和可靠性。在智慧供应链管理的应用和实践中，涉及数据分析和预测、实时监控和协同、风险管理和预警、供应链可视化和透明化、供应链协同和合作，以及可持续性和环境友好等方面。区别于传统供应链管理，智慧供应链管理具有复杂性和集成性的特点。整个组织架构和层级的控制与协调，即供应链协同，正是智慧供应链运作的关键及其重要价值所在。现阶段，供应链中台、智慧物流配送中心以及基于机器学习和优化算法的企业决策分析应用是比较典型的智慧供应链管理的应用及实践。

1. 供应链中台

供应链中台是数字化供应链中最核心的产品。在传统供应链管理过程中，采购、生产、物流等流程基于 ERP 系统串联在一起。而在智慧供应链管理过程中，供应链整体的信息化、系统化、互联网化主要基于供应链中台实现。采用中台架构的数字化供应链应用了互联网思维和技术，使企业的数据能实现实时在线、互联互通，并能够在库存共享、全渠道订单交付、价格管理、分销体系及客户需求管理等方面为企业带来全新的体验。

例如，京东一直致力于打造数智化供应链，连接消费互联网与产业互联网两端，并提出开放供应链技术，联合供应链中各参与企业共同进行降本增效，实现合作共赢。基于这一逻辑，京东在 2020 京东全球科技探索者大会上推出了 4 款帮助企业进行数智化转型的产品，分别是泛零售技术服务平台"零售云"、数字化供应链平台"京慧"、智能客服与营销平台"言犀"和市域治理现代化平台"仓灵"。

不难发现，这些产品是京东自己在零售、物流、客服等方面经验的系统性对外输出。以"零售云"为例，它通过将技术、业务、数据、用户四大中台的能力通用化，首次把京东零售积淀多年的全链路技术及方法论体系化对外输出，实现技术实施、运营流程、业务活动的全面标准化。

2. 智慧物流配送中心

智慧物流配送中心采用先进的计算机通信技术、RFID 技术、GPS 技术、GIS 技术等，通过科学化、合理化的科学管理制度，采用现代化的管理方法和手段，借助配送中心智能控制、自动化操作的网络，在基本实现机器自动堆垛、货物自动搬运、产品自动分拣、堆垛机自动出/入库等功能的基础上，实现整个物流作业与生产制造的自动化、智能化与网络化，并最终实现配送功能集成化、配送作业规范化、配送服务系列化、配送目标系统化、配送手段现代化、配送组织网络化、配送经营市场化、配送管理法制化。智慧物流配送中心可实现对整个物流配送过程的实时监控和实时决策，实现商流、物流、信息流、资金流的全面协同，充分发挥其基本功能，保障相关企业和用户整体效益的实现。

在仓储监控业务中，智能物流系统依靠比较成熟的 RFID 技术，采用远距离识别方式，利用网络信息技术对出/入库及在库商品进行智能化、信息化管理，实现自动记录货品出/入库信息、智能盘点、自动记录及发布货品的状态信息、车辆配载智能化、卸货盘点智能化等功能。

3. 基于机器学习和优化算法的企业决策分析应用

在企业决策分析中，结合机器学习和优化算法必不可少。企业利用大数据进行学习和建模，以及运用优化算法来寻找最优的决策方案，可以更好地理解和应对复杂的问题和挑战。机器学习技术能够从海量数据中提取有价值的信息，揭示数据中的模式和趋势，用于预测、分类和优化。而优化算法则能够在给定的约束条件下，寻找最优的决策方案，使特定的目标函数达到最大或最小值。这种结合机器学习和优化算法的方法为企业决策提供了更准确、全面和优化的解决方案，从而提高效率、降低成本，并增强企业的竞争力和业绩。

例如，苏宁易购 2019 年 6 月发布了智能决策系统，该系统通过诸如运筹优化、机器学习和深度学习算法等技术，能够实现货物的感知、资源的调度与决策分析，尤其是从辅助决策到自主决策。苏宁易购的智能决策系统建立了 3 个核心应用，分别为智能网络规划、智能仓储与智能调度。

（1）智能网络规划的主要功能包括网络布局、运输网络规划等，即运用大数据和运筹优化算法，对苏宁易购的供应链全流程进行分析。

（2）智能仓储方面，苏宁易购通过人工智能技术与作业场景的深度结合，建立了仓库管理的一体化解决方案。该方案覆盖库内布局、上架、补货、调仓、理货、拣选与包装七大作业环节的算法体系，提供评估、诊断、建议、再评估的闭环反馈服务，能够明显提升仓库利用率和作业效率。

（3）智能调度的主要功能包括干线运输的车型推荐、支线运输的车辆路径规划和末端的揽配订单分派。苏宁易购借助人工智能技术，实现运配环节的车辆、人员、设备等作业资源的协调统一，使作业效率最大化。

通过苏宁易购对大数据、机器学习等技术的应用可以看出，挖掘供应链中的数据价值可以重塑物流运作流程，赋能供应链流程和信息透明化，实现降本增效的目标。

章末案例

京东的供应链智能化征程

京东数字化的蝶变在于其创始人刘强东对于技术的重视。自创业初期，京东就坚持用技术驱动供应链，将数字技术应用到采购、仓储、履约等全流程中。2016 年，京东先后成立了智慧物流开放平台 X 事业部和侧重智慧供应链能力打造的 Y 事业部，全面向技术驱动型企业转型。自 2017 年刘强东提出全面向技术转型至今，京东在科技研发上已投入超过 1 000 亿元。

以京东云为例，数智供应链是京东云提出的产业数字化转型的方法，是京东 20 多年来高效、创新、可持续的跨越式发展，验证和凝练了一套完整的能力体系，是京东作为新型实体企业自身发展和产业服务实践的经验沉淀。它以供应链的思维来布局数字化转型，横向链接生产、流通、服务各环节，贯穿产业互联网和消费互联网的供应链全链条，将供应链能力服务于千行百业和最终消费者，大幅提升社会化协作和服务效率。

京东作为一家以供应链为基础的技术与服务企业，长期致力于通过前沿的数智化技术，运用运筹学和人工智能算法，提升供应链管理效率，降低全链路成本。在库存管理方面，京东在行业内创造性地提出并应用了"端到端库存管理"技术，缩短了库存管理决策过程链条，减少了由于需求不确定性带来的预测误差，从而显著提升了补货决策的精准度。在超 1 000 万 SKU（Stock Keeping Unit，库存单位）自营商品的基础上，京东实现采购自动化率超过 85%，平均现货率超过 95%，库存周转天数接近 30 天，供应链运营效率全球领先，数智化技术为京东创造了巨大的商业价值。

同时，京东已将多年来积累的数智化供应链技术赋能上游合作伙伴，通过供应链协同助力产业全链条的供应链优化。在此基础上，京东推出 C2M（Consumer-to-Manufacturer，从消费者到生产者）平台，运用前沿的供应链管理方法，进一步提升上游制造商的效率。通过 C2M 平台，制造商能够在更短的时间内开发出更受消费者欢迎的产品，更方便"爆款""尖货"的打造，让消费者有更好的购物体验和更多优质产品的选择，也使产业合作伙伴获得更高的投资回报率，助力产业实现高质量的持续发展。

京东认为，供应链不应该只有商业价值和产业价值，还应该创造更多的社会价值。因此，京东一直致力于建设"有责任的供应链"。在新冠疫情暴发以及自然灾害发生之际，京东通过部署智能风险管理系统，能够第一时间感知并识别供应链中的中断和异常，及时触发应急响应机制，凭借链网融合的供应链底盘和"三网通"体系，克服单一链条的堵点、断点，投入额外力量尽力恢复供应链，在供应链的畅通、稳定和时效上更有保障。在 2020 年武汉和 2022 年上海等多地的抗疫保供中，京东凭借完备的供应链应急机制，确保了民生物资的正常供应。

京东智能供应链 Y 事业部的数智化供应链管理技术是实现"有责任的供应链"建设的重要保障。京东供应链通过"端到端库存管理"技术、C2M 平台和智能风险管理系统，不仅实现了日常运营中的卓越表现，还为合作伙伴和消费者创造了新的价值，并确保供应链在受外来冲击时具备强大的抗压能力。

未来，京东"有责任的供应链"将通过数智化技术持续优化成本、效率、体验，致力于创造更大的产业价值和社会价值，不仅要努力成为消费者信赖的代名词，成为品牌、商家稳定发展的合作伙伴，更要在稳经济、谋发展、促安全、保民生等方面发挥自身的最大价值。

资料来源：忻州网，刘强东按下京东数字化转型"加速键"成果再获权威认可，百家号：忻州网，2023 年 12 月 22 日。

案例思考

1. 概括京东供应链在数智化方面实施的措施。
2. 京东供应链如何创造其社会价值？

习题

1. 概括智慧供应链的内涵。
2. 阐释智慧供应链的不同类型。
3. 概述智慧供应链的发展阶段。

第 2 章　世界各国智慧供应链的政策体系及其演化

【学习目标】

通过本章的学习，学生应该能够：
- ☑ 了解国外智慧供应链政策的发展历程；
- ☑ 掌握国外智慧供应链政策发展的整体趋势；
- ☑ 掌握我国智慧供应链政策发展的趋势以及最新关注点。

开篇案例　　德国智慧供应链的发展历程

德国作为"工业4.0"的主要发起国之一，在智慧供应链政策发展方面表现出显著的前瞻性和执行力。德国智慧供应链政策的发展体现在其倡导的"工业4.0"战略以及相关配套政策中，重点在于推动制造业的数字化转型和集成化生产，其中包括供应链的智能化和网络化。

德国在2011年提出并推动实施"工业4.0"战略，其中一个重要目标是实现供应链的数字化和智能化。这一战略的核心理念是通过信息物理系统（Cyber-Physical Systems，CPS）技术连接物理世界与虚拟世界，从而构建灵活、高效、个性化的智慧供应链。

此后，德国出台了一系列政策以支持智慧供应链的发展，例如通过提供财政补贴、税收优惠以及科研经费等形式鼓励企业采用新技术改造供应链。此外，通过修订相关法律法规，确保数据安全和隐私保护，为智慧供应链的构建营造良好的法制环境。德国设立了多个基金，例如，"ZIM"（Zentrales Innovationsprogramm Mittelstand，中小企业集中创新计划），支持企业开发和应用智慧供应链解决方案。此外，还有各类补助金和税收优惠政策，促进企业在物流、生产和供应链环节采用先进的信息通信技术（Information Communications Technology，ICT）。

德国还建立了多个产业联盟与合作平台，汇聚了政府、学术界和企业界的多方力量，共同推动智慧供应链关键技术的研究和标准的制定。德国还投入大量资源用于与智慧供应链相关的基础研究和技术创新，特别是物联网（Internet of Things，IoT）、大数据、人工智能、机器人技术等在供应链管理中的应用。同时，通过实施一批示范项目，如智能工厂、无人驾驶物流系统等，检验并推广智慧供应链解决方案。

德国有多个智慧供应链相关的示范区和产业集群，如弗劳恩霍夫研究所的多个分所和项目，以及一些特定地区的产业集群，如汽车制造、机械工程等行业，它们通过实施智慧供应链的示范项目，带动整个产业链的数字化转型。

在标准化方面，德国积极推动"工业4.0"标准的国际化，包括供应链管理和数据交换的标准化。例如，德国电气工程师协会（Prufstelle Testing and Certification Institute，VDE）和德国机械设备制造业联合会（Verband Deutscher Maschinen-und Anlagenbau，VDMA）等组织参与制定了诸如OPC UA（OLE for Process Control Unified Architecture）等开放性标准，便于供应链各环节的数据无缝对接。

在人才方面，德国注重培养具备"工业4.0"技能和知识的专业人才，通过对高等教育和职业教育体系进行改革，增设相关课程和培训项目，以满足智慧供应链发展的人才需求。

德国在智慧供应链发展方面，既注重战略规划和顶层设计，又紧密结合技术创新与应用实践，通过多方位、多层次的政策推动和资源配置，构建了一个由政府引导、产学研联动、全社会参与的智慧供应链生态系统。

资料来源：胡超然，"工业4.0平台"：德国企业界的重要伙伴，光明日报，2016年12月11日。

智慧供应链的发展可以使企业在国际市场上更快速、准确地响应市场需求，降低交易成本，提升整体的国际竞争力；可以通过实时数据采集、智能分析与决策，有效预防和应对供应链中断、原材料短缺、市场波动等各种不确定性风险，增强供应链弹性与稳定性；可以精确管理库存、物流和产能，减少浪费，优化资源配置，提高整个产业链的运作效率；还可以引导传统产业升级换代，培育新兴产业，加速从制造向智造的转变，促进技术创新和高素质人才培养。

智慧供应链的发展不仅是提升国内经济实力、确保国家战略物资安全的有效途径，也是顺应全球经济和技术发展趋势、积极参与全球治理的重要实践。目前，世界各国都已经把智慧供应链作为发展重点，并呈现出如下显著趋势。

（1）重视全球视角下的战略规划。世界发达经济体（如美国、英国、欧盟等）已将供应链安全与韧性提升至国家战略层面，通过制定和实施一系列政策来强化国内产业基础，减少对外部供应链的依赖，并推动供应链技术升级。这些政策包括提供财政支持、技术研发激励、标准体系建设以及贸易政策调整等。

（2）加快数字化转型。世界各国正在积极推动供应链数字化，利用物联网、大数据、人工智能和区块链等先进技术打造智慧供应链，努力提高透明度、效率和反应速度。例如，建立统一的物流信息平台，推行电子化单证、智能合约应用等。

（3）增强区域合作与多元化合作。在全球范围内，世界各国正寻求加强区域间经济一体化，通过自由贸易协定等方式促进区域内供应链网络的构建，降低交易成本，同时推进供应链多元化，避免过度集中带来的风险。

（4）关注气候变化与可持续发展。许多国家在智慧供应链政策中强调环境的可持续性发展，鼓励绿色物流和循环经济的发展，如推广清洁能源运输工具、优化物流路径以减少碳排放，实施严格的环境标准等。

（5）设计风险管理与应急响应机制。鉴于近年来全球经济波动及突发事件对供应链的影响，世界各国普遍加大了对供应链风险管理的关注，制定了相应的应急响应机制，以确保关键物资和服务的稳定供应。

具体的政策内容会随着各国国情和发展阶段的不同而有所差异，但整体上可以看出，全球范围内的智慧供应链政策都致力于构建更加高效，更具韧性和可持续性，并且更能适应未来挑战的新型供应链体系。

2.1 美国智慧供应链的政策体系及其演化

美国智慧供应链政策体系的演化是一个持续的过程，涵盖安全性、效率、弹性和可持续性等多个维度，并且随着内外部环境变化而不断调整和完善。随着全球贸易环境的变化、技术的创新和国家经济安全意识的提高，政策焦点逐渐从传统的提升物流效率转向更加关注供应链的韧性、透明度和可持续性。

从不同产业的角度来看，美国正在加速布局智慧供应链。例如，在农业发展领域，美国搭建人工智能战略实施框架，提出智慧农业研究计划。2023年，美国农业部宣布，将向37个州和波多黎各的185个不同项目投资1.959亿美元。美国农业部提供的赠款和贷款计划用于资助各种商业企业，使众多现有生产商能够扩大其设施，并启动新的创业活动。

在制造业领域，美国长期致力于通过技术创新、基础设施升级和法规支持等方式，来提高整个制造业供应链的效率、灵活性和可持续性。美国推出了多项国家级制造业发展战略，如"先进制造伙伴计划"以及"先进制造业国家战略计划"等，旨在强化国内供应链，促进先进生产技术的研发与应用，并鼓励公私合作以提升制造业供应链的整体智能水平。

美国许多州都在不同程度上布局智慧供应链，尤其是在制造业、物流业和高科技产业较为发达的地区。例如，得克萨斯州作为美国的重要物流中心之一，因其充裕的土地和有利于新企业发展的政策而闻名。得克萨斯州是少数几个不征收所得税的州之一，再加上对制造机械免征销售税和其他各种免税政策，许多大型制造业企业，如甲骨文、特斯拉等企业，纷纷将总部搬迁至此。得克萨斯州还拥有大型仓储设施，并且随着电商的发展和全球化的不断深入，当地企业在智慧供应链建设上的投入也不断增加。加利福尼亚州作为美国科技中心，在物联网、大数据、人工智能等领域拥有众多企业，这些技术对于构建智慧供应链至关重要。亚利桑那州吸引了一些高科技制造企业的入驻，如台积电等半导体企业，带动了整个供应链向智能化方向发展。新墨西哥州成为电动汽车供应链的新聚落，吸引了相关企业在该地设立工厂，这也意味着该州正在积极布局包含智慧供应链在内的新能源汽车产业链。

总体上看，美国供应链战略与政策动向主要包括4个方面。

一是将供应链战略上升为国家战略，加强全球供应链安全风险评估和预警。2017年，美国发布《保护战略矿产品安全和可靠供应的联邦战略》，提出要通过投资和贸易开发关键矿物备选方案，提升关键矿物的勘探技术，降低进口依赖性、解决关键矿物供应的脆弱性。2018年，美国发布《美国信息和通信技术产业供应链风险评估》等报告。

二是提高制造业、国防以及高技术领域的供应链弹性（即"韧性"）。2017年，美国发布《评估和强化制造与国防工业基础及供应链弹性》报告，在飞机、造船、太空等9个国防领域和制造业网络安全、电子工业、机床工控等7个先进制造领域，提出了加强供应链弹性的计划。同年公布的《美国国家安全战略》7次提到"供应链"。

三是建立保护供应链安全的法律制度。美国已建立比较完善的供应链安全法律制度。在《联邦采购供应链安全法》的修订版中设立联邦采购安全委员会，负责美国关键信息与通信技术的识别与风险应对措施的拟定。

四是加强与其他国家的供应链合作。2011年，美国和欧盟签署"供应链安全联合声明"。2012年，美国和日本共同发布《美日全球供应链联合声明》。2015年，美国与加拿大提出两国要加强跨部门信息交流，促进供应链数据管理和通信解决方案的效率。2017年，美国与新加坡决定在战略贸易及全球运输领域进行合作，加强全球供应链安全。

美国在智慧供应链领域的相关政策主要围绕供应链安全、韧性、数字化转型以及国际贸易便利化等方面制定，具体包括以下四项。

（1）《国防生产法》：美国政府援引该法以确保关键物资和原材料的供应安全，这也影响了供应链管理策略，特别是在应对突发事件时。

（2）《确保信息和通信技术及服务供应链安全》：美国商务部采取了一系列措施来增强全球供应链的安全性，例如2021年发布的该规则中包括实施信息技术和通信服务（information and communication technology，ICTS）供应链安全审查规则，以及推动企业自愿披露供应链风险信息等措施。

（3）《基础设施投资和就业法案》：该法案发布于2021年，其中指出，有一部分资金专门用于改善物流基础设施，这间接促进了智慧供应链的发展，例如升级港口设施、加强铁路和公路网络、扩大清洁能源车辆在运输业的应用等。

（4）《建立弹性供应链、重振美国制造业、促进广泛增长》：拜登政府发布了第14017号行政令，包括加强供应链审查，特别是针对关键基础设施部门。例如，2022年白宫发布的一份总报告《关于美国供应链的行政命令：行动与进展之年》回顾了政府应对供应链短期挑战的措施和成就，对长期供应链弹性的投资，供应链战略和计划、制度、政策，以及将采取的行动等事项，以加强美国的供应链弹性。

这些政策和措施体现了美国政府对于建立智能化、安全且有韧性的供应链体系的重视，并通过立法、财政激励和技术标准设定等方式推进智慧供应链的发展。

2.2 欧洲各国智慧供应链的政策体系及其演化

欧洲各国智慧供应链政策的发展演化是一个渐进的过程。随着数字化、可持续性及全球贸易复杂性的增加，欧洲各国不断调整和制定新的政策以应对挑战并促进发展。自 2015 年起，欧盟开始推动《数字化单一市场》战略，其中涉及物流与供应链管理的数字化升级，包括电子发票、数据交换标准化、物联网技术应用等。欧盟还推出了一系列科研创新计划，支持研发智能物流和供应链管理系统的技术创新。随着环保意识的提升，欧盟在《循环经济行动计划》中强调了提高资源使用效率和减少废弃物，鼓励企业在供应链中采用可循环材料和技术，实现从设计到回收的全生命周期管理。通过实施生产者责任延伸制度（Extended Producer Responsibility，EPR）和其他环保法规，要求企业对供应链中的环境影响负责。在全球供应链风险日益增大的背景下，欧洲各国加强了供应链风险管理框架，确保关键物资和服务的连续供应，同时投资于基础设施现代化，特别是在交通领域，发展多式联运体系，增强物流网络的联通性，并鼓励智慧港口和机场建设。欧洲各国根据自身国情和欧盟指导方针制定了各自的智慧供应链政策，例如德国的"工业4.0"、法国的数字经济计划等，都包含了对智慧供应链的支持与规范的内容。

欧洲各国在智慧供应链领域的政策演变是全方位的，既关注技术创新带来的机遇，也重视环境保护和社会责任的履行。欧洲各国在智慧供应链领域的相关政策主要围绕可持续性、数字化转型以及贸易安全等方面制定，关键政策和倡议具体包括以下 6 项。

（1）欧洲海关现代化项目：该项目是欧盟为适应全球贸易增长、促进合法贸易便利化而采取的一系列措施和行动的总称。这些措施通常包括采用先进的信息技术系统、标准化流程，以及加强不同成员国海关机构之间的协调与合作。该项目于 2013 年启动。欧盟实施了一系列措施来提升海关流程的现代化和智能化，例如采用先进的 IT（Information Technology，信息技术）系统实现货物快速通关，并强化供应链的安全性与合规性检查。

（2）《数字化单一市场战略》：欧盟委员会于 2015 年 5 月发布该战略。这项战略旨在消除在线和跨境交易障碍，推动数据自由流动，从而支持智慧供应链的发展，包括电子发票、电子商务平台规则和物联网等领域的法规改革。

（3）《欧洲绿色协议》：欧盟委员会于 2019 年 12 月发布该协议。作为欧盟整体气候中和目标的一部分，《欧洲绿色协议》鼓励并要求各行业通过创新技术与管理实践构建绿色供应链，降低碳排放，提高资源利用率。

（4）《循环经济行动计划》：欧盟委员会于 2015 年发布该计划，并在 2020 年 3 月发布新版。文件中强调了在整个产品生命周期内，从设计到回收再利用，都应采用可持续且智能的方法管理供应链，以减少浪费，促进资源高效利用。

（5）《可持续与智能交通战略》：欧盟委员会于 2020 年 12 月公布该战略。该战略提出要依靠数字技术创建一个全面运营的跨欧洲多式联运网络，为铁路、航空、公路、海上联运提供便利。该战略特别强调了 5G 网络和无人机在智能交通系统中的作用，计划到 2025 年在欧洲主要陆路交通线上实现不间断的 5G 网络覆盖，并推进整个交通运输网络的 5G 部署，为智能运输创造技术条件。

（6）《企业可持续发展尽职调查指令》：欧盟于2023年提出这项指令的草案，并在2024年5月正式通过。该指令旨在强制要求大中型企业对其全球供应链中的社会和环境影响进行尽职调查，以推动建立更加透明和可持续的供应链体系。

以上政策文件共同构成了欧洲在智慧供应链领域的主要框架，通过法律手段和财政支持，引导和推动企业在供应链管理上向数字化、绿色化和负责任的方向转型。

欧洲各国也制定了国家层面的智慧供应链支持政策。法国政府在发布的一系列国家政策中提出，要通过巩固本国及欧洲物流基础设施网络，依靠数字化转型，助力物流领域实现领先发展。2021年10月，法国政府提出《加速绿色和智能物流发展战略》，拿出2亿欧元用于建设自动化、互联和低碳的运输服务基础设施，另有9 000万欧元用于建设"物流4.0"项目，加强送货机器人、无人机等物流方式的硬件设施配套建设。法国政府还推行了一系列数字化改革措施，其中包含了对数字化供应链的推动。例如，2021年发布的"'法国2030'投资计划"中包含提升物流与供应链智能化的内容；《循环经济与反浪费法》鼓励企业实施可持续发展战略，而智慧供应链作为实现资源高效利用、减少浪费的重要手段，在该法律框架下得到了支持。

德国的供应链政策早期关注环境与社会可持续性，而近年来，则重视运用先进技术来提升供应链效率及安全性。近年来，德国政府开始大力提升工业供应链的智能、领先和安全水平。2013年，德国政府在《保障德国制造业的未来——关于实施工业4.0战略的建议》中提出了"工业4.0"的双领先战略："领先的供应商战略"和"领先的市场战略"。前者是要做全球最有竞争力的装备制造业，后者是要在德国形成一个以大型制造企业为龙头、中小企业相配套的产业生态，形成发展合力与全球标准。伴随着区块链技术的不断成熟，2019年，《德国国家区块链战略》指出，德国将研究区块链技术如何促进供应链与价值链的透明度、效率、安全性。2019年，德国多个政府部门联合推出"物流2030创新计划"，提出加强建设"面向未来且灵活可拓展"的数字物流基础设施、数据处理和平台解决方案、数字供应链等，促进物流智慧化、低碳化。该计划包括推进"智能货车"项目为货运列车数字化和自动化转型提供支持、加大对智慧物流系统尤其是人工智能领域的研发资助等。

英国在智慧供应链领域的相关政策主要围绕提高物流效率、支持技术创新以及确保供应链的可持续性和韧性。英国政府自2017年起推出了一系列工业战略，其中包含了对制造业和服务业供应链现代化与数字化的支持措施，鼓励企业采用先进的信息通信技术来提升供应链的透明度、响应速度和韧性。2017年，英国政府发布了《现代工业战略》，其中明确提出，要通过推动技术创新和基础设施升级，包括利用物联网、大数据、人工智能等前沿技术，来增强供应链的韧性和智能化水平。2020年，英国发布《自由贸易港咨文：促进英国各地的贸易、就业和投资》，宣布设立自由贸易区，其中包含了智慧物流和供应链管理的元素，旨在打造高效、灵活、联通全球的贸易节点，通过高新技术应用提高物流效率。2021年，针对气候变化问题，英国政府发布《净零战略：更环保地重建》，提出要推动供应链朝着更加可持续和环保的方向发展，倡导使用智慧供应链管理系统来减少碳足迹，实现绿色物流。2022 年，英国政府推出了包括《英国数字战略》在内的一系列与数字化和人工智能相关的战略，强调通过技术手段提升供应链效率和透明度，例如促进数据共享、推动区块链技术在供应链追溯方面的应用。

西班牙在智慧供应链领域的政策发展呈现出多元化、技术驱动、绿色可持续的特点，并且通过国际合作和国内立法相结合的方式，不断推进供应链的现代化和智能化进程。2020 年，西班牙推出"数字西班牙 2026 计划"，积极推动供应链的数字化升级。例如，瓦伦西亚港利用区块链和大数据创建"智能港口"，强化港口管理和国际贸易流程。随着欧洲对环境保护要求的提高，西班牙也致力于构建可持续的智慧供应链体系。例如，通过实施 EPR 新政策，要求企业在产品生命周期内对环境影响负责，促进包装物、电池等产品的回收和循环利用。此外，西班牙的一些城市（如瓦伦西亚）荣获"2022 欧洲智慧旅游之都"称号，这不仅推动了旅游业的智能化发展，还带动了相关行业和服务供应链的创新升级。西班牙政府还通过立法手段鼓励和支持区块链技术在供应链管理中的应用，如给予区块链技术公司税收优惠，以期吸引更多投资并加速区块链领域内的技术创新和应用实践，以推动智慧供应链的深入发展。

意大利在智慧供应链政策发展方面也采取了积极的措施，以适应全球化和技术进步带来的挑战。意大利政府鼓励企业采用先进的数字化技术改造传统供应链，以实现供应链可视化、透明化和智能化管理。作为"工业 4.0"理念的一部分，意大利大力支持智能制造和智能供应链的发展，提供财政激励和税收优惠，促进企业在研发、生产和服务流程中应用新技术，提升整个产业链的竞争力。同时，意大利积极响应欧盟关于循环经济和绿色供应链的政策要求，通过立法和发布行业标准推动供应链的可持续发展，降低环境影响，确保资源的有效利用和回收。为支持中小企业发展"工业 4.0"技术，意大利经济发展部在全国多地设立数字创新中心，助力中小企业加快数字化转型。为进一步提振经济，意大利政府于 2021 年启动"国家复苏和韧性计划"，将创新和数字化等目标作为六大任务之一，为此投资的 500 亿欧元除了进行数字基础设施建设外，还帮助中小企业实现数字化转型。意大利金融机构和高校也对中小企业数字化给予了较多关注。

瑞典当前的智慧供应链发展状况主要表现为：深度整合先进数字技术，坚持绿色可持续原则，重视供应链透明度和社会责任，并且通过强大的创新能力与国际合作不断拓展其在全球供应链中的领导地位。在全球化、数字化背景下，以出口为导向的瑞典制造业面临转型升级。2018 年，瑞典发布的《新型工业化战略》中提出，瑞典工业必须站在数字化转型的最前沿并采取可持续的生产方法以保持在国际市场的竞争力。专业技能和创新技能是实现这一目标的关键。瑞典以智能产业和绿色可持续性生产为特色的新型工业化战略着重于提高企业应对工业部门迅速转型的能力。该战略突出了"智能产业"和"绿色可持续性的生产"两大特色，力求将瑞典打造成为全球创新和商品与服务可持续性生产的领导者，提高瑞典工业部门在全球价值链上高附加值的市场竞争力。2019 年，瑞典发布"瑞典制造 2030"发展战略，提出了"2030 年瑞典有望成为研发与制造高级产品与服务的少数国家之一"的目标。

综上，欧洲各国智慧供应链的相关政策如表 2-1 所示。

表 2-1 欧洲各国智慧供应链的相关政策

国家	政策发布时间	政策名称
法国	2021 年	《加速绿色和智能物流发展战略》 "'法国 2030'投资计划"
德国	2013 年	《保障德国制造业的未来——关于实施工业 4.0 战略的建议》
德国	2019 年	《德国国家区块链战略》 "物流 2030 创新计划"
英国	2017 年	《现代工业战略》
英国	2020 年	《自由贸易港咨文：促进英国各地的贸易、就业和投资》
英国	2021 年	《净零战略：更环保地重建》
英国	2022 年	《英国数字战略》
西班牙	2020 年	"数字西班牙 2026 计划"
意大利	2021 年	"国家复苏和韧性计划"
瑞典	2018 年	《新型工业化战略》
瑞典	2019 年	"瑞典制造 2030"

2.3 日本智慧供应链的政策体系及其演化

日本智慧供应链的政策体系主要表现为 3 个方面。一是重视全球供应链构建与区域经济合作，开拓世界市场及贸易，吸引全球人才、物力与资金。为应对资源缺乏，积极利用全球资源促进国内供应链发展。二是应对供应链风险及建设可持续供应链。2017 年，日本发布《氢能源基本战略》，旨在通过无碳氢技术的研发来构建安全、可持续的能源供应链，在国际清洁能源领域占据领先地位。此外，发布《绿色采购法》等法规，建设原材料从产地、运输、加工、进口到出口的全流程在线管理系统，以构建可持续的原材料供应链，降低跨区域供应链风险。三是完善物流供应链体系。通过数字化平台提升供应链韧性，加强全球供应链分散布局，依托先进制造能力灵活转换生产。

日本政府在智慧供应链政策上的发展，既关注国内供应链体系的现代化建设，也注重国际合作与竞争环境下的供应链安全与自主性。通过这些政策，日本旨在提升其在全球供应链中的竞争力和抗风险能力。

（1）《综合物流施政推进计划（2017—2020 年度）》：2017 年，日本发布了该计划。主要内容涉及：供应链协同，提高物流效率，如外包方与物流企业的合作、物流企业间的协同运作；构建智能物流供应链、无缝连接与高附加值的供应链，通过采取标准技术、RFID 技术、电子通关处理技术提升效率；与相关各方紧密合作，构建多运输方式协作的高效、一体、可持续的物流供应链。

（2）《全面与进步跨太平洋伙伴关系协定》：2018 年，日本主导推动的该协定正式生效，其对亚太地区供应链发展做出约定：通过整合生产来降低自由贸易区供应链的成本，协助中小企业参与自由贸易区供应链；通过促进贸易和投资，利用原产地规则带动区域内价值链创新和供应链发展，创造新的亚太地区商业模式。同年，日本与欧盟签署了《欧盟－日本经济伙伴关系协定》，就全球供应链的发展达成共识，即发展供应链风险管理技术，加强全球供应链的安全。

（3）《AI战略2019》：日本政府于2019年发布该战略，其基本原则是建立"以人为本的AI社会"，大力培育AI人才是发展智慧供应链的重要措施之一。让AI助力日本营造一个不仅对政府而且对整个行业都有积极作用的环境，进而建立一个推动高质量教育发展的体系，最终助力智慧供应链发展。

（4）2020年版《制造业白皮书》：为了保持和提升制造业的国际竞争力，日本政府提出必须增强制造业企业灵活应对环境急剧变化的自我变革能力，重建一个"高效＋经济安全"的韧性供应链体系。而数字技术是增强企业动态能力的强大武器，为此，日本政府制定了加快推进制造业数字化转型的发展战略。2020年版《制造业白皮书》特别强调要强化工程链，通过强化部门间以及企业间的数据协作、加快建立虚拟工程系统和活用材料信息学等措施来增强制造业的设计能力。

2.4 韩国智慧供应链的政策体系及其演化

韩国在智慧供应链政策体系发展方面表现出显著的前瞻性与战略定位，致力于通过科技创新与国际合作构筑一个具有韧性的智慧供应链生态系统。为了增强其全球竞争力并保障供应链稳定性，韩国政府采取了多项措施来推动供应链的智能化和现代化建设，旨在通过数字化、信息化手段提升供应链的透明度、效率与韧性，减少对外部环境变化的依赖风险，并强化本土产业技术竞争力。

同时，韩国还通过扩展海外基地、扩大全球技术网络等政策手段，进一步融入全球供应链。相关举措主要包括：一是扩大地区运营中心数量；二是在东南亚国家建立技术合作和供应链拓展平台，包括韩越材料零部件任务中心、模具技术支持中心（菲律宾）、韩缅工业园区（缅甸）等；三是加强关键技术研发合作，加强与德国、美国、俄罗斯和以色列的合作研究，如在2019年建立韩德部长级产业合作对话、2020年建立韩俄部长级产业合作对话；四是扩大全球技术网络政策，对于韩国技术欠缺的领域，采取引进或并购相关技术企业，吸引海外优秀人才，给予税收优惠等政策。

（1）《材料、零部件和设备2.0战略》：该战略于2020年发布。这是韩国政府为了强化本土供应链安全和提升核心零部件、材料和技术的自给率而推出的国家战略。该战略涉及增加供应链管理名录内产品的数量，尤其是对关键原材料、零部件和设备进行精细化管理，利用智能化技术确保供应链的稳定。

（2）《大韩民国数字战略》：该战略于2022年发布，提出将与国民携手建设世界典范的数字韩国，将"再飞跃、共同生活、实现数字经济社会"作为战略目标，并为此推进5个战略方向和19个具体任务。通过云计算、大数据、物联网、人工智能等技术，构建智慧物流和供应链平台。

（3）《第一次国家研发中长期投入战略（2023—2027年）》：2023年，韩国科学技术信息通信部在国务会议上发布该战略。战略提出要关注数字化转型，开发人工智能、5G/6G、数字基础设施、信息安全、自动驾驶等数字核心技术，促进产业与公共部门的数字化转型，培育新产业。

（4）《产业供应链3050战略》：该战略于2023年发布，其中包含了对智慧供应链建设的长远规划，包含提高供应链管理水平、构建智能物流体系、发展先进的预测分析工具等内容。

2.5 我国智慧供应链的政策体系及其演化

我国智慧供应链的政策体系是一个多层次、多维度的有机整体，旨在通过顶层制度设计、技术创新驱动、财税金融支持、标准规范引领等多措并举，构建全国统一开放、竞争有序、安全高效的智慧供应链的政策体系。我国智慧供应链的政策体系构成主要包括以下几项。

（1）国家宏观指导政策。国务院及各相关部门发布的关于供应链创新与应用的指导意见和政策，如2017年国务院办公厅发布的《关于积极推进供应链创新与应用的指导意见》，明确了供应链创新与应用的总体要求、重点任务和保障措施。

（2）行业专项支持政策。各相关行业出台的针对本行业智慧供应链建设的支持政策，如工业和信息化部、商务部、交通运输部等在各自职能范围内发布推动制造业供应链、流通领域供应链和物流供应链智能化升级的相关政策。例如，2022年，工业和信息化部、财政部发布的《关于开展财政支持中小企业数字化转型试点工作的通知》，将制造业关键领域和产业链关键环节的中小企业作为数字化转型试点的重点方向，重点向医药和化学制造、通用和专用设备制造、汽车零部件及配件制造等行业中小企业倾斜；由各地结合发展实际、发展阶段和发展需求按照细分行业列表申报服务平台和对应改造的"小灯塔"企业名单。

（3）科技创新与成果转化政策。科学技术部等主管单位制定的政策，鼓励企业在大数据、云计算、物联网、人工智能等新一代信息技术在供应链领域的研发和应用，推动科技成果产业化。例如，2022年科学技术部和财政部联合印发《企业技术创新能力提升行动方案（2022—2023年）》，进一步聚焦企业创新能力关键环节。

（4）财政税收优惠政策。财政部和税务总局制定的针对智慧供应链相关企业的减税降费政策，包括但不限于研发费用加计扣除、高新技术企业税收优惠、采购国产软件和服务税收优惠等。例如，2023年，财政部、税务总局和中国证券监督管理委员会（简称"中国证监会"）发布《关于继续实施创新企业境内发行存托凭证试点阶段有关税收政策的公告》；2023年，财政部和税务总局发布《关于先进制造业企业增值税加计抵减政策的公告》。

（5）金融服务与支持政策。中国人民银行、中国银行保险监督管理委员会（简称"中国银保监会"）、中国证监会等金融监管机构推动供应链金融创新，加强对智慧供应链上下游中小微企业的融资支持，如加强和完善应收账款融资、存货质押融资、预付账款融资等模式的创新和规范。例如，2022年，中国人民银行发布《关于推动建立金融服务小微企业敢贷愿贷能贷会贷长效机制的通知》；2023年，中国人民银行等8部门发布《关于强化金融支持举措助力民营经济发展壮大的通知》。

（6）标准体系建设与法规完善。国家市场监督管理总局（简称"市场监管总局"）等部门负责与智慧供应链相关的国家标准和行业标准的制定，确保供应链数据安全、信息安全和商业秘密保护，同时为供应链的互联互通、数据共享、业务协同提供规范化指引。例如，2022年，交通运输部、国家标准化管理委员会印发了《交通运输智慧物流标准体系建设指南》，提出标准化是智慧物流体系建设的重要基础，近年来，新型交通基础设施、自动驾驶与智能航运、网络货运、电子单证、快递无人机等方面的标准化需求非常强烈，有必要加快出台交通运输智慧物流标准体系，指导各领域标准制修订工作；2024年，市场监管总局发布《关于质量基础设施助力产业链供应链质量联动提升的指导意见》，提出要聚焦产业链供应链重大质量瓶颈问题，加强质量支撑和标准引领，系统推进质量强企强链强市，更好发挥质量在企业做大做强、产业建圈强链、城市可持续发展中的作用。

（7）区域示范与试点项目。地方政府依据中央政策，在地方层面开展智慧供应链示范区、试验区、创新中心等建设，通过项目扶持和经验推广，加快智慧供应链技术在全国范围内的普及与应用。例如，2022年，商务部、工业和信息化部、生态环境部、农业农村部、中国人民银行、市场监管总局、中国银保监会、中国物流与采购联合会等共同发布了《全国供应链创新与应用示范创建工作规范》，遴选出在产业链供应链发展方面具有创新引领、协同高效、绿色低碳、弹性韧性优势的示范城市和示范企业，分别授予"全国供应链创新与应用示范城市"和"全国供应链创新与应用示范企业"称号。

综上，我国智慧供应链的相关政策如表 2-2 所示。

表 2-2 我国智慧供应链的相关政策

政策发布时间	政策名称
2017 年	《关于积极推进供应链创新与应用的指导意见》
2022 年	《关于开展财政支持中小企业数字化转型试点工作的通知》 《企业技术创新能力提升行动方案（2022—2023 年）》 《关于推动建立金融服务小微企业敢贷愿贷能贷会贷长效机制的通知》 《交通运输智慧物流标准体系建设指南》 《全国供应链创新与应用示范创建工作规范》
2023 年	《关于继续实施创新企业境内发行存托凭证试点阶段有关税收政策的公告》 《关于先进制造业企业增值税加计抵减政策的公告》 《关于强化金融支持举措助力民营经济发展壮大的通知》
2024 年	《关于质量基础设施助力产业链供应链质量联动提升的指导意见》

我国智慧供应链相关政策的发展经历了多个阶段。在信息技术快速发展的背景下，我国政府开始倡导智慧供应链的理念，政策关注点主要集中在鼓励技术创新和应用以及推动物流信息化上，这个阶段的政策主要强调技术投入和信息化基础设施建设。随着供应链的发展，政策逐渐着重于提升供应链效率和管理水平。在全球竞争日益激烈的背景下，政策开始关注供应链的整合与协同，促进物流网络优化和成本降低，以引导企业提高信息化水平，优化供应链各个环节。

近年来，我国政策越来越强调智慧制造和供应链升级，开始注重数字化转型和智能化发展，鼓励企业应用新技术、新模式，推动供应链数字化、智能化和个性化发展。当前，智慧供应链的相关政策也越来越强调绿色和可持续发展。在实现高效运作的同时，政策开始关注环境保护和资源节约，鼓励企业通过智慧技术降低碳排放，优化能源利用，实现绿色物流。

2.5.1 我国部分省市智慧供应链的政策与举措

随着智能技术和数字经济的发展，我国各省市都在积极推进智慧供应链的政策落地，通过一系列措施推动物流行业的数字化转型和高质量发展。各省市因地制宜，不仅注重智慧物流本身的创新与发展，也关注其对于上下游产业链整合与优化的作用。

1. 河北省智慧供应链的政策与举措

河北省智慧供应链发展正处在积极转型、深化应用、强化协同和技术创新的关键阶段，致力于构建现代化、智能化的供应链体系，以适应经济发展新趋势和提升整体经济效能。河北结合本省产业优势与特色，推出多个鼓励和支持政策。

（1）《河北省智慧物流专项行动计划（2020—2022年）》：河北省于2020年6月印发该计划，计划提出要深化新一代信息技术、人工智能技术、区块链技术等在物流领域的推广应用，全力提高物流设施装备现代化水平；推动智能物流技术应用场景落地，鼓励企业开展宽领域、多形式模式创新，培育壮大基于智能化技术的物流新业态；到2022年，全省初步建成以智慧物流为特征的现代化综合物流体系，基于新一代信息技术和人工智能技术的物流运作新模式、新业态成为产业发展新动能。

（2）《加快建设数字河北行动方案（2023—2027年）》：河北省于2023年1月印发该方案，方案中提出要抢抓数字化变革新机遇，把数字河北建设作为推进高质量发展的基础性先导性工程，推动数字技术与实体经济深度融合，适度超前建设数字基础设施，做强做优做大数字经济。其中明确提出了推进仓储设施智能化改造，并将河北省内的唐山港打造成国家智慧物流骨干网络节点。

2. 湖北省智慧供应链的政策与举措

湖北省将智慧供应链建设纳入全省物流业、制造业等产业发展规划中，通过顶层设计明确发展方向，鼓励和支持各类市场主体积极参与智慧供应链的建设和应用。

（1）《湖北省汽车产业转型发展实施方案（2023—2025年）》：湖北省于2023年10月印发该方案，方案指出要实施补链强链行动，完善新能源汽车零部件供应链体系；抢抓全球产业链重构机遇，推动新能源汽车零部件巨头投资湖北，推动汽车供应链平台建设；支持重点企业建设汽车产业链供应链畅通协调平台，引导上下游企业加强供需对接和深度合作，形成战略联盟、签订长单、技术合作等长效机制稳定供给，提升产业链供应链韧性和安全水平。

（2）《湖北省数字化赋能中小企业转型行动方案（2023—2025年）》：湖北省于2023年12月印发该方案，方案中提到要推动产业链协同转型和集群发展；发挥产业链龙头企业、关键环节主导企业和产业创新综合体的引领作用，依托工业互联网平台，加快打造产业链上下游企业共同体，推动产业链供应链上下游企业业务协同、资源整合和数据共享；支持产业集群内中小企业以网络化协作弥补单个企业资源和能力不足，整合分散的制造能力，实现技术、产能、订单与员工共享。

3. 江苏省智慧供应链的政策与举措

江苏省围绕智慧供应链科技创新与应用，不断优化政策环境，强化基础设施建设，推广示范项目，积极落实国家关于供应链创新与应用的战略部署，并结合地方实际需求和优势产业，采取了一系列政策措施推动智慧供应链的建设与发展示范。

（1）《关于推动战略性新兴产业融合集群发展的实施方案》：江苏省于2023年2月印发该方案，方案提出，江苏省计划建设10个国内领先的战略性新兴产业集群，包括人工智能产业集群、物联网产业集群、高端软件及信息服务产业集群、新能源（智能网联）汽车产业集群等，探索服务产业链、供应链、创新链高效融通衔接。

（2）《关于加快邮政快递业发展进一步促进消费扩大内需的实施意见》：江苏省于2023年10月印发该意见，意见指出要加强大数据、云计算、机器人等现代信息技术和装备在电子商务与快递物流领域的应用，大力推进库存前置、智能分仓、科学配载、线路优化，实现信息协同化、服务智能化。

4. 上海市智慧供应链的政策与举措

上海市出台了一系列支持智慧供应链发展的政策措施，例如建立智能物流示范园区、推动智慧物流建设项目、支持企业数字化转型等。在推进智慧供应链建设方面发布了一系列政策文件，旨在响应国务院《关于积极推进供应链创新与应用的指导意见》，并结合本地实际情况和优势资源，加快推进上海智慧供应链示范城市建设。

（1）《关于本市积极推进供应链创新与应用的实施意见》：这是2018年8月上海市人民政府办公厅为贯彻国家号召印发的实施意见，提出了在上海推进供应链创新与应用的具体措施。

（2）《上海市全面推进城市数字化转型"十四五"规划》：上海市人民政府办公厅在2021年10月印发了该规划，虽然不专门针对智慧供应链，但其中包含了支持前沿技术和应用创新实践的内容，这些举措无疑对包括智慧供应链在内的各个领域的数字化转型提供了制度保障和发展环境。

（3）《智慧供应链白皮书——数智世界·链通全球》：这是上海海事大学和上海交通大学在2022年9月世界人工智能大会期间发布的相关研究成果，探讨了智慧供应链的发展态势和技术发展前景，体现了上海市在产学研合作中对智慧供应链领域的重视和探索。

（4）《中国（上海）国际贸易单一窗口智慧化创新行动方案》：上海市商务委员会等部门于2023年10月印发了该方案，提出通过"区块链+大数据+大模型"技术融合，打造航贸数据要素流通体系和智慧服务体系，构建覆盖国际贸易全链条的智慧口岸数字底座。

以上政策文件和活动共同构成了上海市在智慧供应链领域战略布局和具体实施的重要组成部分，反映出上海致力于通过技术创新和制度完善，提升供应链管理效率、促进产业协同发展以及提升城市整体竞争力的决心。

5. 广州市智慧供应链的政策与举措

广州市在智慧供应链领域做出了积极努力，支持电商和物流企业合作建设智能仓储中心，鼓励数字化、智能化物流设备的应用。目前，广州市在推动供应链创新和高质量发展方面采取了一系列措施。

（1）《广州市关于促进供应链金融发展的实施意见》：2019 年 9 月，广州市出台了供应链金融新政，以推进供应链金融创新发展，强化金融服务实体经济的能力，这也为智慧供应链建设提供了资金和金融服务支持。

（2）《广州市"十四五"供应链体系建设规划》：2021 年 10 月，广州市发布的全国首个大型城市供应链"十四五"规划，强调了产业供应链的优化升级，包括饮料制造、食品制造和农副食品加工等行业，这间接体现了对构建高效、智能化供应链网络的重视。

（3）《广州市重点供应链服务企业认定办法（试行）》：2022 年 1 月，广州市通过开展供应链服务企业认定工作，建立供应链服务企业评定标准和评估考核体系，将资源、政策向现代化供应链管理服务企业倾斜，吸引一批影响力大、供应链链条长、辐射领域广、价值效益高的供应链领域龙头企业落户广州。该办法虽未直接点明"智慧供应链"，但政策旨在鼓励和支持具备强大影响力、供应链链条长且辐射面广的企业，这些企业在实际运营中往往需要借助先进的智慧供应链技术和服务模式提高效率。

6. 重庆市智慧供应链的政策与举措

重庆市正通过一系列政策部署，大力发展智慧供应链，着力提升产业链协同效应、创新能力与安全性，尤其在智能网联新能源汽车领域和制造业现代化进程中，智慧供应链成为关键推动力。同时，借助工业互联网平台建设，重庆市还在持续深化供应链数字化、网络化和智能化进程。重庆市在推动智慧供应链体系建设方面采取了积极行动，发布了若干相关政策文件，以促进智能网联新能源汽车零部件供应链体系的完善和制造业产业链供应链现代化水平的提升。

（1）《关于提升制造业产业链供应链现代化水平的实施意见》：2021 年 11 月，重庆市印发该实施意见，提出了 23 条扶持政策。这些政策涉及加快重点产业链强链补链、强化产业链创新能力等多个方面，有助于打造智慧供应链环境，推进制造业产业链的高质量发展。

（2）《重庆市建设智能网联新能源汽车零部件供应链体系行动计划（2022—2025 年）》：2022 年 9 月，重庆市印发该计划。该计划旨在构建和完善智能网联新能源汽车领域的供应链体系，通过智能化、网络化手段优化供应链管理，提高汽车零部件产业的竞争力。

7. 南京市智慧供应链的政策与举措

南京市发布了一系列政策文件以推进供应链创新与应用，强化服务链、价值链和创新链的深度融合。南京市积极落实国家有关全国供应链创新与应用示范城市的要求，获批成为试点城市后，立足本地产业基础，出台相关政策举措，通过服务链、价值链、创新链的优化整合，提升供应链整体效能，塑造核心竞争力。

（1）《市政府办公厅关于推进供应链体系创新与应用的实施意见》：南京市于

2018年7月印发该实施意见。实施意见提出要充分发挥南京区域商贸中心城市的优势，以协同推进、创新驱动、开放共享、绿色发展为原则，以供应链与互联网、物联网深度融合为路径，强化服务链、价值链、创新链建设，高效整合各类资源和要素，打造智慧供应链体系，为实现经济高质量发展、建设"强富美高"新南京提供有力支撑。

（2）《南京市"十四五"枢纽经济和现代物流业发展规划》：南京市于2021年10月发布该规划。规划中提出要加快供应链数据化发展，加大以信息技术为核心的新型基础设施投入，积极应用区块链、大数据等现代供应链管理技术和模式，加快数字化供应链公共服务平台建设；大力发展智慧物流，把握第五代移动通信（5G）、物联网等现代信息技术快速应用的战略机遇期，全面推进智能化物联网基础，创新全程智慧物流服务产品，构建一体化物流智慧运作系统。

8. 武汉市智慧供应链的政策与举措

武汉市在智慧供应链建设与发展方面，积极响应国家政策并结合本地实际情况，发布了一系列推进供应链创新与应用的政策文件。

（1）《市人民政府办公厅关于印发武汉市推进供应链创新与应用实施方案的通知》：武汉市于2019年7月发布该通知，该通知旨在通过供应链管理技术的创新和应用，提升产业链整体效能，推动经济高质量发展。结合当地产业特色和优势，武汉市鼓励和支持企业采用先进的信息技术手段，比如云计算、大数据、物联网等，实现供应链全过程的数字化和智能化，提升供应链响应速度和决策效率。

（2）《武汉市现代物流业发展"十四五"规划》：武汉市于2022年5月发布该规划，规划提出要构建智慧物流信息平台，建设城市配送车辆监管平台，实现城市配送车辆动态运行、货运配送企业服务质量考核、城市通行管理、公共停靠车位和装卸场地位置查询等功能；要打造智慧物流服务终端；发展智能物流园区，依托5G、人工智能、物联网等新技术，引导全市重点物流园区建立深度感知智能园区系统，实现存、取、管全程智能化。

综上，我国部分省市智慧供应链的相关政策如表2-3所示。

表2-3 我国部分省市智慧供应链相关政策

城市	政策发布时间	政策名称
河北省	2020年	《河北省智慧物流专项行动计划（2020—2022年）》
	2023年	《加快建设数字河北行动方案（2023—2027年）》
湖北省	2023年	《湖北省汽车产业转型发展实施方案（2023—2025年）》
	2023年	《湖北省数字化赋能中小企业转型行动方案（2023—2025年）》
江苏省	2023年	《关于推动战略性新兴产业融合集群发展的实施方案》
	2023年	《关于加快邮政快递业发展进一步促进消费扩大内需的实施意见》
上海市	2018年	《关于本市积极推进供应链创新与应用的实施意见》
	2021年	《上海市全面推进城市数字化转型"十四五"规划》
	2022年	《智慧供应链白皮书——数智世界·链通全球》
	2023年	《中国（上海）国际贸易单一窗口智慧化创新行动方案》

（续）

城市	政策发布时间	政策名称
广州市	2019 年	《广州市关于促进供应链金融发展的实施意见》
	2021 年	《广州市"十四五"供应链体系建设规划》
	2022 年	《广州市重点供应链服务企业认定办法（试行）》
重庆市	2021 年	《关于提升制造业产业链供应链现代化水平的实施意见》
	2022 年	《重庆市建设智能网联新能源汽车零部件供应链体系行动计划（2022—2025 年）》
南京市	2018 年	《市政府办公厅关于推进供应链体系创新与应用的实施意见》
	2021 年	《南京市"十四五"枢纽经济和现代物流业发展规划》
武汉市	2019 年	《市人民政府办公厅关于印发武汉市推进供应链创新与应用实施方案的通知》
	2022 年	《武汉市现代物流业发展"十四五"规划》

2.5.2 我国在智慧供应链发展中做出的贡献

我国在智慧供应链领域的国际合作与标准制定方面，不仅重视自身的技术研发与实践探索，还积极推动国内外技术交流、经验分享和标准对接，以实现全球供应链管理水平的整体提升。我国通过参与国际标准化组织、合作项目，推动制定智能制造和供应链数字化的国际标准和规范，在智慧供应链的国际合作与标准制定中发挥了积极且重要的作用。

（1）参与国际标准化活动。我国积极参与国际标准化组织（International Organization for Standardization，ISO）、国际电工委员会（International Electrotechnical Commission，IEC）以及国际电信联盟（International Telecommunication Union，ITU）等国际机构主导的智慧供应链和物流相关标准制定工作，提出并采纳了许多具有中国特色和优势的标准提案。

（2）推动全球产业链供应链稳定畅通。我国发布了《全球供应链促进报告》及《全球产业链供应链互联互通北京倡议》，倡导各国共同维护全球产业链供应链的开放、稳定和安全，加强信息共享和技术合作，构建共赢链。

（3）提供中国方案与经验分享。通过各种国际论坛、研讨会和专业会议，我国分享了在智慧供应链建设上的实践经验和创新模式，比如在智能制造、5G 应用、区块链技术等方面的应用案例，为其他国家提供了参考借鉴。

（4）推进国内标准国际化。鼓励和支持国内企业在国际标准化工作中发挥更大作用，将我国的智慧供应链管理、物流服务和技术领域的成功实践转化为国际标准，提升我国标准的国际影响力。

（5）开展双边和多边合作。在"一带一路"倡议等框架下，我国与沿线国家和地区深化物流和供应链领域的合作，共建智能物流网络，通过互联互通项目推动智慧供应链基础设施建设和标准互认。

（6）强化标准体系建设。围绕智慧供应链的关键领域，我国制定了一系列国家标准和行业标准，同时也不断学习和引入国外先进标准体系，结合国情进行创新，致力于打造国际标准化高地。

章末案例

深圳市智慧供应链发展的探索与实践

深圳市作为我国改革开放的前沿城市和全球重要的供应链枢纽之一，在智慧供应链的发展和政策支持方面走在前列。在较早时期，深圳市就已开始布局智慧供应链相关产业，通过优化产业结构、引导企业技术创新，初步探索供应链管理的信息化、智能化升级路径。随着国家层面对供应链创新与应用的重视，深圳市政府也相应出台了一系列政策，制定了具体的行动计划，如《深圳市加快推进供应链创新与发展三年行动计划（2023—2025年）》，明确了2023—2025年智慧供应链创新发展的目标、任务和措施，强调利用新一代信息技术推动供应链数字化转型和生态体系建设。

深圳市各区也积极推动智慧供应链相关的重点项目，如建立智慧供应链孵化基地，探索政企共建产业生态圈新模式。2022年6月16日，福田区工业和信息化局发布了相关政策，明确表示将通过一系列政策措施支持辖区内的供应链产业发展，优化营商环境，推动经济高质量增长。2022年9月，宝安区发布了《宝安智慧供应链产业园重点产业项目遴选方案》，按照相关规定，就智慧供应链产业园的重点产业项目进行遴选，目的是吸引优质企业和项目入驻，促进供应链产业集聚和高质量发展。宝安区工业和信息化局于2023年2月3日公示了《西部智慧供应链创新示范枢纽重点产业项目遴选方案》，计划通过公开透明的方式选拔对智慧供应链有显著贡献的重点产业项目，打造西部区域内的智慧供应链创新示范中心。

随着智慧供应链的不断发展，深圳市不断探索完善智慧供应链的政策体系。深圳市出台《智慧低碳仓库评价规范》等政策鼓励和支持企业研发智慧供应链关键技术，包括但不限于物联网、大数据、区块链、人工智能等，通过技术创新驱动供应链智慧化升级，实现供应链可视化、智能化管理。深圳市也针对供应链金融领域出台了针对性政策，例如《大宗商品供应链金融服务风险管理规范》，填补了国内针对大宗商品供应链金融服务风险评估与管理控制方面的规范空白，其他相关政策有助于提升行业风险管理水平，支持金融机构和科技公司开展供应链金融服务创新，解决中小微企业融资难题，进一步增强供应链上下游协同效应。深圳市还致力于智慧供应链的标准体系建设，例如《智慧供应链服务企业基本要求及评估规范》，旨在推动行业统一标准的制定和实施，以利于信息系统的互联互通，提高供应链运行效率和整体效能。

目前，深圳市智慧供应链政策正在从以下4个方面进行前瞻性布局。

1. 政策支持与引导

深圳市高度重视智慧供应链的创新发展，通过制定相关政策，如《深圳市供应链创新与应用实施方案》，明确将智慧供应链作为产业升级的重要抓手，推动物流业与制造业深度融合，鼓励企业运用物联网、大数据、人工智能等新一代信息技术改造传统供应链。

深圳市政府推出专项扶持政策，对在智慧供应链技术研发、平台建设和应用推广等方面取得突出成果的企业给予资金补贴、税收优惠等支持，从而激励更多企业投入到智慧供应链的研发与应用之中。

2. 融合创新与金融支持

深圳市金融业通过创新供应链金融产品和服务模式，切实解决了中小企业融资难的问题。例如,《关于进一步支持供应链行业大企业高质量发展的建议》的落实,形成了金融支持供应链和中小微企业的六大举措,有效降低了供应链上下游企业的融资成本,提升了整体供应链的运行效率。

深圳市鼓励金融机构与科技公司合作,利用区块链、大数据风控等技术手段,搭建供应链金融服务平台,实现供应链金融业务的线上化、透明化和智能化,从而使得供应链金融成为智慧供应链体系中的重要组成部分。

3. 产业基地与示范项目

深圳盐田智慧供应链孵化基地是深圳市探索政企共建产业生态圈新模式的具体体现。该基地不仅提供了硬件设施支持,还通过政策引导、资源对接等方式,吸引了众多专注于智慧供应链解决方案的创新型企业入驻,促进了相关产业的集聚和发展。

4. 标准化与制度建设

深圳市在智慧供应链标准化与制度建设方面亦有显著进展,积极参与国家及行业标准的制定和推广,推动供应链数据交换接口、追溯体系、信息安全等方面的标准化进程,这有助于打破信息孤岛,提升供应链的整体协作水平。

资料来源:陈姝、陈小慧,率先布局赛道 产业链条完善 深圳人工智能加速落地千行百业,深圳商报,2023年6月19日。

案例思考

1. 概括深圳市在智慧供应链方面的前瞻性布局。
2. 结合本章内容,为深圳市未来的智慧供应链发展提出建议。

习题

1. 概括我国智慧供应链政策发展历程。
2. 我国智慧供应链政策发展与国外有何异同之处?
3. 深圳市的智慧供应链发展对其他城市有何借鉴意义?

第 3 章　智慧供应链关键技术

【学习目标】

通过本章的学习,学生应该能够:
- ☑ 理解智慧供应链管理中技术创新的必要性;
- ☑ 了解物联网、移动互联网、大数据、云计算、人工智能与区块链技术的基本原理和技术体系;
- ☑ 掌握新兴技术在智慧供应链管理中的应用原理。

开篇案例

顺丰科技探索物流与供应链场景下的万物互联

2023年3月,在《财富》举办的全球科技论坛上,顺丰科技凭借"顺丰智慧物流与供应链物联网平台"从上百家企业中脱颖而出,荣登2022年度最具影响力物联创新榜单。依托宏观经济及国家政策,各行业发展迅猛,持续向智能化高质量发展,顺丰科技先发布局构建数字时代的智慧供应链产品体系,是国内智慧供应链管理解决方案的开拓者。

2019年7月,顺丰科技正式开始建设"智慧物流与供应链标准化物联网平台",将物联网技术全面应用于"收派—中转—运输"各环节,面向设备、人、车、货、场等对象,由点及面,探索物联网技术在物流场景下的规模化应用。为解决笼车等物流作业载具的追踪流转问题,顺丰科技采用了低功耗广域网技术 LPWAN。通过这种技术,相关感应设备续航时长可达5年,极大提升了物流作业中的大批量资产流转、追踪效率,最重要的是,它有效支撑了集团大网对快件的集装集运,提升了快件时效。同时,针对"云边协同"挑战,即边缘节点与云端数据中心的协作配合问题,顺丰科技基于云原生技术,对物流场景中的生产对象进行了"身份标识"的统一。为了让这些设备能更丰富地呈现和表达自己,顺丰科技还给它们逐个建立起了数字空间上的"物模型"(可以用来查看某实体设备的功能特征)。针对海量数据分析,顺丰科技依托大数据技术,通过极致弹性、存算分离、多云融合计算加速等核心能力,通过大数据实时或离线分析策略,对设备上报的海量物模型数据进行联合时空分析,并基于大数据流式处理引擎实现数据实时流转。

顺丰科技自主研发构建的物联网泛在感知、分析和决策体系,目前已在公司内全面铺开应用。当前顺丰物联网涉及的相关设备数量规模超过100万,覆盖全国300多个分拣中心,助力20 000多个网点的网络互连。

物联网技术的应用,不仅实现了设备的互联互通和数据的采集,也进一步推动了顺丰科技在人工智能领域的探索实践。以慧眼神瞳为例,这是一款综合运用计算机视觉技术与边缘计算技术的AIoT感知平台。目前该产品已成熟应用在大型场地作业场景中,帮助集团实现质量管控、安全管理、精益运营以及风险管控。例如,在快件质量管控场景中,慧眼神瞳以场地摄像头为"瞳",以场地服务器为"脑",首创违规抛扔检测算法,以AI代替人工的方式督查中转作业不规范问题,尽可能避免因操作不当导致的快件损坏。当前该算法已100%覆盖大小件中转场,相关识别准确率达到93%,相关覆盖范围内的违规抛扔行为已降低30%。在生产精益运营场景中,慧眼神瞳通过智能AI补码技术,对六面扫设备显示读码失败的包裹进行二次解码,同时联动WCS进行实时再分拣。这有效地降低了小件回流率,减少了人工补码工时,每年降本金额可达数千万元。此外,对于风险管控场景,慧眼神瞳-智慧安检凭借自主研发的AI安检系统,借助高速安检机,对除人体以外的行李、物品等进行透视性的扫描,对危险品可做到实时预警,能以毫秒级的速度识别出违禁品,做到快件100%安检的同时,实现95%的准确率。

资料来源:金融界,顺丰科技荣登2022《财富》最具影响力物联创新榜单,百家号:金融界,2023年3月31日。

3.1 智慧供应链技术概述

数字化时代,以物联网、移动互联网、大数据、云计算、人工智能、区块链为代表的智慧技术,正在彻底改变生产、经营、消费等模式,并以前所未有的速度重塑消费者的产品需求、工业生产和销售流程,引发现代供应链运营模式的新变革。新一代信息技术的创新应用是构建智慧供应链体系的关键,能够为供应链的智能化改造和数字化转型注入源源不断的关键增量,实现降本增效。

物联网技术在智慧供应链中应用的核心功能是感知互联。通过各类传感设备与技术,基于智慧供应链的业务范围、商品类型、服务客户等,从对象、时间、位置、需求、分布等维度,全方位、动态化地感知和捕捉海量数据;通过采用移动互联网、无线传感器网络等网络传输技术,将感知和捕捉的实体物、人数据传输至智慧供应链体系网络,转化为进行复杂交互的数字物、人。物联网在智慧供应链中的创新应用,可促进供应链中商流、物流、资金流和信息流的快速整合,以及各环节之间的共享融通。

移动互联网技术在智慧供应链中应用的核心功能是传输共享。移动互联网同时具备了移动随时、随地、随身和互联网开放、共享、互动的优势。通过网络传输技术，移动互联网能够拓宽信息传播的渠道和方式，为智慧供应链体系网络中的数据传输提供支撑，提高供应链上信息流的传递和处理效率；信息共享的特点易于实现供应链上跨部门、跨企业的协作配合，为供应链的提质增效赋能；借助无线网络和移动应用，企业可以为客户提供更加便捷、个性化的服务体验。

大数据技术在智慧供应链中应用的核心功能是分析处理。通过对智慧供应链全生命周期数据进行关联关系，对其内在规律进行挖掘分析和实时处理，即对海量商品数据进行关联分析和处理，提高产品的研发效率及市场竞争力；对市场数据进行聚类分析，实现供应链上下游企业在高效运营的同时，规避市场变化风险。大数据在智慧供应链中的创新应用，能使各成员企业全面了解并掌握其原料采购、产品生产、营销零售、客户服务等各环节的信息，对供应链体系流程及组成部分进行调整优化，提高整体运营效率。

云计算技术在智慧供应链中应用的核心功能是存储计算。通过数据存储技术、数据管理技术等，对智慧供应链各领域、各环节和各类型的数据进行存储整理，实现数据的高效整合、归纳和优化；加入初步的数据分析和判断机制，可明确所存储数据是否真实、有效和全面，防止出现数据失准问题；通过资源管理层，对数据资源进行分类存储与灵活调配；借助云计算的分布式编程与计算能力实现智慧供应链体系动态拓展，在保障数据实时存储与分析计算的同时，推动供应链生态体系的稳定、高效运行。

人工智能技术在智慧供应链中应用的核心功能是决策预测。利用其深度学习技术分析智慧供应链全生命周期数据的内在规律和表示层次，将原料采购、网络布局、运输等烦琐的工作交给智能机器处理，实现智能调度、路径规划等功能；利用计算机视觉技术对供应链各环节采集整理的图片、视频等数据进行分析处理，模拟建立与实体世界对应的数字化场景，实现对环境的感知及人类视觉功能；人工智能驱动的智能决策通过将与决策对象有关的数据进行比对分析，挖掘数据中隐含的偏好关系信息，做出智能化的科学决策。此外，运用人工智能预测系统对智慧供应链内外部环境和发展趋势进行预测，能及时进行预判与调整。

区块链技术在智慧供应链中应用的核心功能是信任追溯。通过智能合约、非对称加密、共识机制及技术，将智慧供应链上各类数据区块顺次连接成链条，利用时间戳服务器、点对点分布网络及密码学的技术方式，形成去中心化、不可篡改的分布式数字账本。区块链利用散状网络分层结构连接智慧供应链各节点，使得采购、生产、销售、消费等一系列相关活动产生的数据信息在供应链网络全面共享传递；利用自身技术特点在智慧供应链上下游企业间建立紧密联系，降低互信成本，打造信息透明流通的智慧供应链生态圈。

3.2 物联网技术

物联网是世界公认的继计算机、互联网与移动通信网之后的第三次信息革命。物联网是在互联网基础上进一步延伸和扩展的网络，其将各种信息传感设备与网络相连接，形成一个巨大的互联网络。它实现了人、机、物在任何时间、任何地点的互联互通、信息交换与智能服务。物联网作为新一代信息技术与制造业深度融合的产物，通过全面互联人、机、物，构建了一个全要素、全产业链、全价值链集成的新型生产制造和服务体系。它不仅是数字化转型的实现途径，更是实现新旧动能转换的关键力量。

我国也将物联网作为战略性新兴产业予以重点关注和推进。2009 年，时任国务院总理温家宝视察无锡时提出在无锡建立"感知中国"中心。2010 年，《政府工作报告》中将物联网的研发应用纳入重点振兴产业，提升为国家战略。2015 年，《中国制造 2025》提出，加快开展物联网技术研发和应用示范，培育智能监测、远程诊断管理、全产业链追溯等工业互联网新应用。2016 年，《国家信息化发展战略纲要》指出，推进物联网设施建设，优化数据中心布局，加强大数据、云计算、宽带网络协同发展，增强应用基础设施服务能力。2020 年，工业和信息化部办公厅印发《关于深入推进移动物联网全面发展的通知》，强调要准确把握全球移动物联网技术标准和产业格局的演进趋势，推动 2G/3G 物联网业务迁移转网，建立窄带物联网（Narrow Band-Internet of Things，NB-IoT）、4G（含 LTE-Cat1，即速率类别 1 的 4G 网络）和 5G 协同发展的移动物联网综合生态体系。2021 年，工业和信息化部、中央网络安全和信息化委员会办公室等 8 部门印发《物联网新型基础设施建设三年行动计划（2021—2023 年）》，强调要推动技术融合创新，要求加强 5G、大数据、人工智能、区块链等新技术与物联网融合发展，提升物联网终端感知能力、应用平台数据处理能力和智能化水平。

3.2.1 物联网的概念

比尔·盖茨于 1995 年在《未来之路》一书中提出了物联网的理念。受限于当时无线网络、硬件及传感设备的发展水平，尽管物联网的形态已经存在，但没有成为信息技术的主流，所以物联网的概念并未引起业界的重视。1999 年，麻省理工学院的 Kevin Ashton 教授提出了以标识为特征的物联网概念，把 RFID（Radio Frequency Identification）技术与传感器技术应用于日常物品中，形成一个物联网。这就是早期的"物联网"概念，即基于 RFID 的物联网，以 RFID、电子产品编码等为代表，强调利用射频识别标签将物品接入网络，实现物品信息的数字化以及物品状态的跟踪。

中国科学院在 1999 年就启动了传感网的研究项目，建立了一些适用的传感网。同年，在美国召开的移动计算和网络国际会议提出，传感网是下一个世纪人类面临的又一个发展机遇。2003 年，美国《技术评论》提出，传感网络技术将是未来改变人们生活的十大技术之首。这个阶段的物联网强调基于局域网络的物联，以无线传感网、单一行业应用等为代表，利用无线传感器、局域网络等实现物体与网络的连接，进行信息交换与共享。

随着技术的发展，物联网的内涵不断深化。2005 年 11 月，在突尼斯举行的信息社会世界峰会上，国际电信联盟发布《ITU 互联网报告 2005：物联网》，正式提出了物联网的概念。报告将物联网定义为：通过射频识别技术设备、红外感应器、全球定位系统、激光扫描器等信息传感设备，按约定的协议，把任何物品与互联网连接起来，进行信息交换和通信，以实现智能化识别、定位、跟踪、监控和管理的一种网络。ITU 的报告描绘了物联网广泛应用后的新模式，对于物联网概念的兴起起到了较大的推动作用。

狭义上，物联网指的是将物品连接到物品的网络，实现物品的智能化识别和管理。广义上，物联网可以看作信息空间和物理空间的融合，将所有事物数字化、网络化，实现高效的信息交互。它不仅将物品与物品、人与物品相连接，还将人与现实环境相连接，通过创新的服务模式将各种信息技术融入社会行为，达到信息化在人类社会综合应用的更高境界。

随着物联网的规模化和协同化发展，它的多元性、复杂性和综合性特征日益凸显。例如，联网设备的种类、数量和智能化水平迅猛增长；人们不仅关注物联，也开始关注物控；人们不仅需要单一物联网系统提供的应用服务，还需要跨区域和跨行业的应用服务能力，等等。在这个阶段，打破垂直应用的壁垒、建立支持万物互联的基础网络、形成跨区域和跨行业互动的网络基础设施成为发展的热点。

近年来，我国在物联网基础建设、产业应用、创新发展等方面都走在世界前列，物联网技术普遍应用于工业制造、农业生产和交通等领域。2024 年 11 月 3 日，世界物联网大会在北京开幕。会上发布了《世界万物智联数字经济白皮书》。白皮书数据显示，中国在物联网基础设施建设和数字经济创新发展方面均处于全球领先地位。目前，我国代表"物"的移动物联网终端用户数已经超过代表"人"的移动电话用户数，成为全球主要经济体中率先实现"物超人"的国家。

⊙ 专栏 3-1

国家主席习近平向 2023 中国国际智能产业博览会致贺信
为数字经济发展指明方向

近年来，中国智能产业、数字经济蓬勃发展。在 2023 中国国际智能产业博览会上，5G、物联网、大数据、智能网联新能源汽车等备受与会人士关注的创新成果，展现出中国智能产业澎湃发展动力。

2023 年 9 月 4 日，国家主席习近平向 2023 中国国际智能产业博览会致贺信。习近平主席指出，当前，互联网、大数据、云计算、人工智能、区块链等新技术深刻演变，产业数字化、智能化、绿色化转型不断加速，智能产业、数字经济蓬勃发展，极大改变全球要素资源配置方式、产业发展模式和人民生活方式。中国高度重视数字经济发展，持续促进数字技术和实体经济深度融合，协同推进数字产业化和产业数字化，加快建设网络强国、数字中国。

资料来源：习近平向 2023 中国国际智能产业博览会致贺信，人民日报，2023 年 9 月 5 日。

3.2.2 物联网的基本特征

从通信对象和通信过程的角度来看，物联网的核心是物与物以及人与物之间的信息交互。物联网的基本特征可概括为全面感知、可靠传输和智能处理。全面感知指物联网通过多种类型的传感器、广泛的应用领域、实时数据采集、大规模的数据收集、数据多样性等方式，实现对环境和物体的全面感知和理解。可靠传输是指在物联网中，数据能够以可靠的方式从传感器和设备传输到目标位置，确保数据的完整性和可靠性。智能处理是指物联网能够进行智能化的数据处理和分析，以从海量数据中提取有价值的信息、洞察和知识。

1. 全面感知

物联网的全面感知特征包括以下 5 项。

（1）多种类型的传感器：物联网中使用各种传感器来感知环境和物体，包括温度传感器、湿度传感器、光照传感器、气体传感器、运动传感器、压力传感器、声音传感器等。每种传感器都能感知特定类型的数据，从而提供对环境和物体的详细了解。

（2）广泛的应用领域：物联网的全面感知能力适用于各种应用领域，包括智能家居、智能城市、工业自动化、健康医疗、农业和环境监测等。不同领域的应用需要不同类型的传感器来感知特定的数据，以满足其特定需求。

（3）实时数据采集：物联网能够实时采集传感器所感知到的数据。这意味着数据可以几乎即时地传输到云端或边缘计算设备进行处理和分析。实时数据采集使得物联网能够实时监测环境和物体的状态，并及时做出反应。

（4）大规模的数据收集：物联网连接了大量设备和物体，产生了大量的数据。物联网的全面感知特征使得大规模的数据收集成为可能，从而为大数据分析和洞察提供了丰富的资源。

（5）数据多样性：物联网不仅能够感知环境中的物理参数，如温度、湿度等，还能感知其他类型的数据，如图像数据、声音数据等。数据多样性使得物联网能够提供更全面、多维度的环境感知和物体状态监测。

2. 可靠传输

物联网的可靠传输特征包括以下 5 项。

（1）可靠性协议：物联网使用可靠性协议来确保数据的可靠传输。这些协议包括传输控制协议（Transmission Control Protocol，TCP）和用户数据报协议（User Datagram Protocol，UDP）。TCP 提供了可靠的、面向连接的数据传输，通过确认机制、重传机制和流量控制等方式，确保数据的完整性和可靠性。UDP 则提供了无连接的传输，适用于对实时性要求较高的应用场景。

（2）错误检测和纠正：物联网在数据传输过程中使用错误检测和纠正机制以保证数据的准确性。常见的错误检测和纠正机制包括循环冗余校验（Cyclic Redundancy Check，CRC）、前向纠错（Forward Error Correction，FEC）等。这些技术能够检测并纠正在数据传输过程中可能发生的错误，确保数据的完整性和准确性。

（3）容错和冗余：物联网通过使用容错和冗余机制来提高数据传输的可靠性。容错机制包括数据备份、故障转移和冗余路径等，以确保即使在部分设备或路径出现故障的情况下，数据仍能够成功传输。冗余机制则涉及使用多个传输路径或多个传感器来传输相同的数据，以增加传输的可靠性。

（4）QoS 保证：物联网通过提供服务质量（Quality of Service，QoS）保证来确保数据传输的可靠性。QoS 保证包括带宽管理、延迟控制、流量调度等技术，用于管理和保证不同应用或数据流的传输质量。通过为不同类型的数据流分配适当的资源和优先级，物联网能够满足对可靠传输有特定要求的应用。

（5）安全性保护：物联网的可靠传输特征还涉及数据传输过程中的安全性保护。物联网采用加密、身份验证、访问控制等安全措施，以确保数据在传输过程中的机密性、完整性和可用性。这些安全措施可以防止数据在传输过程中被篡改、窃取或遭受其他安全威胁。

3. 智能处理

物联网的智能处理特征包括以下 6 项。

（1）数据聚合和整合：物联网对从多个传感器和设备收集到的分散数据进行聚合和整合。通过将不同传感器和设备的数据进行关联和整合，物联网能够提供更全面、多维度的数据视图，以便进行更深入的分析和洞察。

（2）实时数据分析：物联网能够对实时产生的数据进行快速分析和处理。通过使用实时数据分析技术，物联网可以实时检测和响应事件、异常或趋势变化，从而支持实时决策和操作。

（3）边缘计算：物联网利用边缘计算将数据处理和分析的能力推向边缘设备。边缘计算可以在接近数据源的位置进行实时处理，减少数据传输延迟和带宽消耗。通过在边缘设备上进行智能处理，物联网可以更快速、高效地响应数据，并减轻对云端资源的依赖。

（4）机器学习和人工智能：物联网运用机器学习和人工智能技术来自动发现模式、进行预测和决策。通过训练模型和算法，物联网可以自动分析数据，以识别异常、预测趋势、进行优化和决策支持。

（5）上下文感知和智能推理：物联网能够通过感知环境和物体的上下文信息，进行智能推理和决策。通过结合传感器数据和环境背景，物联网可以理解和推导出更高级别的信息，从而实现更智能的应用。

（6）自适应和优化：物联网通过持续学习和自适应机制，不断改进其智能处理能力。通过分析反馈数据和用户行为，物联网可以调整和优化自身的智能处理算法和模型，以适应不断变化的环境和需求。

3.2.3 物联网的体系架构

物联网体系架构中的基础架构采用 DCM（Devices-Connect-Manage）架构，2011 年由工业和信息化部电信研究院（现更名为"中国信息通信研究院"）提出。作为国际上第一个物联网总体性框架的参考标准，架构采用的是分层体系，将物联网分为感知层、网络层、应用层等 3 层，对应的层次特征分别是全面感知、可靠传输、智能处理。

感知层是物联网的最底层，负责数据的采集和感知。它包括各种传感器、执行器、智能设备和物理节点。这些设备能够感知和监测环境中的各种物理参数和状态，如温度、湿度、光照、位置等。感知层的设备通常具有低功耗、小型化和分布式部署的特点。感知层的主要功能是全面感知,即利用 RFID、传感器、二维码等随时随地获取物体的信息。RFID 技术、传感和控制技术、短距离无线通信技术是感知层涉及的主要技术,其中包括芯片研发、通信协议研究、RFID 材料、智能节点供电等细分领域。

网络层负责连接感知层的设备,并提供数据传输和通信的基础设施。它包括各种网络技术和协议,如无线传感器网络(Wireless Sensor Network,WSN)、局域网(Local Area Network,LAN)、广域网(Wide Area Network,WAN)等。网络层提供可靠的数据传输、设备间的互联和通信能力,确保数据的安全和可靠传输。网络层的主要功能是实现感知数据和控制信息的双向传递,通过各种电信网络与互联网的融合,将物体的信息实时准确地传递出去。物联网通过各种接入设备与移动通信网和互联网相连,如手机付费系统由刷卡设备将内置于手机的 RFID 信息采集上传到互联网,网络层完成后台鉴权认证并从银行网络划账。网络层还具有信息存储查询、网络管理等功能。

应用层是物联网的最顶层,负责处理和管理物联网中的数据,并提供各种应用和服务。它包括数据分析、决策支持、应用开发和用户界面等。应用层是用户最直接接触到的层次,利用感知层和网络层提供的数据,进行数据处理、分析和应用开发,以支持各种物联网应用,如智能城市、智能家居、工业自动化等。云计算平台作为海量感知数据的存储、分析平台,既是网络层的重要组成部分,也是应用层众多应用的基础。物联网的应用可分为监控型(物流监控、污染监控)、查询型(智能检索、远程抄表)、控制型(智能交通、智能家居、路灯控制)、扫描型(手机钱包、ETC)等。应用层是物联网发展的目的,软件开发、智能控制技术将会为用户提供丰富多彩的物联网应用。

感知层是物联网发展和应用的基础,网络层是物联网发展和应用的可靠保证,没有感知层和网络层提供的基础,应用层也就成了无源之水,但未来的物联网发展将更加关注应用层。只有当未来物联网接入互联网并普及应用、数据量越来越大、应用需求日趋广泛且强烈之后,物联网才会迎来大发展,人类才能真正迈入智慧地球时代。

此外,物联网的体系架构还涉及以下横向和纵向的关键支持组件。

(1)数据管理与存储组件。数据管理与存储组件负责物联网中海量数据的存储、管理和查询,包括数据采集、存储、处理、查询和可视化等技术。这些组件确保物联网系统能够有效地存储和处理大规模的数据,并提供高效的数据访问和查询能力。

(2)安全与隐私组件。安全与隐私组件是物联网架构中非常重要的组件。由于物联网涉及大量的设备和数据交换,保护数据的安全性和隐私成为一项关键任务。安全与隐私组件提供身份认证、数据加密、访问控制、安全通信等功能,以确保物联网系统的安全性和隐私保护。

(3)设备管理与配置组件。设备管理与配置组件负责管理和配置物联网中的设备,包括设备的注册、发现、配置、监控和维护等功能。通过设备管理与配置组件,系统管理员可以对物联网中的设备进行集中管理,实现设备的远程监控和维护。

（4）服务与应用开发组件。服务与应用开发组件提供物联网系统中的各种服务和应用的开发和部署环境，包括开发工具、开发框架、API等。服务与应用开发组件使开发人员能够构建各种物联网应用和服务，满足不同的业务需求。

综上所述，物联网的体系架构由感知层、网络层和应用层构成，并涉及数据管理与存储组件、安全与隐私组件、设备管理与配置组件以及服务与应用开发组件等关键支持组件，如图3-1所示。这些组件共同协作，实现物联网的数据采集、传输、处理和应用，推动各种智能化应用的实现和发展。物联网体系架构的目标是实现设备之间的互联和数据的交互，以提供智能化的应用和服务。通过合理设计和组织不同层次和组件之间的关系，可以实现物联网系统的可靠性、安全性和可扩展性，为各个行业和领域带来更多的创新和价值。

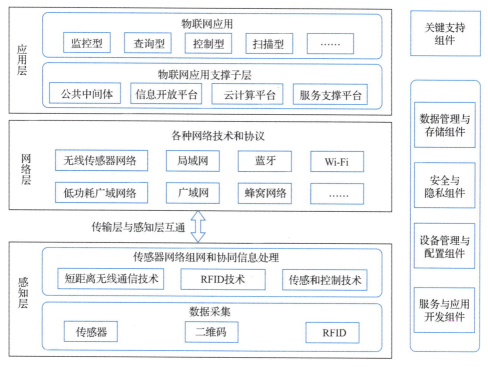

图 3-1　物联网的体系架构

3.2.4　物联网的关键技术

1. 传感技术

传感技术是物联网的关键技术之一，它承担着感知和采集现实世界数据的重要任务。传感技术利用各种传感器和探测器来检测和测量环境参数，例如温度、湿度、光照、压力、位置等，并将这些参数转化为数字信号，为物联网提供进一步的处理和分析。常见的传感技术包括温度传感器、湿度传感器、光照传感器、压力传感器等。这些传感技术为物联网提供了大量的数据源，通过感知和采集环境数据，物联网可以实现实时监测、智能控制和数据分析，为各个领域带来更智能、高效的解决方案。

2. 通信技术

通信技术负责连接和传输物联网中各种设备、传感器和系统之间的数据，并确保可靠、安全的通信，不同的通信技术在覆盖范围、功耗、带宽、可靠性和安全性方面有所差异。物联网中常用的通信技术包括无线传感网络、蜂窝网络、低功耗广域网络、Wi-Fi、蓝牙、近场通信（Near Field Communication，NFC）等。不同的通信技术共同构成了物联网的基础设施，通过合适的通信技术选择和部署，物联网设备能够相互连接、交换数据和实现智能化应用。

3. RFID 技术

RFID（射频识别）技术是一种非接触式的自动识别技术，它通过射频信号自动识别目标对象并获取相关数据，识别过程无须人工干预，可工作于各种恶劣环境。RFID 技术可识别高速运动物体并可同时识别多个标签，操作快捷方便。RFID 技术基本上由三部分组成：标签（Tag）、读写器（Reader）和天线（Antenna）。RFID 技术在物联网中的应用非常广泛。通过将 RFID 标签与物体关联，可以实现物体的唯一标识和追踪，从而实现物联网中的实时监测、库存管理、资产跟踪、物流追踪、智能支付等应用。RFID 技术的优点包括：无须视线接触，高效快速地识别，可靠性高，以及适用于各种物体类型和环境。

4. 数据处理与分析技术

由于物联网设备和传感器产生的数据规模庞大且多样化，有效地分析和处理这些数据成为实现物联网应用的关键环节。数据处理与分析技术涵盖了数据采集与存储、数据预处理、数据聚合与整合、数据分析与挖掘以及数据可视化等方面。这些技术的应用使得物联网能够从海量数据中提取有价值的信息，为实时决策和智能化应用提供支持。

5. 安全与隐私保护技术

由于物联网涉及大量的设备和数据交换，安全与隐私保护技术对于保护用户和系统免受安全威胁至关重要。物联网的安全与隐私保护技术是确保物联网系统安全性和用户隐私的重要组成部分。这些技术主要包括设备安全、数据加密与身份认证、网络安全与通信加密以及安全监测与响应等方面。它们的应用能够有效保护物联网系统和设备的安全性，并确保用户的隐私和数据安全，为物联网的可信度和广泛应用提供了坚实的基础。

3.2.5 物联网在智慧供应链中的应用

物联网在智慧供应链中的应用包括实时跟踪与监控、库存管理与预测、智能预警与管理、资产管理与追踪、数据分析与优化等方面。这些应用能够提升供应链的可视性、智能化和效率，帮助企业更好地管理和优化供应链流程，提高物流运输的可靠性和品质，降低成本，增强供应链的竞争力和灵活性。

1. 实时跟踪与监控

物联网在供应链中的实时跟踪与监控功能为供应链管理者提供了全面的数据支

持，帮助他们实时了解供应链的运作情况。通过在货物和运输工具上安装传感器和标签，物联网可以实时获取货物的位置、温度、湿度等信息，并将这些数据传输到云平台进行分析和处理。这样的功能使得企业能够更好地掌握货物的位置和状态，提高物流运输的可靠性和安全性。

2. 库存管理与预测

物联网的库存管理与预测功能使得企业能够更加高效地管理库存。通过在仓库、货架和产品上安装传感器和标签，物联网可以实时监测库存水平、货物的流动情况和过期日期等信息。当库存达到预设的阈值时，系统可以自动触发补货流程，避免库存缺货和过剩的情况。这种功能有助于降低库存成本、提高库存周转率，优化供应链的运作效率。

3. 智能预警与管理

借助物联网的相关技术，智慧供应链的功能得以智能化和高效化。通过安装传感器，系统能够实时监测货物的温度、湿度以及运输过程中的振动和冲击等关键参数。一旦出现异常情况，例如温度过高、湿度异常或运输过程中的剧烈振动，系统会立即自动触发预警机制，并及时通知相关人员进行处理。这样可以及早发现潜在问题，避免货物损坏或质量问题，提高供应链的可靠性和品质。

4. 资产管理与追踪

物联网的广泛应用使得企业资产管理变得更加高效和精确。通过在企业资产上安装传感器和标签，如 RFID 标签或 GPS 跟踪器，物联网能够实时获取资产的位置、状态和使用情况等关键信息，并将这些数据传输到云平台进行监控和管理。实时资产管理能够帮助企业降低资产丢失和损坏的风险。此外，通过物联网系统，企业可以准确了解资产的使用情况和可用性，避免闲置或过度使用导致资源的浪费，有助于优化资产配置和维护计划，提高资产管理的效率和成本效益。

5. 数据分析与优化

物联网提供了大量的供应链数据，通过对这些数据进行分析和挖掘，可以获取有价值的洞察和优化供应链的策略。例如，通过分析货物流动数据、客户需求数据和市场趋势等，企业可以优化供应链的调配和配送策略，提高运输效率和减少成本。此外，物联网还可以与人工智能和机器学习相结合，实现供应链的预测性分析和优化。

⊙ 专栏 3-2

中移物联网有限公司智慧供应链管理实践落地

中移物联网有限公司作为中国移动全资子公司，积极探索物联网在供应链风险管理中的应用，利用智能化监控设备、平台，从人防到智防，发挥风险规避效能，提升安全防控能力，打造具有物联网特点的智慧供应链管理。

新冠疫情暴发后，中移物联网有限公司自主设计的智能远程开评标工具迅速援驰各地防疫物资及设备的供应采购，解决分散居家开评标难题，助推各地有效复工复产。在智能辅助评标方面，将物联网 AI 机器视觉和大数据分析技术运用至开评标环节，智能识别发票、资质、业绩材料等信息，辅助评标专家快速判断，提高质量和效率，降低误判风险，同时识别入侵人员并告警，辅助评标现场的人员管理，提高风险识别和筛查的精准度和效率。在智慧园区物流方面，运用机器视觉能力，对车牌和人员进行身份识别，形成轨迹跟踪，进而实现可视化管理，同时通过机器视觉和视频分析能力，对人员未佩戴安全帽、抽烟、不规范登高作业等行为进行告警，智能监控仓库温度、湿度、明火，结合危险预警等级分级推送预警和风险报告，提高风险防控能力，精准有效地降低潜在风险。

资料来源：李玉振、傅立海、倪占贤、孙晓英、安振宇，示范案例｜山东移动：数智赋能，创新驱动，5G+AI 助力远程评标进入快车道，微信公众号：中物联采购委，2022 年 5 月 18 日。

3.3 移动互联网技术

移动互联网通过无线接入设备访问互联网，能够实现移动终端之间的数据交换，是计算机领域继大型机、小型机、个人计算机、桌面互联网之后的第 5 个技术发展周期。作为移动通信与传统互联网技术的有机融合体，移动互联网被视为未来网络发展的核心和最重要的趋势之一。

为了推动移动互联网行业有序发展，我国发布了一系列行业政策。2017 年，中共中央办公厅、国务院办公厅印发《关于促进移动互联网健康有序发展的意见》，提出加快制定完善信息经济发展政策措施，将发展移动互联网纳入国家信息经济示范区统筹推进，扶持基于移动互联网技术的创新创业。2020 年，工业和信息化部办公厅印发《电信和互联网行业数据安全标准体系建设指南》，明确了电信和互联网行业数据安全标准体系框架和重点领域。2021 年，《"双千兆"网络协同发展行动计划（2021—2023 年）》指出，用 3 年时间，基本建成全面覆盖城市地区和有条件乡镇的"双千兆"网络基础设施，实现固定和移动网络普遍具备"千兆到户"能力。

3.3.1 移动互联网的概念

移动互联网是互联网发展的结果，它是以移动网络作为接入网络的互联网，是互联网技术、平台、商业模式和应用及其与移动通信相结合并实践的总称。尽管移动互联网是目前 IT 领域最热门的概念之一，但业界并未就其定义达成共识。

中兴通讯公司从通信设备制造商的角度给出了定义：狭义的移动互联网是指用户能够通过手机、PDA 或其他手持终端通过无线通信网络接入互联网；广义的定义是指用户能够通过手机、掌上电脑（Personal Digital Assistant，PDA）或其他手持终端以无线的方式通过各种网络（WLAN、BWLL、GSM、CDMA 等）接入互联网。

认可度比较高的定义是工业和信息化部电信研究院在 2011 年的《移动互联网白皮书》中给出的，移动互联网是以移动网络作为接入网络的互联网及服务，包括 3 个要素：移动终端、移动网络和应用服务。该定义将移动互联网涉及的内容主要囊括为 3 个层面，分别是：

（1）移动终端设备，包括智能手机、平板电脑和专用移动互联网终端等；

（2）移动通信网络，包括各大运营商、2G、3G、4G、5G、Wi-Fi 等；

（3）移动互联网应用，包括网页浏览、即时通信、在线游戏、移动搜索等。

其中，移动终端设备是移动互联网的前提，移动通信网络是移动互联网的基础，而移动互联网应用则是移动互联网的核心。

上述定义给出了移动互联网两方面的含义：一方面，移动互联网是移动通信网络与互联网的融合，用户以移动终端接入无线移动通信网络（2G、3G、4G、5G 网络，WLAN，WiMax 等）的方式访问互联网；另一方面，移动互联网还产生了大量新型的应用，这些应用与终端的可移动、可定位和随身携带等特性相结合，为用户提供个性化的、与位置相关的服务。

移动互联网将互联网与移动通信有效融合，使移动用户通过移动通信来接入互联网。结合终端的移动性、可定位性、便携性等特点，移动互联网提供数量众多的新型应用服务和应用业务，随时随地为移动用户提供具有个性化、多样化的服务。

⊙ 专栏 3-3

习近平总书记对网络安全和信息化工作作出重要指示

2023 年 7 月 14 日至 15 日，全国网络安全和信息化工作会议在北京召开，会上传达了习近平总书记重要指示。习近平总书记指出，党的十八大以来，我国网络安全和信息化事业取得重大成就，党对网信工作的领导全面加强，网络空间主流思想舆论巩固壮大，网络综合治理体系基本建成，网络安全保障体系和能力持续提升，网信领域科技自立自强步伐加快，信息化驱动引领作用有效发挥，网络空间法治化程度不断提高，网络空间国际话语权和影响力明显增强，网络强国建设迈出新步伐。

资料来源：习近平对网络安全和信息化工作作出重要指示强调 深入贯彻党中央关于网络强国的重要思想 大力推动网信事业高质量发展，人民日报，2023 年 7 月 16 日。

3.3.2 移动互联网的基本特征

移动互联网将移动通信与互联网结合成一体，从而继承了移动通信的随时、随地、随身及互联网的开放、共享、互动优势。随着技术的不断进步和创新，移动互联网的特征将继续演化，并为用户带来更多便利和丰富的体验。移动互联网的基本特征包括以下几项。

（1）交互性。移动互联网促进了人与人之间的社交互动。社交媒体平台和即时通信应用使得用户可以方便地分享信息、发布动态、与朋友互动，从而实现了更紧密的社交联系。

（2）移动性。移动互联网的最显著特征是用户可以随时随地通过移动设备（如智能手机、平板电脑）接入互联网。用户无须局限于固定的位置，可以在移动状态下享受互联网的各种服务。

（3）无线连接。移动互联网通过无线网络技术（如 2G、3G、4G、5G、Wi-Fi 等）实现设备与互联网的连接。这使得用户可以在范围覆盖的区域内无线接入互联网，不再依赖有线网络连接。

（4）隐私性。移动终端设备的隐私性远高于台式设备，数据共享时既可以保障认证用户的有效性，也可以保证信息的安全性。

（5）个性化和定位服务。移动互联网有别于传统互联网的典型应用是位置服务应用。移动互联网可以根据用户的个人喜好和位置信息提供个性化的服务。通过收集用户数据和分析用户行为，移动应用可以向用户推荐感兴趣的内容、提供定制化的服务和基于位置的服务，如地图导航、周边推荐等。

（6）多样性。多样性表现在终端的种类繁多、一个终端能同时运行多种应用、支持多种无线接入手段、应用服务的种类多种多样等方面。移动互联网支持各种类型的移动设备，包括智能手机、平板电脑、可穿戴设备等。这些设备具有不同的屏幕大小、操作系统和功能，用户可以根据自己的需求选择适合的设备接入移动互联网。此外，移动互联网提供多样化的媒体内容，包括文字、图片、音频、视频等。用户可以通过移动设备浏览网页、观看视频、听音乐、阅读电子书等，随时获取丰富的信息和娱乐体验。

（7）强关联性。由于移动互联网业务受到网络能力及终端硬件能力的限制，因此，其业务内容和形式也需要匹配特定的网络技术规格和终端类型，具有强关联性。

（8）应用生态系统。移动互联网建立了庞大的应用生态系统。移动应用商店提供了丰富多样的应用程序，用户可以根据自己的需求和兴趣下载和安装应用，为移动设备增加各种功能和服务。

移动互联网继承了传统互联网的开放、协作特征，同时也具有隐私性、便携性、定位性等特点。随着移动互联网的快速普及，网络连接从2G、3G、4G到5G，让手机等移动设备成为多屏互动生态转移的中心。智能可穿戴设备、智能家居、智能机器人等与物流、交通、医疗、能源等传统行业已经深度融合。而结合物流与供应链的行业特征，移动互联网的移动性、便携性是其必不可少的特性，是产生创新产品、创新应用与创新模式的源泉。

3.3.3 移动互联网的体系架构

1. 移动互联网的组成

从网络结构来看，移动互联网由移动互联网终端、移动无线接入网络及互联网核心部分组成。

（1）移动互联网终端。移动互联网终端是指采用无线通信技术接入互联网的终端设备，其主要功能就是移动上网。移动终端的形态多种多样，包括手机、平板电脑、便携式计算机、笔记本电脑、可穿戴设备、车载设备等。总体上可将移动终端分为功能型和智能型两类。功能型终端通常采用封闭式操作系统，主要功能已经固化，可供用户配置和扩展的部分很少。智能型终端具备开放的操作系统，支持应用程序的灵活开发、安装及运行。在移动互联网时代，智能型终端将逐渐取代功能型终端占据移动终端市场的主导地位。

（2）移动无线接入网络。移动无线接入网络负责将用户端的移动终端接入互联网。在广义的移动互联网定义中，接入网的范畴很大，包括多种类型。主要的移动无线接入网络包括：移动蜂窝网络（2G、3G、4G、5G 等）、无线局域网（Wireless Local Area Network，WLAN）、无线城域网（Wireless Metropolitan Area Network，WMAN）、无线个域网（Wireless Personal Area Network，WPAN）、卫星网络等。

（3）互联网核心部分。互联网核心部分包括城域网和骨干网两层结构。城域网将位于同一城市内不同地点的主机、数据库以及局域网等互相连接起来，骨干网则是用来连接多个区域或地区的高速网络。各个商业互联网服务提供商（Internet Service Provider，ISP）的骨干网互联形成了整个互联网的骨干网。城域网和骨干网中的关键网络层设备包括三层交换机、高性能路由器等。

需要说明的是，包括分布式服务器、云服务器等在内的各类服务器通常是以有线方式接入互联网服务的，它们既可以为移动互联网用户提供服务，也可以为传统互联网用户提供服务。

2. 移动互联网的技术架构

移动互联网的出现带来了移动网和互联网融合发展的新时代，移动网和互联网的融合也是在应用、网络和终端多层面的融合。为了能满足移动互联网的特点和业务模式的需求，在移动互联网技术架构中要具有接入控制、内容适配、业务管控、资源调度、终端适配等功能。构建这样的架构需要从终端技术、承载网络技术、业务网络技术等各方面综合考虑。移动互联网的典型技术架构如图 3-2 所示。

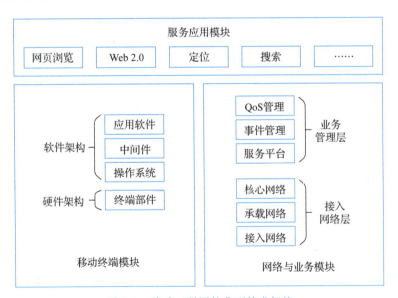

图 3-2　移动互联网的典型技术架构

（1）服务应用模块：提供给移动终端的互联网应用，这些应用中包括典型的互联网应用，如网页浏览、在线视频、内容共享与下载、电子邮件等，也包括基于移动网络特有的应用，如定位服务、移动业务搜索以及移动通信业务等。

（2）移动终端模块：从上至下包括软件架构和硬件架构。软件架构包括应用软件，用户界面、支持底层硬件的驱动、存储和多线程内核等中间件，以及操作系统；硬件架构包括终端中实现各种功能的部件。

（3）网络与业务模块：从上至下包括业务管理层和接入网络层。业务管理层包括 QoS 管理、事件管理、服务平台等；接入网络层包括核心网络、承载网络和接入网络等。

3. 移动互联网的业务模型

从移动互联网中端到端的应用角度出发，移动互联网的业务模型可分为移动终端、移动网络、网络接入、业务接入、移动网络应用等 5 个层面。

（1）移动终端：支持实现用户界面、接入互联网、业务互操作。移动终端具有智能化和较强的处理能力，可以在应用平台和移动终端上进行更多的业务逻辑处理，尽量减少空中接口的数据信息传递压力。

（2）移动网络：包括各种将移动终端接入无线核心网的设施，如无线路由器、交换机等。

（3）网络接入：网络接入网关提供移动网络中的业务执行环境，识别上下行的业务信息、服务质量要求等，并可基于这些信息提供按业务、内容区分的资源控制和计费策略。网络接入网关根据业务的签约信息，动态进行网络资源调度，最大限度地满足业务的 QoS 要求。

（4）业务接入：业务接入网关向第三方应用开放移动网络能力 API 和业务生成环境，使互联网应用可以方便地调用移动网络开放的能力，提供具有移动网络特点的应用。同时，实现对业务接入移动网络的认证以及对互联网内容的整合和适配，使内容更适合移动终端对其的识别和展示。

（5）移动网络应用：提供各类移动通信、互联网以及移动互联网特有的服务。

4. 移动互联网的业务体系

移动互联网作为传统互联网与传统移动通信的融合体，其服务体系也是上述二者的继承与创新，移动互联网的业务模型如图 3-3 所示。

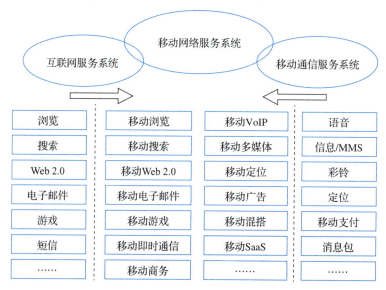

图 3-3　移动互联网的业务模型

移动互联网的业务主要包括 3 大类：

(1）固定互联网业务向移动终端的复制：实现移动互联网与固定互联网相似的业务体验，是移动互联网业务发展的基础。

（2）移动通信业务的互联网化：使移动通信原有业务互联网化。

（3）融合移动通信与互联网特点而进行的业务创新：将移动通信的网络能力与互联网的网络和应用能力进行聚合，从而创新出适合移动终端的互联网业务，如移动 Web 2.0 业务、移动位置类互联网业务等，这也是移动互联网有别于固定互联网的发展方向。

3.3.4 移动互联网的关键技术

1. 移动通信技术

移动通信技术是移动互联网的基石，它提供了连接移动设备与互联网的无线数据传输能力。依托于 2G、3G、4G 和 5G 等一系列无线网络标准，移动通信技术不断演进，每一代标准都带来了更快速的数据传输、更低的延迟和更强大的网络容量，为丰富多样的移动应用提供了强有力的支持。移动通信技术的不断发展和进步推动了移动互联网的迅猛发展，使人们能够随时随地访问互联网、进行通信和享受各种移动应用。它为移动互联网的普及提供了可靠的保障，也为移动互联网技术创新和应用提供了更多的可能性。

2. 移动应用开发

移动应用开发涉及构建适用于移动设备的应用程序，为用户在不同的移动操作系统平台上提供丰富的功能和体验。每个移动操作系统平台都具有独特的开发工具集和技术要求，开发者在选择平台时需要考虑目标用户、市场份额和技术要求等因素，以确保选择适合的平台。在移动应用开发过程中，开发者使用各种开发工具和技术，如 Java、Swift、React Native 等，来创建适用于移动设备的应用程序。这些应用程序可以提供多种功能，如社交媒体、电子商务、娱乐和健康等。开发者注重用户界面设计、性能优化和数据管理，以提供良好的用户体验和高效的应用性能。移动应用开发技术不断发展和创新，为开发者提供了更多的工具和框架，以加快开发速度、提高应用性能和用户体验。

3. 移动操作系统

移动操作系统是安装在移动设备上的关键软件平台，它提供了用户界面、应用程序管理、硬件驱动和系统功能等核心功能。移动操作系统广泛支持多种移动设备，如智能手机、平板电脑和可穿戴设备等。目前主要的移动操作系统包括 iOS、Android 和 Windows Phone 等，每个操作系统都具有独特的性能、界面和生态系统。移动操作系统所提供的直观、易用的用户界面使用户能够轻松与移动设备进行互动。移动操作系统的不断发展和创新对于移动互联网的普及和应用发挥着重要作用。随着版本的不断更新，移动操作系统获得了更多的功能和改进的性能，从而提供了更优秀的用户体验和更广泛的应用支持。这些更新可能包括更快的响应速度、更高的安全性、增强的多任务处理能力以及与其他设备和服务的无缝集成等。

4. 移动用户体验设计

移动互联网应用的用户体验设计至关重要，良好的用户体验可以极大提高用户的满意度和使用频率。移动用户体验设计专注于改善用户在移动设备上的应用和服务的使用体验。它充分考虑到移动设备的特点，例如屏幕大小、触摸操作和移动性，以提供直观、简洁和易用的界面。移动用户体验设计是确保移动应用和服务能够提供出色用户体验的关键技术。通过深入了解用户需求、设计直观易用的界面、优化交互流程和关注性能等方面，设计师能够打造令用户满意的移动应用体验设计。

5. 位置服务与导航

位置服务与导航在移动设备上提供基于地理位置信息的定位、导航和与位置相关的服务，为用户带来便利和实用的功能。定位技术是实现这一目标的基础。移动设备采用多种技术，包括 GPS 定位、Wi-Fi 定位、蓝牙定位和基站定位等，以确定设备的地理位置。这些定位技术通过收集设备与周围环境的信号信息，并与地理数据库进行匹配，提供较高的定位准确度。位置服务与导航技术还为各种位置感知应用提供支持，拓展了应用的功能与体验。例如，基于位置的社交媒体应用能够帮助用户在特定位置发现朋友、商家和活动，增加社交互动的便利性。此外，位置服务与导航在交通管理、出行服务和位置感知应用等领域发挥着重要作用，为用户提供了丰富而实用的功能。

6. 移动支付与安全

移动支付与安全在移动设备上实现了安全、便捷的支付功能，并随着移动互联网的发展得到了普及。移动支付技术让用户能够通过移动设备进行电子支付，无须依赖传统的现金或信用卡。它包括了多种支付方式，例如近场通信、二维码支付、移动钱包和手机应用程序支付等。这些技术使用户能够在线上和线下通过移动设备进行购物、转账、充值等支付交易。为了确保移动支付的安全性，可靠的加密和安全协议至关重要。加密技术被用于对通信和数据进行加密，确保支付过程中的机密性和完整性。同时，安全协议提供了身份验证、授权和交易保护等安全机制，以预防欺诈和非法访问。

3.3.5 移动互联网技术在智慧供应链中的应用

移动互联网支持移动物联网设备的连接和管理、移动应用程序的开发和使用，实现了便捷和安全的移动支付、广泛和实时的移动数据分析，以及强化的移动协同与合作。通过充分利用移动互联网技术，企业可以提升供应链的灵活性、可视性和创新能力，实现智慧供应链的优化和持续改进。

1. 移动物联网设备

移动互联网技术提供了便捷和实时的物联网设备连接和管理。通过使用移动设备，如智能手机、平板电脑等，企业可以远程监控和管理供应链中的物联网设备，如传感器、RFID 等。这些设备可以实时采集和传输供应链中的数据，包括库存状况、运输状态、环境条件等，提供更准确和及时的供应链信息，使得企业能够更灵活地应对市场需求和变化，提高了供应链的响应速度。

2. 移动应用程序

移动互联网技术支持开发和使用移动应用程序，提供了便携和灵活的供应链管理工具。通过移动应用程序，企业可以实时访问和处理供应链数据，如订单管理、库存查询、物流跟踪等。这种便捷性使得供应链管理人员能够实时掌握供应链的状况，及时做出决策和调整，提高了工作效率和反应速度。此外，移动应用程序还提供了丰富的功能和工具，帮助供应链管理人员更好地管理供应链数据。

3. 移动数据分析

移动互联网技术为供应链数据分析提供了更广泛和实时的数据源。借助移动设备，企业能够方便地收集和分析供应链中的各类数据，包括销售数据、客户反馈和市场趋势等。这些数据可以用于更准确的需求预测、市场分析和库存优化，帮助企业做出更明智的决策和规划。

4. 移动支付和电子签名

移动互联网技术支持移动支付和电子签名，在供应链中提供更便捷和高效的支付和文件处理方式。供应链参与者可以通过移动设备进行支付，减少了传统纸质文件和现金交易的时间与成本。同时，电子签名功能可以在移动设备上实现，简化了合同和文件的签署流程，提高了交易的速度和效率。

5. 移动协同与合作

移动互联网技术促进了供应链中的移动协同与合作。通过移动设备和应用程序，供应链参与方可以实时共享信息和数据，加强合作和沟通，提高供应链的协同性和可见性。供应商、分销商、物流服务商等可以通过移动互联网技术实现快速响应和实时协同，提高供应链的效率和服务质量。

⊙ 专栏 3-4

每日优鲜依托移动互联网打造数字化产业链

每日优鲜打破传统的社区零售模式，借助移动互联网构建线上供应平台，创造性地推出了"互联网＋社区零售"的生鲜食材供应模式，通过互联网大数据整合消费需求，实现供应链智能管理，以数字化方式赋能社区零售。

每日优鲜开发了移动应用程序供用户使用，用户可以在移动设备上随时随地查看每日优鲜的产品目录、优惠活动、价格信息等，并进行下单和支付。此外，通过移动互联网技术，每日优鲜实现了即时配送和物流跟踪的功能。"生鲜到家"模式给用户带来了更便捷的购物体验，使得每日优鲜在月活跃用户相关数据上一路领先。

近年来，每日优鲜除"前置仓"模式以外，又打造了以"（前置仓＋智慧菜场）×零售云 $[(A+B)×N]$"为主的战略，通过对移动互联网技术的深度应用，建立全城智慧服务，逐步实现数字化产业链构架。依托腾讯智慧零售"全触点零售"能力的支持，每日优鲜打造了"智慧营销""智慧物流""智慧供应链"三位一体的智慧零售网络 RAIN，为以社区中小商超为主的传统零售行业建立智能化线上运营平台。在每日优鲜一系列举措的持续推动下，以社区中小商超为主的传统零售行业不断趋向于标准化和正规化运营。

资料来源：每日优鲜不断完善供应链，为独立化运营奠定基础，信阳新闻网，2022年3月17日。

3.4 大数据技术

21世纪是数据爆炸的时代，大数据成为众多行业领域的热点话题，被认为是信息时代的新"石油"。2006年是个人用户的数据量从以GB为单位发展到了以TB为单位的新纪元。随着互联网技术不断发展、信息化建设不断完善，大数据成为推动社会各行业发展的重要动力，正在深刻改变着人们的思维、生产和生活方式。

我国高度重视大数据在推进经济社会发展中的地位和作用。2014年，大数据首次被写入政府工作报告，并逐渐成为各级政府关注的热点。2015年9月，国务院发布《促进大数据发展的行动纲要》，大数据正式上升至国家战略层面。党的十九大报告提出，要推动大数据与实体经济的深度融合。2021年，工业和信息化部印发的《"十四五"大数据产业发展规划》中指出，数据是新时代重要的生产要素，是国家基础性战略资源。

3.4.1 大数据的概念

与"大数据"一词最贴切的概念最早出现在2008年*Nature*杂志所设立的"Big Data"专刊中，该专刊所发表的文章分别从互联网、数据管理及生物医药信息等角度介绍大数据所带来的机遇与挑战，大数据在其中被定义为"代表着人类认知过程的进步，数据集的规模是无法在可容忍的时间内用目前的技术、方法和理论去获取、管理、处理的数据"。自此以后，大数据研究在各国兴起。2011年5月，大数据的概念由信息存储资讯科技公司易安信（EMC）在"云计算相遇大数据"大会正式提出。同年6月，IBM及麦肯锡等著名研究机构也相继发布大数据研究报告。

麦肯锡咨询公司：大数据是一种规模大到在获取、存储、管理、分析方面大大超出了传统数据库软件工具能力范围的数据集合，具有海量的数据规模、快速的数据流转、多样的数据类型和价值密度低四大特征。

高德纳咨询公司：大数据是需要新处理模式才能具有更强的决策力、洞察发现力和流程优化能力来适应海量、高增长率和多样化的信息资产。

美国国家标准和技术研究院：大数据是数量大、获取速度快或形态多样的数据，难以用传统关系型数据分析方法进行有效分析，或者需要大规模的水平扩展才能高效处理。

智库百科：大数据是指无法在一定时间内用常规软件工具对其内容进行抓取、管理和处理的数据集合。大数据技术是指从各种各样类型的数据中，快速获得有价值信息的能力。适用于大数据的技术包括大规模并行处理（Massively Parallel Processing，MPP）数据库、数据挖掘电网、分布式文件系统、分布式数据库、云计算平台、互联网和可扩展的存储系统。

从"数据"到"大数据",不仅仅是数量上的差别,更是数据质量的提升。传统意义上的数据处理方式包括数据挖掘、数据仓库、联机分析处理（Online Analytical Processing,OLAP）等,而在"大数据时代",数据已经不仅仅是需要分析处理的内容,更重要的是人们需要借助专用的思想和手段从大量看似杂乱、繁复的数据中,收集、整理和分析数据足迹,以支撑社会生活的预测、规划和商业领域的决策支持等。

大数据不是一种新的产品,也不是一种新的技术,其只是数字化时代出现的一种现象。从组成的角度看,海量数据包括结构化和半结构化的交易数据,而大数据除此以外还包括非结构化数据和交互数据。大数据意味着包括交易和交互数据集在内的所有数据集,其规模和复杂程度超出了常用技术按照合理的成本和时限捕捉、管理及处理这些数据集的能力。可见,大数据由海量交易数据、海量交互数据和海量处理数据三大主要的技术趋势汇聚而成。

20 世纪 60 年代,数据一般存储在文件中,由应用程序直接管理;20 世纪 70 年代,构建了关系数据模型,数据库技术为数据存储提供了新的手段;20 世纪 80 年代中期,数据仓库由于具有面向主题、集成性、时变性和非易失性的特点,成为数据分析和联机分析的重要平台;随着网络的普及和 Web 2.0 网站的兴起,基于 Web 的数据库和非关系型数据库等技术应运而生。目前,智能手机和社交网络的广泛使用,使得各种类型的数据呈指数增长,渐渐超出了传统关系型数据库的处理能力,数据中存在的关系和规则难以被发现,而大数据技术很好地解决了这个难题。它能够在成本可承受的条件下,在较短的时间内将数据采集到数据仓库中,并用分布式技术框架对非关系型数据进行异质性处理,进而通过数据挖掘与分析,从海量、多类别的数据中提取价值。大数据技术将是 IT 领域新一代的技术与架构。

⊙ 专栏 3-5

用好大数据，布局新时代

2017 年 12 月 8 日,中共中央政治局就实施国家大数据战略进行第二次集体学习。习近平总书记在主持学习时深刻分析大数据发展现状和趋势,结合我国实际对实施国家大数据战略、加快建设数字中国作出部署要求,为用好大数据、赢得新时代发展的战略主动指明了方向。

习近平总书记指出,大数据发展日新月异,我们应该审时度势、精心谋划、超前布局、力争主动,深入了解大数据发展现状和趋势及其对经济社会发展的影响,分析我国大数据发展取得的成绩和存在的问题,推动实施国家大数据战略,加快完善数字基础设施,推进数据资源整合和开放共享,保障数据安全,加快建设数字中国,更好服务我国经济社会发展和人民生活改善。

资料来源：新华社评论员：用好大数据布局新时代——学习习近平总书记在中央政治局第二次集体学习时重要讲话,新华社,2017 年 12 月 10 日。

3.4.2 大数据的基本特征

高德纳咨询公司从 Volume（大量）、Velocity（高速）和 Variety（多样）3 个维度分析了数据增长带来的机遇与挑战。随后高德纳以及大多数其他产业沿用这一模型，将大数据的基本特征描述为"3V"。随着大数据研究的不断深入，一些组织在大数据基本特征描述中加入了 Veracity（真实）和 Value（价值）两个词。

IBM 将大数据的特征描述为"5V"，即 Volume、Velocity、Variety、Veracity 和 Value。IBM 的 5V 描述提供了一个全面而综合的视角，强调了大数据的体量、速度、多样性、真实性和价值这 5 个关键特征，帮助人们更好地理解和应用大数据。

Volume 指的是大数据的巨大体量。IBM 认识到大数据的规模和增长速度是非常庞大的，涉及海量的数据存储和处理。大数据的体量可能从几 TB 到数百 PB 乃至更多。IBM 强调了处理和管理大数据所需要的高度可扩展的存储和计算能力。

Velocity 强调大数据的产生和传输速度。IBM 认识到大数据不仅仅是庞大的数据集，还包括实时或接近实时生成的数据流。例如，社交媒体上的实时互动、物联网设备的传感器数据、在线交易的记录等都是以高速率生成的数据。IBM 强调了对大数据的实时处理和分析的重要性。

Variety 指的是大数据的多样性。IBM 认识到大数据不仅包括传统的结构化数据（如关系型数据库中的表格数据），还包括半结构化数据（如 XML、JSON 格式的数据）和非结构化数据（如文本、图像、音频、视频等）。这些多样的数据类型使得大数据分析更具挑战性，需要采用特殊的技术和工具进行处理和分析。

Veracity 强调大数据的真实性和可信度。IBM 认识到大数据中可能存在数据不准确、不完整、不一致等问题，这些问题可能是由于数据源的质量、数据收集和传输过程中的错误或干扰等原因导致的。IBM 强调了对大数据的质量管理和数据清洗的重要性，以确保数据的可信度和准确性。

Value 指的是通过对大数据进行分析和挖掘，揭示出的有用信息和洞察，带来的商业和社会价值。IBM 认识到大数据的真正价值在于如何从中提取出对业务决策、创新和增长有意义的见解。通过对大数据进行分析，可以发现隐藏在数据中的模式、趋势和关联性，从而帮助企业做出更准确的决策、提供个性化的服务、改进业务流程、发现新的商机等。

3.4.3 大数据的处理流程

从大数据的特征和产生领域来看，大数据的来源相当广泛，由此产生的数据类型和应用处理方法千差万别。但是总的来说，大数据的基本处理流程可划分为数据采集、数据处理与集成、数据分析和数据解释 4 个阶段。

整个大数据处理流程如图 3-4 所示：首先，从数据源采集数据；其次，考虑到数据结构的不同（包括结构化、半结构化和非结构化数据），用特殊方法进行数据处理和集成，从而将其转变为统一标准的数据格式，以方便以后对其进行处理；然后，用合适的数据分析方法将这些数据进行处理分析；最后利用可视化等技术进行数据解释，将结果展现给用户。

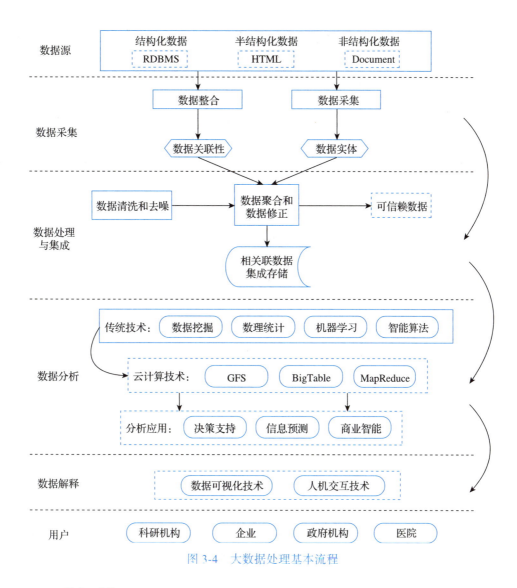

图 3-4 大数据处理基本流程

1. 数据采集

大数据的"大",原本就意味着数量多、种类复杂。因此,通过各种方法获取数据信息便显得格外重要。数据采集是大数据处理流程中最基础的一步,目前常用的数据采集手段有传感器收取、射频识别、数据检索分类工具(如百度和 Google 等搜索引擎),以及条形码技术等。同时,由于移动设备的出现,如智能手机和平板电脑的迅速普及,使得大量移动软件被开发应用,社交网络逐渐庞大,这也加速了信息的流通速度和采集精度。

2. 数据处理与集成

数据处理与集成主要是对已经采集到的数据进行适当的处理、清洗去噪以及进一步的集成存储。大数据的多样性决定了经过各种渠道获取的数据种类和结构都非常复杂,给之后的数据分析处理带来极大的困难。通过数据处理与集成,将这些结构复杂的数据转换为单一的或是便于处理的结构,为以后的数据分析打下良好的基础。由于这些数据里并不是所有的信息都是必需的,而是会掺杂很多噪声和干扰项,因此,还需对这些数据进行"去噪"和清洗,以保证数据的质量以及可靠性。常用的方法是在数据处理的过程中设计一些数据过滤器,通过聚类或关联分析的方法将无用或错误的离群数据挑出来过滤掉,防止其对最终数据结果产生不利影响;然后将这些整理好的数据进行集成和存储。若是单纯随意的放置,则会对以后的数据取用造成影响,很容易导致数据访问性的问题,现在一般的解决方法是针对特定种类的数据建立专门的数据库,将这些不同种类的数据信息分门别类地放置,可以有效地减少数据查询和访问的时间,提高数据提取速度。

3. 数据分析

数据分析是整个大数据处理流程里最核心的部分。经过数据处理与集成后,所得的数据便成为数据分析的原始数据,根据所需数据的应用需求对数据进行进一步的处理和分析。传统的数据处理分析方法有数据挖掘、数理统计、机器学习、智能算法等,而这些方法已经不能满足大数据时代数据分析的需求。Google作为互联网大数据应用最为广泛的公司,于2006年率先提出了"云计算"的概念,其内部各种数据的应用都依托Google自己内部研发的一系列云计算技术,例如分布式文件系统GFS(Google File System)、分布式数据库Big Table、批处理计算框架MapReduce,以及开源实现平台Hadoop等。

4. 数据解释

在一个完善的数据分析流程中,数据结果的解释步骤至关重要。传统的数据显示方式是用文本形式下载输出或用户个人计算机显示处理结果。但随着数据量的加大,数据分析结果往往也更加复杂,用传统的数据显示方法已经不足以满足数据分析结果输出的需求。因此,为了提升数据解释、展示能力,现在大部分企业都引入了数据可视化技术作为解释大数据最有力的方式。通过可视化结果分析,可以形象地向用户展示数据分析结果,更方便用户对结果的理解和接受。常见的数据可视化技术有基于集合的技术、基于图标的技术、基于图像的技术、面向像素的技术和分布式技术等。

3.4.4 大数据的关键技术

云计算是大数据处理的基础,也是大数据分析的支撑技术。分布式文件系统为整个大数据提供了底层的数据贮存支撑架构,为了方便数据管理,在分布式文件系统的基础上建立分布式数据库,提高数据访问速度。在一个开源的数据实现平台上利用各种大数据分析技术可以对不同种类、不同需求的数据进行分析整理,从而得出有益信息,最终利用各种可视化技术将数据形象地显示给用户,满足用户的各种需求。

1. 云计算和MapReduce

云计算是大数据分析处理技术的核心原理,也是大数据分析应用的基础平台。Google内部的各种大数据处理技术和应用平台都是基于云计算的,最典型的就是分布式文件系统GFS、批处理技术MapReduce、分布式数据库BigTable等大数据处理技术，以及在此基础上产生的开源数据处理平台 Hadoop。MapReduce 技术是 Google 于 2004 年提出的，作为一种典型的数据批处理技术被广泛地应用于数据挖掘、数据分析、机器学习等领域，它的并行式数据处理方式使其成为大数据处理的关键技术。MapReduce 技术的提出简化了数据的计算过程，避免了数据传输过程中大量的通信开销，使其可以运用到多种实际问题的解决方案里，公布之后即获得极大的关注，在各个领域均有广泛的应用。

2. 分布式文件系统

Google 结合自己的实际应用情况，自行开发了一种分布式文件系统 GFS。这个分布式文件系统是基于分布式集群的大型分布式处理系统，作为上层应用的支撑，为 MapReduce 计算框架提供低层数据存储和数据可靠性的保障。GFS 同传统的分布式文件系统有共同之处，比如性能、可伸缩性、可用性等。然而，GFS 受 Google 特殊的应用负载和技术环境的影响，其在应用负载和技术环境方面的优势使其在大数据时代得到了更加广泛的应用。随着数据量的逐渐加大、数据结构的愈加复杂，最初的 GFS 架构已经无法满足对数据分析处理的需求，因此，Google 对 GFS 进行了重新设计，将其升级为 Colossus，单点故障和海量小文件存储的问题在这个新的系统里得到了很好的解决。除了 Google 的 GFS 以及 Colossus 外，HDFS（Hadoop Distributed File System）、FastDFS 和 CloudStore 等都是类似于 GFS 的开源实现。

3. 分布式并行数据库

由上述数据处理过程可看出，从数据源处获得的原始数据存储在分布式文件系统中，但是用户的习惯是从数据库中存取文件，传统的关系型分布式数据库已经不能适应大数据时代的数据存储要求。因此 Google 提出了 BigTable 的数据库系统解决方案，为用户提供了简单的数据模型。这主要是运用一个多维数据表，表中通过行、列关键字和时间戳来查询定位，用户可以自己动态控制数据的分布和格式。除了 BigTable 之外，很多互联网公司也纷纷研发可适用于大数据存储的数据库系统，比较知名的有 Yahoo 的 PNUTS 和 Amazon 的 Dynamo。这些数据库的成功应用促进了对非关系型数据库的开发与运用，这些非关系型数据库方案现在被统称为 NoSQL（Not Only SQL）。

4. 开源实现平台 Hadoop

为了给大数据处理分析提供一个性能更高、可靠性更好的平台，Doug Cutting 模仿 GFS，为 MapReduce 开发了一个云计算开源平台 Hadoop。Hadoop 用 Java 编写，可移植性强。作为目前最受欢迎的大数据处理平台，Hadoop 具有以下主要特点：可扩展性、容错性和成本效益。它可以在普通硬件上构建大规模集群，处理和存储 PB 级别的数据。此外，Hadoop 的开源性使得用户可以自由地访问和修改源代码，以满足自身需求。Hadoop 提供了一种高效、可靠和经济实惠的方式来处理和分析大规模数据集，帮助组织从海量数据中获取有价值的信息和洞察。它已经成为满足现代数据应用需求的首选解决方案。

5. 大数据可视化

面对海量数据的涌现,将数据恰当、清晰地展现给用户成为大数据时代的重要挑战。大数据可视化技术是指运用计算机图形学和图像处理技术,将数据转换为图形或图像,在屏幕上显示出来,并进行交互处理的理论、方法和技术。大数据可视化借助人类视觉思维能力,将抽象的数据转化为可见的图形或图像,比文字更易于用户理解和接受。例如在大众点评网可以轻松地根据地理信息找到附近的餐厅、KTV、商店等,用户可以根据自己的体验对这些店铺进行评价,这种常见的社交网络或生活消费类应用与数字网络地图的叠加,就是多维叠加式数据可视化应用。另外,支付宝的电子对账单通过用户一段时间的支付宝使用信息,自动生成专门针对此用户的本月消费产品数据图表,可以帮助用户分析其自身的消费情况,这是一种即时的关联规则下的大数据可视化技术的应用。

3.4.5 大数据技术在智慧供应链中的应用

大数据技术在智慧供应链中的应用主要包括支持需求预测和规划、实时监控和预警、供应链协同和合作、风险识别和管理,以及智能决策和优化等方面。通过充分利用大数据技术,企业可以提升供应链的效率、可靠性和创新能力,实现智慧供应链的优化和持续改进。

1. 支持需求预测和规划

大数据技术可以帮助企业进行准确的需求预测和规划。通过收集和分析供应链中的大量数据,包括历史销售数据、市场趋势、客户行为等,企业可以识别出潜在的需求模式和趋势。基于这些数据,企业可以做出更准确的需求预测,从而能够优化库存管理、生产计划和物流安排,降低库存成本,提高供应链的灵活性和响应能力。

2. 实时监控和预警

大数据技术可以实现对供应链各个环节的实时监控和预警。通过监测实时数据流,如销售数据、库存状况、供应商交付时间等,企业可以迅速捕捉到供应链中的异常和风险。通过设置预警机制,如阈值警报、异常模式检测等,企业可以及时采取措施应对潜在的问题,避免供应链中断和损失。

3. 供应链协同和合作

大数据技术可以促进供应链协同和合作。在智慧供应链中,涉及多个参与方,如供应商、制造商、物流服务提供商等。通过共享和分析大数据,这些参与方可以更好地协同工作,提高供应链的整体效率和可靠性。大数据分析可以帮助企业建立供应链网络和合作伙伴关系。通过分析供应链中各个参与方的数据,企业可以选择最合适的合作伙伴,建立稳定和高效的供应链网络。此外,大数据技术还可以支持供应链中的合作决策和协同计划。通过共享实时数据和洞察,供应链中的不同参与方可以更好地协同工作,共同制订计划和决策。

4. 风险识别和管理

大数据技术可以帮助企业进行供应链风险识别和管理。通过对供应链中的各种数据进行分析，如供应商评估数据、地理信息、天气数据等，企业可以识别和评估潜在的风险因素。基于这些数据，企业可以制定风险管理策略，如多源供应商策略、备份计划、应急响应等，以减少供应链中的不确定性和风险。

5. 智能决策和优化

大数据技术为智慧供应链的智能决策和优化提供了强大支持。通过对供应链数据的综合分析和模式识别，企业可以制定更智能的决策和优化策略。例如，基于大数据分析结果，企业可以优化供应链网络设计、运输路线规划、库存定量、供应商选择等。

⊙ 专栏 3-6

京东智慧供应链商家开放平台

京东智慧供应链商家开放平台结合京东 YAIR 零售行业人工智能平台提供的大数据和算法能力，将行业领先的供应链管理理念平台化、产品化，通过提供精细化、智能化、自动化库存决策产品，为商家提供最优库存管理决策支持，将更专业的智慧供应链全链路解决方案开放赋能。

在存货布局上，平台通过数据挖掘，分析商家的经营数据、存货布局的现状，结合大数据预测结果洞悉商家未来的经营趋势，并通过模拟仿真，在商家期望的时效渗透率及成本约束下，给出极值的分仓建议，提升用户体验；在销量计划上，平台以商家的商品信息、历史销售信息、促销方式、时段等数据为基础，有效减少商家收集数据做预测分析的时间，提升了预测准确度；在库存健康上，平台依托经典库存管理体系，不断拥抱人工智能和精准定位来链接用户，集库存监控、库存诊断及优化建议、商品分类处理执行、供应链全链路运作监控于一体；在智能补货上，平台基于京东 AI 技术和大数据分析技术预测商品的未来销量，通过先进的补货模型和科学合理的补货参数输出补货建议，提升补货精准度，降低周转与库存成本，全面提升商家库存管理能力；在滞销处理上，平台根据不同类型滞销场景系统自动给出对应的处理建议，以数据可视化的方式展示滞销商品分布、分级，智能给出处理建议。

资料来源：翟继茹，京东智慧供应链加速度：发布开放协同平台 启动两大 C2M 创新中心，DoNews，2020 年 11 月 27 日。

3.5 云计算技术

云计算是继 20 世纪 80 年代大型计算机到"客户端 - 服务器"大转变之后的又一种巨变，是分布式、并行计算、效用计算、网络存储、虚拟化、负载均衡等传统计算机和网络技术发展融合的产物。它将广义上的计算资源（硬件设备、软件平台、应用系统）进行物理集中或逻辑集中，形成统一的资源池，使用者在不用关心资源具体形态的情况下按需使用，保证资源的利用率得以最大化，同时使整个 IT 架构变得更加有柔性。作为一种全新的技术形态和商业模式，云计算已经得到了产业界和学术界的广泛关注。

3. 产品开发的用户需求分析

企业所提供的并不仅仅是产品本身，而是产品能够满足用户需求的功能和价值。因此，企业营销的核心应该始终围绕用户，为用户创造产品，为用户提供服务。用户需求应该成为产品设计的最强大驱动力。只有紧紧抓住用户需求，解决用户的问题，才能真正打造出优秀的产品。

用户需求的采集可以采用4种方法：用户访谈、调查问卷、可用性测试和数据分析。

（1）用户访谈。例如，一个企业完成产品页面的设计后，可以将页面发送给多个用户，并询问他们是否能够理解这个页面。通过这种用户访谈的方式，企业可以从用户的角度了解其需求。在进行用户访谈时，企业需要准备一个基本的提纲，并创造一个轻松的环境。提问应该是开放性的，让用户自由表达他们的观点、看法以及提出建议。然而，需要注意的是，有时候用户表达的内容可能与他们的内心需求不完全一致。

（2）调查问卷。调查问卷是一种常用的收集和分析用户需求的工具。首先，问卷的设计至关重要。问题的数量应该适度，不要设计过多的问题，以免让用户感到厌烦。此外，问卷中的问题应采用封闭式的形式，以便用户从给定的选项中选择明确的答案，这样有助于后续的数据分析和应用。其次，样本量要足够大，要确保对所有数据进行统计。拥有大样本量的数据可以提供更准确和可靠的信息，从而支持进一步的需求分析和决策制定。最后，除了样本量的重要性外，还应该关注样本的多样性和代表性。确保样本涵盖了目标用户群体的不同特征和背景，以获得更全面和真实的用户反馈。

（3）可用性测试。可用性测试是一种评估企业产品的方法，它通过让用户在没有任何提示的情况下自行体验产品，来了解产品的用户体验。

（4）数据分析。数据分析中最常见的方法是植入代码。通过在产品或网站中植入特定的代码，企业可以追踪用户的行为和互动，从而获取有关用户实际使用情况的数据。

这4种用户需求采集方法各有其重点。用户访谈主要用于发现需求，调查问卷和数据分析用于量化用户需求，而可用性测试则用于验证需求的有效性。企业需要进行需求分析、验证和量化，如对用户的年龄分布和用户最关心的需求等进行量化。

表面需求依赖于反馈，而本质需求需要进行深入挖掘。企业在开发产品和服务时旨在帮助用户解决问题，因此必须了解用户面临的问题和他们的需求。用户所表达的需求往往只是表面需求，即他们自己能够明确表达的需求。然而，用户真正的痛点才是本质需求，只有解决用户的痛点，才能使用户留存并产生依赖感。在完成需求分析之后，需要进行需求提炼。

需求提炼是一个过程，包括需求排序、用户分级以及确定真实需求和"粉丝"用户等方面。首先，对收集到的需求进行优先级排序，确定哪些需求最为重要，这通常基于需求的紧迫性、影响力和实现难度等因素，以确保资源的有效分配。其次，将用户根据其重要性、活跃程度或对产品的依赖程度进行分级，这有助于团队识别关键用户和目标群体，从而更好地满足他们的需求。再次，在此基础上，通过深入的用户访谈、问卷调查和数据分析，识别用户的真实需求，避免仅依赖表面反馈，理解用户的痛点和期望是确保产品成功的关键。最后，关注那些对产品表现出高度忠诚和热情的用户，这些"粉丝"用户不仅能提供宝贵的反馈，还可能通过口碑传播吸引更多用户，他们的需求和建议往往具有较高的价值。通过以上步骤，需求提炼过程能够帮助团队更精准地捕捉用户需求，优化产品开发和市场策略，提升用户满意度和产品竞争力。

4. 产品创新及其形式

数字时代的市场竞争已经超越了同行业的竞争，还涉及跨界竞争。在数字时代，产品迭代的速度已经缩短到以周为单位，因此企业的创新能力成为核心竞争力。跨界竞争有两种模式：一种是跨行业组合模式，即将两个完全不同的行业进行整合，如科技与时尚的结合。以苹果公司为例，它一直强调对高科技的极致追求，并将其产品定位为时尚。另一种是降维攻击模式，即利用高维思维方式重新定义低维商业模式。例如，互联网思维就是指利用高效的互联网运营模式改造传统行业中低效的环节。企业如果不主动跨界整合资源，可能会面临他人的跨界竞争，瞬间失去竞争力。

在数字时代，企业需要将千千万万用户的差异化需求抽象为统一的需求，并将这种抽象需求聚焦到可实现的具体产品和服务上，这种市场表现为供需关系。以网络约车平台为例，产品的需求是相对抽象的：一个人可能既是乘客又是司机。网络约车平台的目标是将供需双方整合在一起，通过设定规则促成交易。对于互联网产品而言，设计抽象需求非常重要。产品设计的抽象程度决定了产品基础架构的稳固程度、解决问题的深度以及未来市场的规模。互联网平台、app、网站、移动端和PC（个人计算机）端通常都是针对所有用户提供服务的。抽象需求是大多数人的需求，因此需要使用抽象功能或抽象产品来实现这些需求。

精益创新是实现抽象需求的一种有效工具。它是一种方法论，核心原则包括以下3点：首先，利用最小可用产品进行试错，观察市场反馈，评估是否值得继续投入，从而实现最低成本的验证；其次，重视用户反馈；最后，快速迭代。

互联网最显著的特点之一是企业无须拥有完整的产品即可开始销售。即使产品存在一些问题，它只要能满足用户的基本需求，解决一些问题，仍然会有人购买。产品最初的版本一定要解决用户的某个核心需求，只要能满足这个需求，就会有用户使用。一旦拥有了用户，就有了动力，可以进行融资和资源组织，进一步改进产品。在互联网领域，许多产品在正式发布之前就通过预售、众筹等方式提前由用户付费购买。

在数字时代，创新增长是由数据驱动的。企业需要以最小的成本和最快的速度将创意转化为产品或服务，并利用数据来验证假设是否得到认可。如果产品表现良好，就进入下一个决策周期；如果产品表现不佳，就需要迅速进行调整。产品快速而小幅度的迭代、数据验证和快速改进是精益分析的核心原则。因此，每个岗位的人都需要拥有庞大的思维体系。举例来说，过去的产品经理只需要编写产品需求文档，而今天的产品经理必须具备全局思维，了解用户获取和核心用户的转化，同时要专注于盈利。在未来市场中，缺乏盈利能力的企业很难取得成功。最终，产品的优劣需要根据数据来判断。

数字化产品的打造不仅需要业务的优化，还需要颠覆性的创新。满足用户的表面需求相对容易，但要满足用户的本质需求，就需要进行颠覆性的创新。企业需要思考自己所服务的用户群体的核心诉求是什么，是否能够以一种新的方式满足他们的核心需求。要实现业务的突破，颠覆性的创新是必不可少的。企业如果只进行业务的优化而不进行颠覆性的创新，就无法带来真正的格局变动。

8.3.2 智能化产品定价

产品定价是指企业按照价值规律和供求规律，根据国家的价格政策和规定的作价原则、办法以及市场供求变化情况，制定和调整由企业生产经营的产品或服务的价格。价格策略是市场营销组合中非常重要并且独具特色的组成部分。价格通常是影响商品交易成败的关键因素，同时又是市场营销组合中最难以确定的因素。产品定价是为了促进销售、获取利润，这就要求企业既要考虑成本的补偿，又要考虑消费者对价格的接受能力，从而使价格策略具有买卖双方双向决策的特征。产品价格的确定要以成本费用为基础，以消费需求为前提，以竞争价格为参照。产品定价的目的一般有生存、获取当前最高利润、获取当前最高收入、获取销售额增长最大量、获取最大市场占有率和获取最优异产品质量等。

定价策略是企业营销策略中至关重要的一环。产品所增加的价值在价格上得以体现，因此，商家越来越多地将价格决策视为战略决策的一部分。数字化产品是信息技术发展的产物，在网络经济环境下，数字化产品具有与传统产品完全不同的特点，包括非破坏性、可变性和可复制性。数字化产品具有独特的经济特征，特别是高固定成本和低边际成本的成本结构，这导致数字化产品的供求曲线与传统产品的供求曲线截然不同。信息技术的不断发展颠覆了传统商业模式，企业的产品定价方式也随之发生了变化。

1. 产品智能定价

数字时代，企业要利用大数据为产品智能定价。第一，定价是一项系统的工程，不仅与产品本身的属性及销售表现有关，也与所属门店的竞争格局、客群构成以及所属品类的战略定位息息相关。大数据和算法模型应用于从战略、战术到执行、评估的每一个层级，最终实现改善价格形象、提升销售额和毛利额的目标。第二，要对定价店群分类。在战略层面，以定价店群分类为例，企业可通过POS（销售点）数据、商圈数据、价格调研数据等内外部数据分析每一家门店的客群和竞争属性，利用聚类模型进行店群分类，然后为不同类型的店群根据各自特征分别制定相应的定价策略和目标。针对竞争激烈、客群价格敏感度高的门店，需要加大价格投资的力度和关注度；而针对竞争少、客群价格敏感度低的门店，则可以适当减少价格投资的力度。第三，了解产品的价格弹性。价格弹性衡量价格变动引起的市场需求量变化的敏感程度，具体来说是某一种产品销量变化的百分比与其价格变化的百分比之间的比率。影响产品销量的因素有很多，价格、促销、陈列、门店客流、竞品价格、产品本身的季节性乃至天气都会影响产品的销售。为了更准确地计算价格弹性，企业需要控制除价格外其他因素的影响，因此可以为每个产品都建立一个多变量计量经济学模型，除了价格因素外，还加入其他影响销量的因素，利用2～3年的全量产品的历史销售数据和大数据分布式计算平台，分别计算每一个产品的价格弹性因子。通常，一个产品的价格从高位逐步下降，它的销量会逐渐上升，而销售额、毛利额也会相应提升，直到价格下降到某个点，产品的毛利额或销售额开始下滑，这种情况就是通常所称的过度降价。而产品的价格弹性因子决定了价格变化时产品销量、销售额、毛利额的相应变化，通过数学模型，可以计算得到每一个产品销售额最大和毛利额最大时分别对应的理论最优价格，作为定价的基准。第四，进行产品定价角色定位。通过大数据计算得到每个产品的价格弹性因子后，可以结合产品重要性的维度（综合考量产品的引流能力、销售贡献、毛利贡献、所处生命周期等因素），在品类内为每一个产品制定相应的定价策略。例如，对于价格弹性和重要性都高的重点产品，需要保证有竞争力的日常定价，结合低价促销策略，树立品类价格形象，为品类引流和维护大盘销售；反之，价格弹性和重要性都比较低的产品则可以适当提高毛利率，促进品类的毛利平衡。

2. 产品定价目标

产品定价的目标一般与企业的战略目标、市场定位和产品特性相关，大致包括以下几个方面。

（1）追求盈利最大化。追求盈利最大化即企业追求一定时期内可能获得的最高盈利额。盈利最大化取决于合理价格所推动的销售规模，因而追求盈利最大化的定价目标并不意味着企业要制定最高单价。在此目标下，企业为产品定价时主要考虑按何种价格出售可以获得最大的利润。

（2）提高市场占有率。市场占有率是企业经营状况和产品竞争力状况的综合反映。较高的市场占有率可以保证企业产品的销路，便于企业掌握消费需求变化情况，易于打造企业长期影响市场和价格的能力，并为提高盈利率提供可靠保证。

（3）实现预期的投资回收率。投资回收率反映企业的投资效益。企业期望所投入的资金在预期时间内分批收回，为此，定价时一般在总成本费用的基础上增加一定比例的预期盈利。在产品成本费用不变的条件下，价格高低取决于企业确定的投资回收率的大小。

（4）实现销售增长率。在其他条件不变的情况下，销售增长率的提高与市场份额的扩大是一致的。因此，追求一定的销售增长率也是企业的重要目标之一，特别是在新产品进入市场以后的一个时期内。

（5）适应价格竞争。价格竞争是市场竞争的重要方面。因此，处在激烈市场竞争环境中的企业经常以适应价格竞争作为定价目标。

（6）保持营业。以保持企业能够继续营业为定价目标，通常是企业处于不利环境中实行的一种缓兵之计。当企业受到原材料价格上涨、供应不足、新产品加速替代等方面的猛烈冲击，产品难以按正常价格出售时，企业往往以保持营业为目标进行产品定价。

（7）稳定价格，维护企业形象。良好的企业形象是企业无形的资源与财富，是企业成功运用市场营销组合取得消费者信赖的体现，是企业长期累积的结果。企业进行市场营销的首要目标是占领市场并求得生存发展机会，然后才是追求企业的利润。

3. 企业定价策略

数字时代，企业的市场定价有着更多的不确定性，信息传播速度的加快和信息透明度的提高也使得企业定价难度增加,尤其是线上和线下同时开展业务的企业,企业定价的难度和灵活性都非常大。

(1)低价定价策略。借助互联网进行销售比传统销售渠道的费用低廉,因此网上销售价格一般来说比传统的市场价格要低。由于网上的信息是公开和易于搜索比较的,因此网上的价格信息对消费者的购买有着重要影响。根据研究,消费者选择网上购物,一方面是因为网上购物比较方便,另一方面是因为从网上可以获取更多的产品信息,从而以最优惠的价格购买商品。由于产品定价时大多采用成本加一定利润的方式,因此采用低价定价策略进行定价会使产品价格比同类产品的价格要低。制造业企业在网上进行直销时一般采用低价定价策略,如戴尔(Dell)公司计算机的定价比其他公司同性能产品的定价低 10%~15%。另外一种低价定价策略是折扣策略,它是根据原价的一定折扣来定价的,可以让消费者直接了解产品的降价幅度以促进消费者的购买。这类价格策略主要适用于一些网上商店,它们一般按照市面上的流行价格进行折扣定价。例如,亚马逊的图书定价一般采用折扣策略,折扣达到 3~5 折。

企业如果要拓展网上市场,但产品价格又不具有竞争优势时,则可以采用网上促销定价策略。由于网上的消费者范围很广而且具有很大的购买能力,许多企业为打开网上销售局面和推广新产品,会采用临时促销定价策略。促销定价策略除了前面提到的折扣策略外,比较常用的是有奖销售和附带赠品销售。

采用低价定价策略时要注意的是:第一,由于互联网是从免费共享资源发展而来的,因此消费者一般认为从网上购买商品比从一般渠道购买商品要便宜,不宜在网上销售那些顾客对价格敏感而企业又难以降价的产品;第二,在网上发布价格时要注意区分消费对象,一般要区分一般消费者、零售商、批发商、合作伙伴,分别提供不同的价格信息发布渠道,否则可能因低价策略混乱导致营销渠道混乱;第三,在网上发布价格时要注意比较同类站点发布的价格,因为消费者通过搜索可以很容易地在网上找到最便宜的商品。

(2)定制生产定价策略。在数字时代,营销服务策略分析了个性化服务的特点。作为个性化服务的重要组成部分,按照消费者需求进行定制生产是满足消费者个性化需求的基本形式。定制生产根据消费对象的不同可以分为两类。

一类定制生产是面向工业组织市场的定制生产,如波音公司在设计和生产新型飞机时,要求其供应商按照飞机总体设计标准和成本要求来组织生产。这类属于工业组织市场的定制生产,主要通过产业价值链完成,即下游企业向上游企业提出需求和成本控制要求,上游企业通过与下游企业协作,设计、开发并生产满足下游企业需要的零配件产品。由于消费者的个性化需求差异较大,加上消费者的需求量较少,因此企业实行定制生产必须在管理、供应、生产和配送各个环节上适应这种小批量、多式样、多规格和多品种的生产和销售变化。

另一类定制生产是面向消费者的定制生产,要求企业在能实行定制生产的基础上,利用网络技术和辅助设计软件,帮助消费者选择配置或者自行设计能满足自己需求的个性化产品,并使消费者承担自己愿意付出的价格成本。例如,戴尔公司允许消费者通过其网页了解各型号产品的基本配置和基本功能,根据实际需要和能承担的价格,配置出自己最满意的产品,这使消费者能够一次性买到自己中意的产品。目前这种允许消费者定制生产的尝试还只处于初步阶段，消费者只能在有限的范围内进行挑选，消费者所有的个性化需求还不能得到完全满足。

（3）使用定价策略。在传统交易关系中，产品买卖是完全产权式的，消费者购买产品后即拥有对产品的完全产权。随着经济的发展，人民生活水平不断提高，人们对产品的需求越来越多，而且产品的使用周期也越来越短，许多产品购买后使用几次就不再使用，非常浪费，因此，许多消费者对这些产品的需求受到制约。为改变这种情况，企业可以采用类似租赁的按使用次数定价的方式。

使用定价策略是指消费者通过互联网注册后可以直接使用某企业的产品，消费者只需要根据使用次数进行付费，而不需要将产品完全购买下来。这不仅减少了企业为完全出售产品而进行的不必要的生产和包装浪费，同时还可以吸引过去那些有顾虑的消费者使用产品，扩大市场份额。消费者只需要根据使用次数付款，避免了购买产品、安装产品、处置产品的麻烦，还可以节省不必要的开销。采用使用定价策略一般要考虑产品是否适合通过互联网传输、是否可以实现远程调用。目前，比较适合采用使用定价策略的产品有软件、音乐、电影等。例如，我国的用友公司推出了网络财务软件，用户在网上注册后可在网上直接处理账务，而无须购买软件和担心软件的升级、维护等非常麻烦的事情。对于音乐产品，可以通过网络下载或使用专用软件播放，无须购买专辑；对于电影产品，则可以通过视频点播系统来实现远程点播，无须购买光盘等。另外，采用使用定价策略对互联网的带宽提出了较高要求，因为大量的信息需要通过互联网进行传输。互联网带宽不足将会对数据传输产生影响，进而影响消费者的使用和观看体验。

（4）拍卖竞价策略。网上拍卖是目前发展比较快的业务。经济学者认为，市场要想形成最合理的价格，拍卖竞价是最合理的方式。网上拍卖一般由消费者通过互联网轮流公开竞价，在规定时间内价高者赢得拍卖品。根据供需关系，网上拍卖竞价方式有下面几种：第一，竞价拍卖，涉及出售二手货、收藏品，也可以将普通商品以拍卖方式进行出售。例如，惠普（HP）公司曾将公司的一些库存积压产品放到网上拍卖。第二，竞价拍买，是竞价拍卖的反向过程，即消费者提出一个价格范围求购某一商品，由商家出价，出价可以是公开的或隐蔽的，消费者将与出价最低或最接近的商家成交。第三，集体议价，在互联网出现以前，许多外国零售商会联合起来，向批发商（或生产商）以数量商议价格。集体议价模式是一种由消费者集体议价的交易方式，提出这一模式的是美国著名的 Priceline 公司。

随着互联网市场的拓展，越来越多的产品通过互联网拍卖竞价。目前，拍卖竞价针对的购买群体主要是消费者市场，个体消费者是目前拍卖市场的主体。因此，拍卖竞价并不是企业目前首要选择的定价方法，因为拍卖竞价可能会破坏企业原有的营销渠道和价格策略。进行网上拍卖竞价的产品可以是企业的一些库存积压产品，也可以是企业的一些新产品。将产品以低廉价格在网上拍卖，可以起到促销效果，以吸引消费者的关注。

（5）时效产品定价策略。有时效性的产品越接近其可以发挥效用的最后期限，它的使用价值就越小直到为零。面对即将到期的产品，生产商往往会采用打折的方法出售，否则就无法实现其价值。企业服务作为一种特殊的产品，由于其自身的不可储存性，经常面临价值无法实现的情况。例如，酒店客房和飞机、火车的座位一旦空置，就意味着其价值完全没有实现，在一定程度上造成了资源的浪费。如果公开打折促销，一方面会造成已购买产品的消费者的不满，另一方面也有损自身的品牌和声誉。此时，就需要中间商在供需双方之间发挥信息沟通、交流的桥梁作用，促成交易的实现。交易一旦实现，不仅让服务提供者获得了经济利益，也让消费者以相对较低的价格满足了需求。

8.3.3 全渠道营销整合

随着移动互联网的迅速发展，网络已经成为产品交易的重要载体，企业的传统销售渠道正在受到移动互联网等新型销售渠道的冲击。以移动互联网为依托，综合运用大数据、人工智能等先进技术手段，对产品的生产、流通与销售过程进行升级，进而重塑业态结构与生态圈，并对线上服务、线下体验及现代物流尝试深度融合的渠道新模式正逐渐成为主流。

随着数字经济的蓬勃发展，消费场景和消费行为发生了重大变化，企业应当顺应消费者需求的变化，调整经营发展模式。另外，由于电商发展、环境等因素的影响，经营成本过高，线上平台逐渐成为许多企业的主战场，许多传统企业的销售渠道需要向线上转型，发展线上线下一体化全渠道。

1. 营销渠道的概念

学术界对营销渠道主要从以下 5 个方面来界定。

（1）产品。爱德华·W.肯迪夫（Edward W. Cundiff）和理查德·R.斯蒂尔（Richard R. Still）将营销渠道定义为"当产品从生产者向最后消费者或产业用户移动时，直接或间接转移所有权所经过的途径"。我国大部分教科书采用的概念是："营销渠道是指产品或服务由生产者转移到消费者的通道或路线。"从产品的角度定义营销渠道，着重反映了产品从生产者向消费者或用户流通的过程，但没有反映营销渠道中的组织结构。

（2）组织。美国市场营销协会定义委员会将营销渠道定义为"企业内部和外部代理商和分销商（批发和零售）的组织结构，通过这些组织，商品（产品或劳务）才得以上市行销"。斯特恩（Stern）和艾尔-安塞利（El-Ansary）认为"营销渠道是促使产品或服务被顺利地使用或消费的一套相互依存的组织"。伯特·罗森布罗姆（Bert Rosenbloom）将营销渠道定义为"与公司外部关联的、达到公司分销目的的经营组织"。他认为，营销渠道的本质是使消费者能够方便地在任何时间、任何地点以任何方式购买到他们想要的产品与服务，企业通过营销渠道建立与消费者的接触。从组织的角度定义营销渠道，重点反映了营销渠道的组织结构，但未能涵盖产品从生产者向消费者或用户流通的过程。

（3）产品和组织。菲利普·科特勒将营销渠道和分销渠道区别对待，他将营销渠道定义为"那些配合起来生产、分销和消费某一生产者的某些货物或劳务的一整套所有企业和个人"。营销渠道包括某种产品供产销过程中所有的企业和个人，如资源供应商、生产者、商人中间商、代理中间商、辅助商以及消费者或用户等。他将分销渠道定义为"某种货物或劳务从生产者向消费者移动时，取得这种货物或劳务的所有权或帮助转移其所有权的所有企业和个人"。因此，一条分销渠道主要包括商人中间商（因为他们取得所有权）和代理中间商（因为他们帮助转移所有权），还包括作为分销渠道起点和终点的生产者及消费者，但是不包括供应商、辅助商等。

（4）服务。路易斯·P.巴克林（Louis P. Bucklin）认为，营销渠道成员为了长期的生存和发展，通过减少消费者调研、等待、仓储和其他方面费用的方式来参与渠道流程，以满足消费者对服务的需要。巴克林为此提出了营销渠道的4类基本的服务任务：空间的便利性、批量规模、等待或发货时间和经营产品品种的多样性。巴克林从服务的角度来定义营销渠道，超越了以往单纯从产品实体或所有权流通、渠道中的组织结构等角度来定义渠道的局限，突出了渠道的服务功能和给消费者提供的便利性。

（5）价值。安妮·T.科兰（Anne T. Coughlan）认为："营销渠道不仅以适当的地点、价格、数量和质量来提供商品和服务来满足人们的需求，而且能通过有关组织（如批发商、零售商、企业销售部和办事处等）的促销活动刺激需求。因此，应当把营销渠道看作一个和谐的网络系统，它通过提供时间、地点、销售形式、产品和服务为最终用户创造价值。"以往关于营销渠道的论述都认为渠道是产品的流转路径、利益的交换途径，没有一个论述认为渠道是关于价值、价值体验、品牌的呈现路径的。从价值的角度定义营销渠道可独辟蹊径地对渠道进行新的定位，提醒营销者重新重视早已存在于营销渠道中的厂商与消费者之间的价值关系，开拓第二渠道，以满足消费者需求。

2. 营销渠道的作用与功能

营销渠道的主要作用是提高劳动专业化与分工、克服差异和提高接触率。

（1）提高劳动专业化与分工。随着人类社会生产力的发展，企业和市场规模越来越大，其复杂程度也越来越大，导致企业生产的产品直接卖到消费者手中越来越困难。营销渠道的存在、丰富和发展，大大解决了企业和市场的难题，提高了劳动专业化与分工，解决了规模经济效应，降低了经济成本，提高了效率，帮助企业获取利润和创造消费者价值。

（2）克服差异。营销渠道有助于克服生产规模经济带来的数量、种类、类型、时间和空间等方面的差异。

（3）提高接触率。企业生产的产品与消费者的接触率较低。企业通过营销渠道（如超级市场、便利店等）构建与整合市场，减少了产品从生产商到消费者手中所需要的交易次数，使不同品类的产品出现在同一个市场，从而大大简化了分销过程，有效提高了产品与消费者的接触率。

营销渠道的功能是缩小或消除存在于产品或服务提供者与消费者之间在时间、地点、产品品种和数量上的差异，从而使产品或服务在从生产者向消费者流通的过程中更加畅通和高效。营销渠道的具体功能主要包括交易功能和分配功能。

（1）交易功能。交易功能主要包括：①接触和促销，是指接触潜在的消费者，设计和传播具有说服力的产品与信息，促使消费者购买；②谈判，是指通过谈判确定要购买和销售的产品与服务的数量、价格、运输方式、送货时间，以及支付的方法和期限等交易条件，以促成最终协议的签订，使产品所有权转移；③承担风险，是指承担存货等交易风险。

（2）分配功能。分配功能主要包括：①分类，是指通过挑选、整理，把产品组合成消费者期望的类型；②调节，是指按照消费者的要求调整供应的产品；③实体分配，是指储藏和运输产品，以便克服时间和空间差异；④调查，是指通过调查分配，获得其他渠道成员和消费者的有关信息，为渠道决策提供依据；⑤融资，是指渠道成员之间相互提供信用和其他财务服务，以促进产品的流通。

3. 营销渠道的发展

在实际的营销活动中，企业在渠道方面主要面临两个选择：直接销售和经销商分销。在经销商分销渠道中，企业非常关注品牌的销售，但并不在意产品是从哪个渠道体系中销售的，而经销商却非常关注消费者是否从自己的渠道中购买产品；在利润额相同的情况下，经销商并不在意卖的是谁的产品。为此，生产企业与经销商经常会产生各种矛盾，这也是近年来生产企业实施渠道扁平化的重要动因之一。特别是随着移动互联网技术的发展，B2C、B2B、直播带货、社交电商等虚拟渠道逐步得到应用和推广，由此进一步形成了O2O（Online To Offline）等线上与线下相结合的新型渠道模式。营销渠道的发展经历了从单渠道销售、多渠道销售、跨渠道销售到全渠道销售的进化过程。

（1）单渠道销售。单渠道销售是指选择一条渠道，将产品和服务从某一销售者手中转移到顾客或者消费者手中的行为。单渠道策略通常被认为是窄渠道策略，而不管这一条渠道是实体店还是网店。例如，一台电视机通过工厂、一级批发、二级批发、三级批发、零售店、消费者的单一渠道完成销售，这是典型的单渠道销售。

（2）多渠道销售。多渠道销售是指企业采用两条及以上完整的营销渠道进行销售活动的行为，但消费者一般要在一条渠道完成全部的购买过程或活动。例如，许多家电企业采取线下实体店和线上商城相结合的零售方式，部分型号的家电产品在线下进行销售，特定型号的家电产品放在线上商城中零售。线上和线下分别针对不同的人群，产品的定位、价格会有不同。

（3）跨渠道销售。跨渠道销售是指多种渠道交互完成销售过程的行为，通常每条渠道仅完成销售的部分功能。在数字时代，线上和线下的互动合作更加突出，线下了解产品，线上订购，然后通过线下店铺自提或者快递完成销售。随着移动互联网和智能终端的普及，移动端和线上的交互得以直观体现。

跨渠道销售容易与多渠道销售混淆，这两个概念有着本质的区别。多渠道销售强调同时经营多个平台，而跨渠道销售则强调在经营各个平台的同时打通各个平台，实现数据的无缝衔接。

跨渠道销售意味着不同平台间的数据共享和流通，这使得数据所蕴含的潜力变得无限。随着数据的不断积累，企业将获得以下好处。首先，企业可以提高消费者参与度和品牌覆盖范围，同时降低运营成本。跨渠道销售使企业能够以不同的方式在不同时间接触消费者，从而大大增加了消费者参与的可能性，并加深了他们对品牌的印象。其次，将不同渠道的数据集中到一个平台上不仅扩大了目标受众群体，还降低了获客成本。最后，跨渠道销售有助于提高定位的精确性和获客的质量。随着数据的积累,消费者的人口特征、社会经济特征和兴趣行为特征变得更加明显,定位的准确性也随之提高,因此营销活动所吸引的受众质量也会得到提升。

(4)全渠道销售。全渠道销售是指企业采取尽可能多的销售渠道类型进行组合和整合(跨渠道)销售的行为,以满足消费者购物、娱乐及社交的综合体验需求,这些渠道类型包括有形店铺(线下门店、服务网点等)、无形店铺(上门直销、电话购物、电视商场、网店、手机商店等),以及信息媒体(网站、社交媒体等)等。例如,消费者在决定购买一台电视机的时候,可能通过网络、线下门店、服务网点、社交媒体评价等方式了解产品,购买时可以选择官网、网店、线下门店等多种渠道,售后服务可以选择邮寄修理、线下门店等方式。

此外,随着移动互联网技术的发展,企业和消费者高度互动,数据共享,沟通成本大幅下降。在此背景下,销售的发起点可能不只是企业,而是消费者本身。消费者可以通过各种渠道将需求信息传递给对应的企业,企业为之生产出相应的产品,或者企业通过消费者共享的数据批量定制符合特定群体需求的产品。消费者和企业的选择将是相互的,主动权也将进一步向消费者倾斜。

从技术角度来说,全渠道销售和跨渠道销售本质上是一样的,而在数据发掘与数据判别方面,特别是线上和线下数据的配合方面,全渠道销售则更有优势。随着科技的持续进步与革新,一定会出现更完善的营销策略和更高端的技术手段。

跨渠道销售和全渠道销售的设计给企业对渠道的管理带来了巨大的挑战。在实际企业运营过程中,大多数企业表示设计全渠道、多渠道其实并不难,真正的难点在于不同渠道之间的利益如何协调,尤其是拥有加盟商和经销商的企业。

4. 数字时代的全渠道

(1)全渠道时代的消费者行为变化。随着社会的发展,企业战略的制定、销售终端的经营方式都发生了变化,全渠道时代已然到来。从消费者的角度来分析,电商平台的涌现与移动终端的崛起为其提供了多样化的渠道选择;从企业的角度来分析,其销售渠道也更加多元。在全渠道时代之前,企业经历了多渠道与跨渠道阶段。

从本质上来说,全渠道是对多渠道与跨渠道的进一步拓展,其内涵也更加丰富。随着时代的发展与进步,媒体形态不断更新,企业面临的渠道选择也越来越多,不过,在实际运营过程中,企业无法将全部渠道策略都付诸实践。目前来看,企业要想在激烈的竞争中成功突围,就要积极探索全渠道营销模式。

随着信息技术的持续发展,消费者在关注产品功能及质量的同时,也越来越重视精神与价值追求。如果企业仍然固守传统的销售模式,则难以应对外部市场环境的变化,也无法与消费者需求相对接,更无法在激烈的市场竞争中维持自身的生存与发展。

传统企业面临的环境变化主要体现为两点:一是信息技术在营销中的渗透作用越来越强,且随着信息传播渠道的增加,信息开放程度不断提高,企业的销售渠道也更加多元;二是电商行业的发展渐趋成熟,其规范化水平不断提高,随之而来的是移动电商业务的迅速崛起,给传统企业的发展带来威胁。

近年来,全渠道消费群体迅速崛起,并成为企业发展过程中不可忽视的驱动力。全渠道消费群体已经成为市场的重要组成部分，其规模的拓展也对市场发展起到了促进作用。从市场的角度来分析，消费群体在很大程度上决定着市场的走向，企业在选择销售渠道时，也要以消费者需求为核心。全渠道营销模式具有以下特点。

1）获取产品信息的方式更加多元。在传统模式下，消费者只能通过亲自去实体店体验来了解产品的功能、质量等信息。在移动互联网高速发展的当下，消费者可通过电视渠道、网络渠道、移动终端等多种渠道接触产品信息，还可以利用这些渠道对不同产品进行比对，根据各方面信息做出最终的消费决策。

2）消费者的需求更加多元。越来越多的消费者注重自身个性化需求。以服装产品为例，工业革命以来，批量化的成品服装是大多数消费者的选择，如今，服装定制平台纷纷涌现，可以为消费者进行产品定制，还可以让消费者参与服装的设计与生产过程。消费者需求的多元化，让传统企业在运营及发展过程中面临更多挑战。为了促成与消费者之间的交易，扩大自身的产品销售，经营者需要在营销环节进行创新，为消费者提供详尽的产品信息。

3）消费者的购买选择更加多元。在传统模式下，消费者购买前会对不同产品进行比较，但从总体上来说，其选择空间是有限的。如今，同样的产品有许多不同品牌，同样品牌的产品还有多种多样的功能、型号、款式。除此之外，消费者既可以到线下实体店进行现场体验，也可以通过网络渠道进行搜索；既可以采用现金支付，也可以采用电子支付。这都体现出消费者选择的多样化特点。在这种消费环境下，企业要获得消费者的认可，就要改革传统销售模式，通过实施全渠道营销模式来服务全渠道消费群体。

（2）全渠道战略转型。随着消费需求不断升级，线上与线下深度融合的全渠道营销成为企业的主流发展趋势，而要想实现全渠道营销，最为关键的就是发展O2O，以全渠道营销的思维同时布局线下及线上。企业在加强自身的信息化建设的同时，更要提升服务意识，通过优质而完善的服务，赢得广大消费者的认可与信任。

随着消费需求不断升级，电商开始无法充分满足消费者的购物需求，尤其是在购买一些单价较高、安全性要求较高的产品时，缺乏产品体验的线上渠道很难赢得消费者的认可与信任。而采用全渠道营销模式的企业可以通过社交媒体、电商平台、购物app、实体门店等多元化的购物渠道，让消费者随时随地选购满足自身需求的产品。

企业进行全渠道营销转型将成为主流发展趋势，苏宁公司等作为国内从实体营销转型全渠道营销的典型代表，以全渠道同价、产品独供、增强线下服务体验等方式，通过将线上的庞大流量引入实体门店获取了高额利润。商超百货在巩固线下布局的同时，采用入驻电商平台、自建电商商城、开发电商app等方式布局线上，进一步扩大交易额。

移动互联网将会使营销产生颠覆性变革，企业不仅要重视产品销售价值，更要注重服务价值，而布局O2O则是企业开发服务价值的重要基础。

从当前的发展情况来看，很多国内传统企业对线上营销的布局缺乏足够的重视，部分企业虽然认识到了线上营销的价值，但受制于缺乏足够的专业人才、组织内部缺乏转型积极性、资金匮乏等方面的问题，全渠道营销转型之路举步维艰。

移动互联网时代，信息及资源的流通阻碍被打破，需求方与供给方能够无缝对接，位于中间环节的代理商、渠道商的生存空间被极大地压缩，很多企业多年建立的传统分销体系面临瓦解。电商崛起后，传统企业遭受了巨大冲击，这也使得很多人将电商与传统营销放在对立面，认为两者最终将难以共存。

随着消费需求不断升级，电商难以解决消费者十分关心的产品及服务体验缺失问题。只有发展线下与线下结合的全渠道营销，才能真正满足新时代消费者的购物需求。

面对日益复杂的竞争环境与不断升级的消费需求，企业一方面要对自身的组织结构、经营模式及管理手段进行变革，为转型全渠道营销模式提供制度基础；另一方面要以开放合作的心态引入更多的合作伙伴，通过打造覆盖产业链上下游多个环节的营销生态来充分满足消费者的个性化需求。

（3）全方位购物渠道。目前，消费者的消费观念发生了巨大的改变，他们希望自己的购物需求能随时随地得到满足。在这种情况下，企业就要随时随地为消费者提供优质、满意、迅速送达的产品或服务。过去的营销理念是，企业开设一家实体店铺，开展各种营销活动，等待消费者前来购买产品；如今的营销理念是，企业通过各种渠道进行全媒体营销推广，在规定的时间内将产品交到消费者手中。

营销渠道表现出了多样化的特点，这种特点的出现要归功于移动互联网的发展。各种移动设备、智能移动设备都被引入了营销领域，电子商务、移动商务为消费者购物提供了更多选择。

每一种渠道都有优势，也有劣势。例如，传统渠道的优势在于消费者可以直接触摸、试穿、感受、体验产品，店员可与消费者面对面地沟通、交流，精准地把握消费者需求，为其提供合适的产品，为其带来更真实、更满意的购物体验。传统渠道的劣势就在于受时间、空间的限制，不能随时随地为消费者提供服务。

电子商务的优势在于打破了空间、时间的限制，能为世界各地的消费者提供24h服务，并且产品展示不受货架限制，可以无限量地展示产品。如果企业的仓储产品不足，就可以借助商城平台对产品进行展销。

电子商务的劣势在于早期需要大量投入，包括技术投入、物流投入等。另外，电子商务属于一种虚拟的购物模式，消费者只能通过产品详情、店铺信誉与消费者评价来做出购物决策，无法亲自体验产品，而网店卖家要与消费者建立信任关系也需要耗费较长的时间。当然，在消费者看到产品与获得产品之间会有一段时间间隔，在这个时间段内，消费者很有可能产生冲动购买行为，但在其获得产品之后，又有可能产生新的问题，如退货、换货等。

与电子商务相比，移动商务有很多独特的优势，如不需要计算机，只需要手机、平板电脑，消费者就能随时随地购物，这为消费者的消费活动提供了极大的方便。例如，借助扫描与图像识别功能，消费者能快速搜索到需要的产品，还能找到同类产品进行对比，最终选到一款符合心意的产品并下单付款。

另外，移动商务还有电子商务没有的功能——定位功能。如今，在营销领域，O2O、基于位置的服务已甚为常见，如果没有智能手机为依托，O2O也好，基于位置的服务也罢，都将成为空谈。基于定位功能，企业可将附近提供产品与服务的商家吸收进来。另外,设备间的感应功能也极为重要,比如在物联网的助力下,人与人、物与物、人与物可实现连接;借助可穿戴设备,消费者可将产品与其他物品相联,还能与朋友互动,倾听朋友意见,以做出更合理的消费决策。

8.3.4 多样化市场传播

随着移动互联网和自媒体的迅猛发展,企业的传播和推广能力变得至关重要。数字时代为企业提供了丰富的机会和平台,与目标受众进行互动、传递信息和建立联系。企业应充分利用现代化的技术和工具,提升品牌的曝光度,吸引潜在用户,并与他们建立紧密的关系。在这竞争激烈的环境中,有效的市场传播策略能助企业脱颖而出,赢得用户的关注。通过创新和针对性的传播方式,企业能够塑造强大的品牌形象,扩大市场份额,并实现可持续的业务增长。

1. 市场传播的概念

市场传播是指企业或组织与目标市场之间进行信息交流和传递的过程。它是营销活动中的一个核心组成部分,通过传达有关产品、品牌或服务的相关信息,旨在影响目标受众的认知、态度和行为,从而促进销售和建立品牌形象。

在市场传播中,企业利用多种传播工具和渠道与目标受众进行有效的沟通。这些传播工具涵盖了广告、公关活动、销售推广、个人销售、直销、社交媒体营销和内容营销等多个方面。通过这些工具,企业传递有关产品或服务的信息,旨在吸引潜在用户的兴趣,激发他们的购买行动。市场传播的目标是引起目标受众的关注、记忆和行动。通过传递引人注目、有价值和相关的信息,市场传播旨在在目标受众中建立品牌认知、塑造品牌形象,并最终推动他们购买产品或服务。它有助于企业与潜在用户建立联系、建立信任,并满足他们的需求和欲望。市场传播的过程涉及以下几个关键要素。

(1)发送者。发送者是市场传播的起点,通常是企业或组织。发送者负责确定传达的信息、目标受众和传播策略,要确保传播信息与品牌形象和营销目标保持一致。

(2)信息。信息是通过市场传播传递给目标受众的内容,包括产品或服务的特点、优势、功能、定价等。信息应该清晰、有吸引力,并能够有效地传达产品或服务的价值和益处。

(3)目标受众。目标受众是企业希望影响和吸引的特定群体或个体。目标受众可以根据一系列因素进行细分,如年龄、性别、地理位置、兴趣等。了解目标受众的特征和需求对于精确定位传播信息和选择适当的传播渠道至关重要。

(4)传播工具和渠道。传播工具和渠道是传递信息的媒介和方式,包括广告、公关活动、销售推广、个人销售、直销、社交媒体营销、内容营销等。企业需要根据目标受众的特征和行为选择适合的传播工具和渠道,以确保信息能够有效地传达给目标受众。

(5)接收者。接收者是目标受众,他们接收和处理发送者传达的信息。接收者的反应和回应对于市场传播的效果和结果至关重要。他们可能对信息产生兴趣、记忆信息并采取相应的行动,如购买产品或服务。

（6）反馈和评估。在市场传播过程中，反馈是至关重要的。通过收集和分析接收者的反馈，企业可以评估传播效果，并根据需要进行调整和优化。反馈可以来自多个渠道，如市场调研、用户调查、销售数据等。这些反馈可以帮助企业了解目标受众的反应，评估传播活动的效果，并做出相应的改进。

市场传播是企业与目标市场之间建立有效沟通的关键。通过精心策划和执行市场传播活动，企业可以增加品牌知名度，吸引潜在用户，提高销售量，并与用户建立长期关系。同时，市场传播还可以塑造品牌形象，传递企业的价值观和使命，赢得用户的信任和忠诚。

2. 现代市场传播手段

现代市场传播手段包括社交媒体营销、内容营销、口碑营销、社群营销、广告营销、直播带货营销等方式。这些市场传播手段可以相互结合和整合，以获得更广泛的受众群体和更有效的市场推广效果。关键在于根据企业的目标和受众特点，精准选择适合的市场传播手段。

（1）社交媒体营销。社交媒体营销是利用社交媒体平台推广和宣传产品或服务的一种方式。它通过使用各种社交媒体渠道发布针对性的内容、建立品牌形象、与用户互动和展示广告等方式来吸引潜在用户、提高品牌知名度，并促进销售增长。通过发布有针对性的内容，企业能够吸引用户的注意并建立品牌认知，同时提供有价值的信息以吸引潜在用户。与用户的实时互动使企业能够了解用户需求、解答疑问，并建立更紧密的关系。此外，社交媒体平台的广告投放功能允许企业根据用户的兴趣、地理位置和其他标准展示广告，实现更精准的推广效果。

社交媒体营销的优点之一是能够与目标受众直接互动。通过积极互动和回应用户的评论和反馈，企业可以和用户建立更牢固的关系，并根据用户的需求和偏好来灵活调整营销策略。此外，社交媒体平台拥有庞大的用户基数，涵盖各个年龄、地域和兴趣群体，为企业提供了广泛的覆盖面，能够将品牌信息传递给更多潜在用户。此外，社交媒体还为企业提供了一个平台，可以分享有用的信息，如发布产品更新信息、促销活动和优惠信息，进一步扩大品牌的曝光度和影响力。

然而，社交媒体平台上也存在着激烈的竞争，企业需要制定差异化的策略以脱颖而出。社交媒体的快速变化和算法调整可能会对企业的营销计划产生影响，企业需要不断跟进并调整策略。此外，负面用户评论和舆情也是需要及时应对和管理的挑战。企业需要积极回应和处理这些问题，以维护品牌声誉。

（2）内容营销。内容营销通过创作和传播有价值的内容来吸引目标受众、建立品牌关系和推广产品或服务，主要方式包括文章、视频、音频、图像和各种在线资源的创建和共享。通过提供有用、有趣、有启发性和有相关性的内容，企业可以吸引并留住受众的注意力，建立其信任和忠诚度，并最终促使他们购买产品。

内容营销的优点在于它提供了与受众建立深层次关系的机会。通过提供有价值的内容，企业可以展示其专业知识和行业洞察力，树立自己的形象。同时，内容营销能够满足受众的信息需求，解决他们的问题，建立与受众的情感连接。此外，内容营销还有助于增加品牌曝光度和传播范围，通过社交媒体分享和口碑传播扩大影响力。

然而，创作高质量的内容需要时间、资源和专业知识，对于一些企业来说可能具有一定的成本。内容营销需要持续的投入和更新，以保持受众的兴趣和参与度。此外，由于内容的泛滥和竞争激烈，吸引受众的注意力变得更加困难，企业需要创造出独特、引人注目的内容来脱颖而出。

（3）口碑营销。口碑营销主要利用消费者之间口口相传和推荐的方式来传递产品或服务的信息。口碑营销的主要方式包括口口相传、社交媒体分享、在线评论等。通过提供令人满意的产品或服务体验，企业可以激发用户进行积极的口碑传播，进而影响更多潜在用户。

口碑营销的优点在于其具有高度的可信度和说服力。用户往往更愿意相信他人的推荐和评价，而非企业自身的宣传。通过积极的口碑传播，企业可以建立良好的品牌声誉和信任，吸引更多潜在的用户。此外，口碑营销还能够扩大品牌曝光度和影响力，通过社交媒体平台的分享，信息能够快速传播给更广泛的受众群体。

然而，企业无法直接控制口碑营销的内容和传播方式，因此无法完全预测口碑营销的结果。用户可能会分享负面的经历或评价，对企业形象造成不利影响。口碑营销需要建立积极的消费者体验和满意度，这需要企业在产品质量、用户服务和品牌形象等方面进行全面提升和管理。此外，由于信息传播的速度和范围，负面口碑也可能迅速扩散，对企业造成损害。

（4）社群营销。社群营销通过在社交媒体和在线社群中建立和参与具有共同兴趣和目标的群体，以传递产品或服务的信息并与潜在用户互动。社群营销的主要方式包括创建品牌社群、参与社交媒体讨论、分享有价值的内容和开展用户生成的内容活动等。通过与目标受众建立紧密的联系和互动，企业可以有效地推广品牌，提高知名度，并吸引潜在用户的关注。

社群营销的优势在于能够建立深度和长期的用户关系。通过参与社群，企业能够与潜在用户建立更加个性化和亲密的联系，了解他们的需求和偏好，从而提供更加定制化的产品或服务。社群营销能够促进口碑传播。用户之间的互相推荐和分享可以进一步扩大品牌的影响力和认知度。此外，社群营销还提供了一个有效的渠道，供企业进行市场研究和收集反馈，帮助企业更好地了解市场动态和用户需求。

然而，建立和维护一个活跃的社群需要投入大量的时间和资源。企业需要积极参与社交媒体和在线社群，与用户进行互动，并提供有价值的内容和回应。此外，社群营销还要求企业具备良好的口碑管理能力，因为消极的用户评论或争议可能会对品牌形象造成负面影响。此外，社群营销的效果可能需要较长时间才能显现，需要耐心和持续的努力。

（5）广告营销。广告营销指通过付费形式在各种媒体渠道上发布信息、推广产品或服务，旨在吸引目标受众、提高品牌知名度和促进销售增长。广告营销的主要方式包括电视广告、广播广告、印刷媒体广告（如报纸广告和杂志广告）、户外广告（如广告牌和公交车广告）、互联网广告（如横幅广告和搜索引擎广告）以及社交媒体广告等。

广告营销的优点在于其能够迅速传递品牌信息和推广内容，具有广泛的覆盖面，可以触达大量潜在用户。通过精心设计的广告，企业可以塑造品牌形象，增强品牌认知度，并吸引潜在用户。此外，广告营销还可以实现定向投放，根据受众的特征和兴趣进行精准定位，提高广告效果和转化率。

然而，广告费用较高，在热门媒体上发布广告可能需要巨额投资。由于广告数量庞大，受众对广告的注意力有限，很容易出现广告疲劳现象，导致广告效果下降。此外，一些人对广告持有抵触情绪，容易忽略或屏蔽广告，给企业传达信息带来一定挑战。

（6）直播带货营销。直播带货营销融合了直播和电子商务的元素，通过实时直播的方式进行产品销售和推广。在直播带货中，主播通过直播平台展示和介绍产品，与观众进行互动，并提供购买链接，使观众能够即时购买产品。直播带货主要通过直播平台进行，如直播电商平台和社交媒体平台。主播通常是具有一定影响力和号召力的网红、名人或专业销售人员。他们利用自身的形象和口才吸引观众的注意力，展示产品的特点、功能和使用方法，并通过实时互动回答观众的问题，引导观众进行购买。

直播带货的优点在于它创造了实时性、互动性和娱乐性的购物体验。观众可以直接与主播互动，在直播过程中提问、评论或表达购买意愿，增加了购买决策的参与感和信任度。此外，直播带货还提供即时购买链接，方便观众快速完成购买，从而提高购买转化率。对于品牌和商家来说，直播带货能够有效推广产品，增加曝光量和销售额。

然而，直播带货也存在一些缺点。一方面，直播过程中产品的真实效果可能受到质疑，观众可能对宣传内容持保留态度。另一方面，直播带货需要主播具备一定的演讲和销售技巧，对于某些产品和品类来说，可能需要更专业的知识和经验。此外，直播过程中的时间限制和观众的关注度也是挑战，主播需要在有限的时间内吸引观众并传达产品信息。

3. 传播效果评估

信息传播者必须要衡量它对目标受众所产生的影响，包括向目标受众询问他们是否能认出并回忆起促销信息，他们见过多少次该信息、能记住哪几个要点，他们认为该信息如何，他们对企业和产品的过去和现在的态度如何。信息传播者还要收集和衡量目标受众的反应，比如有多少人购买该产品，有多少人喜欢该产品并与其他人谈论过。另外，企业应对促销效果进行持续的评估。

（1）信息传递效果的评估。信息传递效果的评估就是评估促销是否将信息有效地传递给目标受众。这种评估在事先和事后都应进行。促销之前，可邀请目标受众（可以是最终购买者，也可以是经销商或代理商）对已经制作好的促销信息进行评价，了解他们是否喜欢该信息、促销信息及信息传达方式还存在哪些问题。促销之后，企业可再邀请一些目标受众，向他们了解是否听到或见到这些促销信息，是否能回忆起促销内容，等等。此外，还可采用一些科学手段进行测试。

（2）销售效果的评估。销售效果的评估就是评估促销使销售额增长了多少，这种评估很困难，因为产品销售额的增长不仅取决于促销，还取决于许多其他因素，如经济发展情况、可支配收入的增加、产品本身质量的提高和功能的改进、渠道效率的提高、合理的定价等。因此，仅仅衡量促销对销售额的影响比较困难。目前有的企业尝试采用试验法来测量促销效果。按照这种方法，可以把某种产品的销售市场按地区划分，在甲地区使用一种促销方式，在乙地区使用另一种促销方式，各种促销预算相等，一定时期后，检查各地区的销售额增长情况。通过对比，可大致分析出哪种促销最有效。此外，企业还可以采取另一种做法，即在甲地区大量促销，在乙地区少量促销或不促销，一定时期后，检查各地区的销售额增长情况，可大致了解促销对销售额的影响。

8.4 智慧营销管理的组织与实施

　　智慧营销作为一套完整的营销体系，要想完成全链路营销以及实现数据资产化的闭环营销模式，需要在技术、服务、产品以及营销环节中策划有针对性和前瞻性的方案。目前，智慧营销在零售、旅游等行业已经有了较为广泛和深入的应用。

8.4.1 零售行业智慧营销

　　智能互联是零售行业数字化转型的重要赋能者。据国家统计局官网的数据，2023年社会消费品零售总额471 495亿元，比上年增长7.2%。全国网上零售额154 264亿元，比上年增长11.0%。其中，实物商品网上零售额130 174亿元，增长8.4%，占社会消费品零售总额的比重为27.7%；在实物商品中，吃类、穿类、用类商品网上零售额分别增长11.2%、10.8%、7.1%。在互联网时代的新阶段，零售商应该充分挖掘大数据的商业力量。目前，零售业的大数据营销应用有以下几个场景。

　　（1）个性化推荐系统。个性化推荐系统是一种过滤系统，可根据用户档案或历史行为记录，学习、模仿用户的兴趣爱好，预测用户的偏好。对于互联网用户来说，"猜你喜欢""购买过此商品的用户还购买过……"等个性化推荐已不陌生。电商平台根据用户的浏览行为、购买行为，结合相同属性的用户行为进行分析、计算，得出用户的兴趣、偏好，为用户推荐他们可能感兴趣的商品。随着时间的推移，用户的画像越来越精准，商品推荐也就越精准。近年来，零售行业的大数据化实现了对产品的及时、精准、动态定位，如沃尔玛公司利用大数据实现线上线下全渠道融合，对用户数据进行闭环收集、更新与使用。精准营销和个性化推荐通过零售商业智能对海量数据（如商品、会员、门店、仓库、供应商）进行收集、整理、分析，并实现可预测、可指导。

　　（2）广告精准投放系统。对于企业来说，什么因素影响投放广告的投资回报率是必须要考虑的关键问题。在大数据时代，定向能力、数据的精准挖掘在不断迭代升级，科学合理的定向策略有利于广告投资回报率的提升。例如，腾讯社交广告基于真实、海量的社交数据，从基础属性、行业兴趣、内容兴趣等多数据维度对人群进行体系化的标签分析。多层次、不同类型的定向组合，不仅能实现品牌不同的营销诉求，精准触达目标人群，还能帮助零售品牌做到精准的到店引流，以及赋能品牌理解用户所处的生命周期。

　　（3）物联网。随着物联网应用的普及，物联网的连接数量和产生的数据量将爆发式增长。在零售行业中，对于大量实时性业务，物联网借助边缘计算可以更及时、高效地进行响应，优化用户体验；对于刷脸支付等安全相关业务，边缘计算在本地进行人脸识别，可最大限度减少敏感数据的网络传输。

（4）移动营销。移动营销是指面向移动终端（手机或平板电脑）用户，在移动终端上直接向目标受众定向和精准地传递个性化即时信息，通过与目标受众的信息互动达到市场营销目标的行为。移动营销是互联网营销的一部分，是在强大的云端服务支持下，利用移动云端营销内容，把个性化即时信息精准地传递给目标受众，实现"一对一"的互动营销。

技术创新正不断驱动移动互联网发展，满足消费者更多新的需求。以大数据技术为驱动，移动营销公司利用数据挖掘技术分析消费者的个人特征、媒介接触、消费行为甚至生活方式等，帮助企业找出目标受众，然后将推广信息、媒体和受众进行精准匹配，从而达到提升营销效果的目的。

8.4.2 旅游行业智慧营销

全域旅游加剧了旅游目的地城市之间的竞争，在做好相关资源、建设、服务整合的基础上，如何做好旅游目的地城市的营销已经成为旅游主管部门的一项重要课题。科学技术的发展开辟了全域旅游智慧营销的新路径，使智慧营销成为旅游营销领域中的新型营销模式。

智慧营销在旅游行业中有以下优势。一是有利于整合旅游资源。在全域旅游中采用智慧营销模式，能够借助互联网技术整合区域内的旅游资源，聚集旅游目的地的所有信息，便于游客在网络平台上查询到所需信息。同时，智慧营销以游客需求为中心，整合吃、住、行、游、购、娱等相关产业资源，能够为游客提供一体化的旅游服务。二是有利于提升旅游服务质量。在全域旅游中创新使用智慧营销模式，能够有效解决信息不对称的问题，让游客及时获取旅游变动信息，满足游客个性化的旅游需求。三是有利于提高全域旅游业与相关产业经济效益。在智慧营销模式下，利用智慧平台可加快旅游信息传播速度，实现旅游资源共建共享，使旅游企业以及相关企业只要付出最小的宣传成本，便可获取最大化的宣传效果，并且还可降低旅游业的运营成本，有利于提升全域旅游经济效益。

旅游智慧营销借助大众点评、携程旅行、微信、支付宝、美团等应用软件，为游客解决吃、住、行方面的问题。在O2O平台上，全域旅游智慧营销还要关注城市坊间特色小店、传统老字号店铺、小型景点等旅游资源的宣传，让游客既可以按照平台上提供的路线亲自到目的地购买商品，也可以利用平台直接在线选购商品。旅游智慧营销要为游客提供低成本、高效率的智慧服务，提高游客对全域旅游服务的满意度。智慧服务系统主要包括以下功能：一是旅游管理部门与携程旅行、同程旅行等平台达成一致，设计本区域旅游主题页，游客可在主题页上订购本区域内的所有景区门票、酒店、民宿等，使游客体验到高品质的信息服务；二是旅游景区引入智慧绿道信息化系统，实时监测景区道路运行情况，保障游客出行安全。

旅游智慧营销利用互联网、物联网将景区、酒店、住宿、餐饮、导购、娱乐、交通等服务模块融为一体，使游客在连接无线网络或移动通信网络的情况下，可以利用手机应用软件查询景点信息、预定住宿、了解特色餐饮、使用自助语音导游等。在现代化的旅游服务体系中，智慧营销可节省旅游业及相关产业企业的运营成本。企业只需将相关信息存储到云计算中心，就能够实现旅游信息的快速共享，降低旅游宣传成本，方便游客及时获取所需信息，并为游客提供基本的服务项目。

　　旅游智慧营销建设官方网站，优化网站界面设计，丰富网站信息内容，迎合游客的需求增加互动板块，为游客提供咨询、意见反馈等服务。在社会媒体宣传中，旅游智慧营销鼓励通过国内外具有影响力的社交媒体进行宣传，同时，可邀请美食家、旅游达人、摄影师等专业人士，在社交平台上发表评论文章和摄影作品，迅速扩散正面的旅游信息，从而获得更好的传播效果。旅游管理部门创新使用虚拟现实技术开发旅游目的地城市的旅游体感综合系统，让游客体验旅游目的地城市的景点风光，激发去目的地旅游的欲望。

　　在互联网时代下，全域旅游应用互联网、大数据、云计算等先进技术，开辟智慧营销新路径。通过建设网络智慧营销服务体系，创新全域旅游宣传平台，加强智慧旅游运营管理，从而逐步构建起完善的全域旅游智慧营销模式，不断提高全域旅游经济效益，促进智慧旅游发展。

章末案例

数字化驱动拼多多营销模式创新

　　拼多多成立于 2015 年 9 月，是一家专注于 C2M 拼团购物的第三方社交电商平台。拼多多初创时，传统电商面临数据短缺问题，陷入流量瓶颈。此外，传统电商广泛应用的集权式人工智能陷入偏好囚笼，无法精准地为消费者推荐商品，这是一个亟须解决的消费者痛点。同时，人工智能领域的基础技术正在飞速发展，为拼多多的出现提供了良好的技术氛围。此外，创始人黄峥和陈磊通过微信平台打造的"拼好货"积累了一定的技术、工程师人才和资金。为了践行"用户至上""人为先"的企业文化，拼多多决心研发一种新算法来解决电商领域的难题和消费者痛点。

　　拼多多成功地研发了分布式人工智能技术，解决了集权式人工智能偏好囚笼的问题，该技术成为其蓬勃发展的底层算法。在分布式技术系统的支持下，拼多多在供应端深度挖掘广大低端消费市场的需求信息，在需求端利用低价格优势不断吸引下沉市场的用户。此外，拼多多利用大数据精准把握用户心理，捕捉用户偏好，并形成了"拼小圈"模块，扩大了用户的社交圈。在拼多多开发分布式人工智能技术的时期，淘宝不断聚焦于高端商品，淘汰了大量的低端商品商家。这批商家急需寻找一个新的平台，而拼多多顺势承接了这些低端商品商家。此外，中国的三、四线城市与乡镇存在大量的低端消费人群，下沉市场长期以来缺少高质量产品的供给，居民需求远未被满足。恰逢 4G 时代到来，智能手机的用户越来越多，为电商发展提供了通信设备的支持，并为拼多多开发下沉市场提供了条件。

　　在此背景下，拼多多形成了"社交+电商"及"以需定产"的商业模式。在价值主张上，拼多多抓住了未被老电商企业满足的下沉市场，并瞄准了对价格更加敏感的下沉市场用户及刚刚学会使用智能手机的中老年用户。采用"团购+低价"的模式，迅速抢占了下沉市场。在价值创造上，拼多多从单一的农副产品向全品类商品过渡发展，同时开展了"社交+游戏+电商"的模式。在供应端，拼多多聚焦于外溢的低端供应链，提供零入驻门槛和低佣金；在需求端，拼多多推出"社交+游戏+电商"的模式，并创造了 C2M 模式，使用户需求直达工厂，实现了以需定产。在价值获取上，拼多多关注下沉市场中的用户需求,凭借拼单和团购模式获取市场立足点,并致力于打造高性价比的产品。同时,拼多多利用分布式人工智能技术,成功地获得在线营销服务及交易服务的收入。

数字化驱动拼多多营销方式的转变。拼多多的拼单分享功能,会自动向用户推荐添加通讯录好友。通过该社交功能,用户可以实时分享自己的交易动态,还可以关注好友的拼单信息,这或许是拼多多在自家平台上对私域流量的首次尝试。用户拥有拼小圈二维码,可在更大范围内建立社交关系。这种社交属性使电商平台直接有了"圈子",买家本身的好友圈把某款商品的受众范围直接扩大,提高人们吸纳信息的效率,乃至促成交易。

拼多多借助移动社交媒体和策略创意,使其产品和品牌信息在移动社交网络上口耳相传,突破时空限制获得快速传播,其根本目标是切入人心、建立用户链接、实现分享裂变,本质是有效放大和再现寄生在移动社交网络上的口碑传播。这种营销技术充分利用了社交网络的力量,借助腾讯QQ和微信庞大的流量推动作用,广泛利用朋友、亲属之间互相分享的力量为其进行传播,刺激更多人消费。另外,用户在拼团过程中,大量建立拼团砍价的社群,不断重复购买,形成了强大的循环生态。拼多多基于深度人性洞察,通过拼团的社交裂变以及游戏化运营来获取用户、留存用户,在短期内实现了疯狂式的传播(见图8-1)。

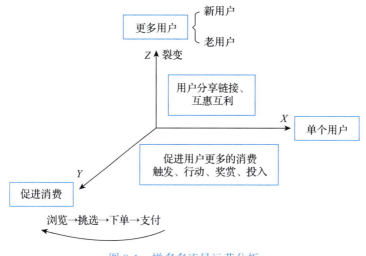

图 8-1 拼多多流量运营分析

随着数字化时代的需求重塑,拼多多推荐算法得到深入应用。用户在淘宝和京东购物时,大多进行直接搜索,再根据销量和评价选择商品,可见传统的电商是搜索式"人找货"模式,但该模式忽视了部分不会主动网购的用户需求。基于此,拼多多尝试构建社交场景,实现"货找人"的转变,借助用户之间相互引流的价值,依靠算法简化购物流程、提升购物体验。拼多多借助微信生态圈改革数字匹配以及进行供应链创新,根据不断更新的需求数据进行个性化匹配,与后方工厂达成协议,提高产销效率。此外,用户习惯从搜索转向推荐,传统的流量模式失效,拼团、砍价等建立在社交基础上的电商模式崛起,需求侧的微信拼团、供给侧的供应链改造和平台侧的数据智能匹配,使拼多多如虎添翼。2019年,拼多多的成交总额为10 066亿元,增速远高于同行。从精准搜索到智能匹配和精准推荐,拼多多被认为是典型的"低端颠覆式创新":利用数字技术升级满足低端,进而推动供给侧与需求侧升级,重构供需生态。以数字技术驱动的互联网消费,正在带动电商、零售向更深的层次变革。

数字化驱动产业链需求端到销售端的打通。在需求端，拼多多掌握了大量的用户数据，并通过对用户数据的分析形成用户画像，根据用户画像发现不同用户的多种需求，并将这些需求信息对接后方工厂。拼多多更大的影响是平台对供应链进行了端的改造，因为拼多多平台具有少库存保有单位、短爆发、高订单的特点，有助于工厂更好地安排生产周期和计划，提高了对上游供应商的议价能力。在按需生产情况下，生产周期被缩短，成本得到进一步压缩。此外，拼多多做到了在生产线上安装摄像头，平台用户可通过直播的方式看到生产线的运作，可弥补自营品牌知名度低、消费者信心不足的后发劣势。在数字技术的驱动下，拼多多平台首先帮助工厂发现市场和目标受众，有助于工厂实现定制化生产，打开销路的同时降低工厂的生产成本。在销售端，平台提供流量，自营产品免去了品牌溢价，利用低价格优势吸引用户。通过合作，平台参与到工厂生产计划和产品营销环节，利用其数据优势弥补了工厂的不足，为工厂自营品牌的突围创造更多可能性。以用户数据为支撑的新生产计划有的放矢地针对目标消费群体，可更精准地预判销量规模并相应调整工厂产量，实现柔性生产。

数字化还可以提高生产决策效率、缩短决策周期。目前，这种平台将用户数据传递给工厂，让工厂按需生产，再由平台提供流量支持的方式，得到了各家平台的力推，也是工厂数字化转型不可错过的机遇（见图 8-2）。

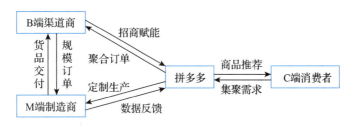

图 8-2 拼多多 C2M 反向定制模式

资料来源：赖红波. 数字技术赋能与"新零售"的创新机理：以阿里犀牛和拼多多为例 [J]. 中国流通经济，2020，34（12）：11-19.

案例思考

1. 数字化驱动下，拼多多的营销模式在哪些方面进行了创新？
2. 拼多多的营销模式具备哪些特点？

习题

1. 智慧营销管理的概念是什么？智慧营销管理的特点是什么？
2. 智慧营销系统有什么特征？
3. 智慧营销系统的业务体系是什么？具体包括哪几个方面？
4. 现代市场传播手段有哪些？
5. 智慧营销管理领域有哪些典型的应用与实践？

第 9 章　智慧风险管理

【学习目标】

通过本章的学习，学生应该能够：
☑ 了解智慧风险管理的概念和机制；
☑ 了解智慧风险管理系统的设计原则与目标；
☑ 掌握智慧风险管理系统的框架；
☑ 掌握智慧风险管理系统的核心特征。

开篇案例　　美国港口卡车司机罢工抗议加剧供应链危机

2023 年 7 月，美国主要港口接连爆发卡车司机大规模罢工抗议事件，令美国已经脆弱不堪的供应链雪上加霜。

7 月中旬，加利福尼亚州奥克兰港爆发卡车司机大规模抗议活动。港口罢工规模声势之大，已经令这个加利福尼亚州第三大海港的地面运输业务基本停摆。此前，美国最大的两个海港——洛杉矶港和长滩港已经爆发抗议活动。卡车司机们在港口抗议导致交通拥堵，码头入口堵塞。上述 3 个港口的吞吐量加起来约占全美集装箱货运量的一半。

港口发言人罗伯特·贝尔纳多（Robert Bernardo）表示，奥克兰港的最大码头已经关闭，事实上其他海运码头也已经停止卡车运输，只有部分船只作业还在进行。

本次抗议活动的起因是加利福尼亚州的劳工法案《AB5 法案》（Assembly Bill 5）招致卡车司机不满。《AB5 法案》也被称为《零工经济法案》，要求货运企业将卡车司机视为员工，赋给员工福利待遇。但这一法案招致了卡车司机的不满，因为这意味着卡车司机将失去接单自由，或者需要背负更贵的保险费负担。

美国港口堆场集装箱堆积的主要原因之一是内陆运输资源的不足，罢工的举行，必然对卡车的提柜和还柜效率造成一定影响，加剧供应链压力。

卡车司机的抗议活动对美国的供应链造成了巨大的冲击。由于港口货物的运输受阻，许多货物无法及时运出或运入港口，生产和交付延误。这不仅影响了商家和企业的业务运营，还对整个供应链造成了连锁反应。供应链中的各个环节都受到了影响，从原材料供应商到生产商，再到分销商和零售商，他们面临着货物延误、仓储成本增加和客户投诉等种种问题。

此外，这些抗议活动的举行也加剧了美国的通货膨胀问题。由于生产和交付延误，商品无法及时到达市场，市场供应不足，物价上涨。消费者也因此受到了影响，他们购买的商品可能价格上涨或者供应不足。

在抗议活动爆发之际，美国政府和相关机构采取了一些措施来应对这一局面。他们试图与卡车司机们进行对话，了解他们的诉求，并寻求解决方案。同时，他们也采取了一些措施来缓解供应链的压力，如通过增加临时工和加班等措施来加快货物的运输和装卸。

资料来源：财联社，美供应链大动脉中断！港口卡车司机大罢工 涉及全美近半货运量，新浪财经，2022 年 7 月 21 日。

9.1 传统风险管理概述

风险广泛地存在于各个复杂系统中，结果的不确定性让人们注意到了风险的存在，风险造成不确定的损失让人们意识到风险管理的重要性。人们对风险的认识是一个不断深化和完善的过程。随着对风险认识的深化和风险量化研究的不断进步，人们的风险管理水平必将不断提高，风险管理工具也将不断丰富。

9.1.1 风险的概念

风险通常是指在特定情境下，某些不确定因素导致的损失的大小和发生的可能性。这种损失可能涉及财务、健康、声誉等多个方面，因此风险具有多样性和复杂性。风险的不确定性表现在多个方面。一是发生的时间是不确定的。无法确定风险会在何时出现，有时候可能会在预期之外突然发生。二是发生的空间也是不确定的。风险可能在任何地点发生，可能影响到个人、组织或整个社会。三是发生损失的程度同样是不确定的。即使知道风险会发生，也无法准确预测其可能造成的损失大小。

风险的基本构成要素是风险因素、风险事件和风险结果。风险因素是风险形成的必要条件，是风险产生和存在的前提。风险事件是外界环境变量发生预料未及的变动从而导致风险结果的事件，它是风险存在的充分条件，在整个风险中占据核心地位。风险事件是连接风险因素与风险结果的桥梁，是风险由可能性转化为现实性的媒介。风险结果是风险事件造成损失的大小，是风险的具体体现。企业运作涉及多个环节，内部存在的风险主要包括政策风险、市场风险、财务风险、法律风险、团队风险、技术风险、人力资源风险和供应链风险等。这些风险可能单独或共同影响企业的经营和发展，因此企业需要进行全面的风险管理，制定相应的风险应对策略，降低风险对企业的影响。政策风险指国家政策变化带来的不确定性；市场风险指市场环境的变化对企业的经营产生的影响；财务风险指企业在财务管理过程中可能出现的各种不确定性，包括资金筹集、投资决策、成本控制等方面的问题；法律风险指企业面临的法律问题，如合同纠纷、侵权行为、知识产权保护等；团队风险是企业核心团队的不稳定和员工冲突等问题，可能会对企业的经营产生影响；技术风险指企业面临的技术问题，如技术落后、新产品研发失败等；人力资源风险指企业面临的人力资源问题，如人才流失、员工技能不足等；供应链风险指供应链的脆弱性，是一种潜在的威胁。

供应链环节面临的风险复杂多变，这些风险主要源于供应链的复杂性以及外部环境的不确定性。供应链通常涉及多个参与主体，这些主体可能来自不同的地区、国家，甚至有着不同的文化背景和经营理念。这些参与主体之间的合作往往需要高度的协调和沟通，一旦出现信息不对称、利益冲突等情况，就可能导致供应链的断裂或效率下降。供应链的运作跨越广泛的地理区域，这使得供应链容易受到各种自然环境和地理因素的影响。例如，运输路线的中断、自然灾害的发生、政治不稳定等都可能对供应链的正常运作造成冲击。供应链的各个环节之间存在着紧密的依赖关系，一个环节的问题往往会影响到整个供应链的运作。例如，供应商的产能不足或产品质量问题可能导致生产线的停工；物流环节的延误可能导致产品无法按时交付。政治风险也是供应链环节面临的一个重要风险。政治不稳定、政策变化、贸易壁垒等都可能对跨国供应链造成影响，导致物流受阻、成本上升等问题。

供应链环节面临着多种内外部环境风险。为了确保供应链的稳定和高效运作，企业需要建立完善的风险管理体系，加强与供应商、物流服务商等的合作关系，以及提高自身的抗风险能力。同时，供应链节点企业之间相互影响、相互依赖，一个节点企业的风险事件可能会波及整个供应链系统，风险的发生往往会降低供应链的运作效率、增加成本，给上下游企业和整个供应链造成损害，导致整个供应链的效率下降或者中断。因此，对于供应链管理者来说，有效识别和评估供应链风险至关重要。

9.1.2　风险管理的概念

风险管理是企业自我管理非常重要的手段之一，通过识别和评估企业在经营和财务上可能存在的风险，企业能及时对风险做出有效的应对。当供应链上的各企业组成联盟、形成组织，并协同管理和运作时，也需要通过有效的风险管理机制来为其实现持续稳定发展保驾护航。

供应链管理的提出使许多企业享受到了这种新的管理模式带来的竞争优势，如降低生产成本、增强企业竞争力、增加利润。然而，随着经济一体化和贸易全球化的深入发展，企业之间的供应链变得更加复杂和冗长。此外，多变的国际形势、恐怖主义、频发的自然灾害等外部因素使得供应链在运行过程中面临诸多风险，导致供应链无法实现原有的预定目标。供应链管理是现代企业管理中的重要组成部分，它旨在通过集成化和系统化的管理方式，将链上各个节点企业的优势资源进行整合，实现资源共享、优势互补，从而提高企业基于市场需求变化的快速响应能力和核心竞争力。

供应链风险管理是指使用合理有效的方法来识别、评估、缓解和监控供应链遇到的风险事件，以最大限度地减少风险因素对供应链造成的损害，从而确保供应链的健康、可持续和稳定运行。科学的风险评估方法可以帮助企业及时发现潜在的风险，为风险管理者提供决策依据，从而采取有效的风险防范和控制措施。供应链风险管理需要建立一个用于识别和评价供应链风险并制定相应的风险防范和应对的措施的协同机制，以减少供应链系统的整体损失、降低风险发生的可能性、延缓风险传播的速度等。同时，加强节点企业之间的信息交流和合作可以降低信息不对称和不确定性带来的风险，提高整个供应链的稳定性和竞争力。总之，供应链风险管理是企业管理中不可或缺的一环。科学的风险评估和管理措施可以帮助企业提高供应链的稳定性和竞争力，降低内外部环境风险事件对企业经营的影响。

9.1.3　供应链风险的特征

明确供应链风险的特征能准确识别供应链风险，从而更好地应对和控制风险的发生，因此了解和掌握供应链风险具有哪些显著特征至关重要。供应链风险具有很强的不确定性，而其他特征都是在不确定性的基础之上呈现的。供应链风险的特征如表 9-1 所示。

表 9-1　供应链风险的特征

风险特征	内涵
不确定性	不管是外部环境还是内部环境，均处于恒变状态
客观性和必然性	风险事件的发生是不以人的意志为转移的
动态性	一些风险因素随着风险管控的准确性和及时性的变动，呈现增加或减少的状态
传递性	供应链风险在供应链节点企业之间进行传递，"牛鞭效应"就是传递性特征的代表性案例
此消彼长性	各风险之间存在联系，在采取措施削弱一种风险的时候，可能会引起另外一种风险的加剧；企业之间风险的变化同样如此
复杂性和层次性	供应链网络变得愈发复杂导致供应链风险呈现出复杂性和层次性的特征

在供应链风险管理领域，企业经常面临许多不确定性。这种不确定性来源于外部环境的不稳定性以及内部运营的复杂性。无论是市场需求的变化、政治局势的动荡还是自然灾害的影响，都使得供应链面临着前所未有的挑战。这些不可预测的因素增加了风险评估的难度，导致无法精确预测未来供应链中的风险事件。

除了不确定性外，供应链风险还具有客观性和必然性。风险事件的发生并不是基于人的主观意志，而是客观存在的。例如，运输过程中的事故等是不受人的控制的因素。风险的必然性要求正视风险，采取科学的方法进行评估和管理。企业不能试图完全消除风险，但可以通过合理的策略降低风险的影响。

随着时间的推移和环境的变化，一些风险因素可能会增加或减少。例如，政治局势的变化可能导致运输路线的改变，从而影响供应链的稳定性。这种动态性要求企业不断地更新风险管理策略，以适应不断变化的环境。企业需要时刻关注环境的变化，并及时调整风险管理策略，确保供应链的稳定运行。

供应链风险具有传递性。这种传递性不仅体现在风险在供应链节点企业之间的传递，还体现在"牛鞭效应"等具体现象中。当一个企业出现风险时，这种风险可能会沿着供应链传递给其他企业，导致整个供应链的稳定性受到影响。例如，供应商的产能不足可能会导致生产企业的生产中断，进而影响销售企业的销售活动。为了应对这种传递性，企业之间需要加强协作和信息共享，共同应对风险，确保整个供应链的稳定运行。

供应链风险之间存在此消彼长的关系。一种风险的削弱可能会导致另一种风险的加剧。例如，提高库存水平可以降低缺货风险，但可能会增加库存积压的风险。这种此消彼长的现象要求企业全面考虑各种风险因素，避免顾此失彼的情况发生。在制定风险管理策略时，企业需要权衡各种风险因素，制定出既能降低一种风险又能避免其他风险加剧的策略。

另外，供应链风险的复杂性和层次性也是必须面对的挑战。随着供应链网络变得越来越复杂，风险的来源和影响也变得更加复杂和多样化。从供应商到最终消费者，每个环节都可能存在风险。这种复杂性和层次性要求企业采用更为系统化的方法进行风险管理，需要建立一个全面的风险管理框架，从宏观到微观各个层面进行风险的识别、评估和管理。这种系统化的方法可以更好地应对供应链中的各种风险，确保整个供应链的稳定和持续运行。

供应链风险管理是一个复杂而多维度的任务。面对供应链风险的不确定性、客观性和必然性、动态性、传递性、此消彼长性、复杂性和层次性等特点，企业需要采取科学的方法和策略对其进行评估和管理。不断优化风险管理策略可以提高供应链的稳定性和可靠性，为企业的长期发展提供保障。

9.1.4 供应链风险管理的流程

供应链风险管理的流程主要包括供应链风险识别、供应链风险评估、供应链风险控制等环节，如图9-1所示。

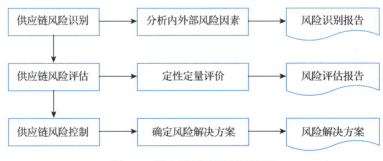

图 9-1　供应链风险管理的流程

1. 供应链风险识别

供应链风险识别是供应链风险评估和供应链风险控制的前提，也是整个过程中更为关键的环节。供应链风险识别概念的界定主要集中在供应链风险的判断、分类和性质识别等各个方面。供应链运作的各个环节都存在着风险，包括需求、生产、供应以及信息等管理过程。由于管理人员在工作经验、知识和背景等方面存在差异，对同一风险有不同的认识和理解，因此供应链风险识别过程存在对不确定性和潜在风险的主观判断，这增加了供应链风险识别工作的难度。目前常用的供应链风险识别方法包括问卷调查法、德尔菲法、流程图法和环境扫描法等。

（1）问卷调查法。通过问卷调查，企业可以系统地收集关于供应链运作中潜在风险的数据和信息，发现影响效率和绩效的薄弱环节。供应链风险的问卷调查设计执行环节如下。①目标确定。问卷应分发给供应链中的各个节点企业的员工，特别是基层职工。他们通常对供应链运作的细节和潜在的风险因素有深入的了解。②问题设计。问题应由经验丰富的供应链管理者和专家设计，确保问题能够涵盖供应链运作的各个方面。问题应既包括开放性问题也包括封闭性问题，以便收集详细的描述性信息和量化数据；为了鼓励员工坦诚回答，应保证调查结果的匿名性和保密性，这有助于收集到最真实和详细的信息。提供一个反馈机制，让员工知道他们的意见已被接收到，并且企业正在采取行动解决他们所提出的问题或风险。③数据分析。对收集到的数据进行深入分析，找出供应链中的潜在风险和问题。运用统计分析工具来识别模式、趋势和关联性；将分析结果整理成报告，提供给供应链管理者和决策者。报告应清晰、简洁，并突出关键的发现和建议。④周期性调查。为了持续监测供应链的风险状况，应定期进行问卷调查。通过比较不同时间点的数据，识别出风险的演变和趋势。通过问卷调查，供应链管理者可以获得一线员工的宝贵意见和建议，从而更早地识别出风险或风险因素，并采取相应的措施来管理和化解风险。

（2）德尔菲法。德尔菲法旨在利用专家的知识和经验，通过一系列的匿名问卷调查，达到对风险的一致认识。利用德尔菲法识别供应链风险的流程如下。①专家选择。选择与供应链相关的专家，他们可以是供应商、制造商、分销商，或者是物流、风险管理等方面的专业人士。选择的专家应具有丰富的经验和知识，能够对供应链风险进行深入的识别和分析。②第一轮问卷调查。向选定的专家发放问卷，评估供应链中可能存在的风险，问卷内容可包括开放性和封闭性问题，如让他们列出他们认为最重要的风险因素，以及他们对这些风险的严重性和可能性的评估。③第二轮问卷调查。在第一轮调查结果的基础上，汇总专家的意见和建议，然后再次发放问卷给相同的专家，这次的问卷会包含上一轮的汇总结果。请专家再次评估风险，经过几轮的反馈和调整，专家的意见会逐渐趋于一致。④结果分析。分析专家的意见，找出供应链中存在的关键风险因素。根据专家的评估，对这些风险进行优先级排序，以确定哪些风险是需要首先处理的。⑤制定风险管理策略。基于德尔菲法的结果，制定相应的风险管理策略。这些策略可以包括预防措施、应急计划、风险转移等，以确保供应链的稳定性和连续性。⑥持续监测与更新。由于供应链环境和风险因素可能会发生变化，因此需要定期使用德尔菲法或其他方法重新评估风险，以确保风险管理策略的有效性和适用性。德尔菲法的优点在于其简单易行、成本较低且可靠性高，并能够综合多位专家的意见，得出较为全面和准确的风险评估结果。然而，这种方法也有其局限性，如在获取专家的意见时可能存在主观偏见，或者在某些情况下可能难以找到合适的专家进行评估。

（3）流程图法。风险管理者在供应链风险识别中，可以通过绘制整体和局部的流程图来系统地识别潜在的风险因素。这种方法有助于对供应链运作的各个环节和阶段进行深入分析，从而发现可能存在的不确定因素。利用流程图进行供应链风险识别的具体步骤如下。①绘制整体或局部流程图。描述整个供应链系统的运作流程，从原材料的采购到最终产品的销售，明确各个节点企业、职能部门和关键活动之间的交互和依赖关系，识别各个流程的关键环节和潜在风险点。②上游供应环节的风险识别。分析原材料的来源、供应商的数量和集中度，评估供应商的质量、价格和交货可靠度，考虑供应商的技术能力和生产弹性。③制造环节的风险识别。分析生产流程、技术水平和生产能力，评估生产过程中的潜在中断因素，如设备故障、劳动力短缺等，考虑生产弹性和应对需求波动的策略。④销售环节的风险识别。分析销售渠道、客户群体和市场定位，评估市场需求、竞争状况和价格稳定性，考虑售后服务和客户关系管理。⑤其他考虑因素。考虑环境因素，如自然灾害、政策变化等对供应链的影响，分析物流网络、运输方式和时间安排，评估信息流、资金流的可靠性和效率。⑥持续监测与更新。由于供应链的环境和风险因素是动态变化的，风险管理者应定期更新流程图和分析结果，使用其他风险识别工具和方法进行交叉验证，以确保风险识别的准确性和完整性。⑦沟通与合作。与供应链中的其他利益相关者保持沟通，共同识别和评估风险，建立风险管理合作机制，促进信息共享和风险应对措施的协同实施。⑧反馈与改进。在实施风险管理策略后，收集反馈并评估其效果，根据反馈结果进行调整和改进，并持续优化风险管理过程和方法。

（4）环境扫描法。在供应链风险管理中，对内外部环境进行持续或定期的监控和分析是非常重要的。通过收集和汇总各种信息，风险管理者能够及时发现环境中的变化、趋势和不确定性因素，从而判断出供应链所面临的机会和风险。

环境扫描法风险识别模式的详细描述和适用情况如表9-2所示。选择哪种模式取决于供应链的具体情况和风险管理者的策略。在某些情况下，也可以结合使用这3种模式，以达到最佳的风险管理效果。

表 9-2 环境扫描法风险识别模式

模式	含义	优点	缺点	适用情况
连续性模式	连续地监控和实时地搜索信息，旨在实时发现并处理可能引发风险的因素	能够实时响应，及时处理风险，减少潜在损失	由于持续监控，成本可能较高，尤其是在复杂的供应链网络中	适用于环境复杂、需要实时响应的大型跨国供应链网络
周期性模式	在一个固定的时间段（如月、季度）内进行一次全面的内外部环境分析	能够在合理的时间和成本范围内进行有效的风险识别	可能错过一些非定期出现的风险因素	适用于大多数供应链系统，尤其适用于那些能够承受相对较低风险的系统
非定期模式	在供应链内外部环境发生紧急情况后的应急反应，具有临时性	能够在紧急情况下迅速响应	缺乏对未来风险的预见性和规划，可能造成对某些风险的忽视	适用于突发事件或紧急情况下的风险应对，一般不作为长期的风险管理策略

2. 供应链风险评估

供应链风险评价结果的客观性和准确性一直是评价人员追求的目标。为了实现这一目标，风险评估需要遵循一系列严谨的方法和步骤。风险识别是整个评估过程的基础，它涉及对供应链中潜在风险的识别和分类。这一步骤至关重要，因为它为后续的风险评估和风险管理提供了基础。

在风险识别的基础上，风险评估旨在使用科学的方法量化已识别的风险。这包括评估风险发生的时间、发生的概率、可能造成的损失大小以及对整个供应链的影响程度。这些评估因素为风险管理提供了具体的指导，有助于企业采取有针对性的措施来应对各种风险。为了提高评估的准确性和客观性，企业可以采用多种方法结合的方式进行供应链风险评估。例如，可以将定性评估方法与定量评估方法相结合，利用数学模型和统计分析来量化风险因素。此外，综合运用多种评估技术可以弥补单一方法的不足，提高评估结果的可靠性。在过往的风险评估中，常见的评估方法包括层次分析法和模糊评价法等。然而，这些方法往往存在一定的局限性，如定性或半定量的倾向，以及主观因素的影响。因此，为了实现更为客观和准确的风险量化，企业需要不断探索和改进评估方法。

值得注意的是，风险评估结果的客观性和准确性受到多方面因素的影响。除了评估方法和制度的合理性外，评估人员的职业素质、评估环境的状态以及评估过程的组织管理都可能对评估结果产生影响。因此，为了确保评估结果的可靠性，企业需要不断提升评估人员的专业素养，严格遵循评估标准和程序，同时不断优化和完善风险评估体系。

在进行供应链风险评估时，企业需要采用系统性的观点来全面考虑风险对整个供应链的影响。供应链是由多个企业组成的复杂网络，任何一个环节的问题都可能引发连锁反应，影响到整个供应链的稳定性和运作。从整个供应链的角度出发，不仅要关注单个企业的风险，更要考虑这些风险如何在整个网络中传播和放大。例如，一个供应商的延迟交货可能会影响下游企业的生产计划，进而影响到整个供应链的交付能力。这种连锁反应可能导致供应链的整体效率下降，甚至可能导致订单损失和客户关系的破裂。除了直接的经济损失，风险事件还可能带来一些间接的影响。例如，企业的声誉和品牌形象可能会因为一次风险事件而受损。这些无形损失可能不会立即显现出来，但随着时间的推移，它们对企业的长期发展可能会产生长久的不利影响。有时，这些无形损失甚至可能超过直接的经济损失。

3. 供应链风险控制

在供应链风险管理中，当通过评估方法准确识别和量化供应链风险时，应对风险进行控制和管理，以减少供应链风险造成的损失。企业可以根据风险实施的结果，通过风险规避、风险降低、风险转移和风险分担等手段控制供应链风险。

风险规避主要是通过提前预测可能出现的风险，并采取相应的措施来避免这些风险的发生。例如，对于可能受到政治不稳定影响的供应链，企业可以选择与政治稳定的国家开展业务，或者寻找多个供应商或客户以分散风险。通过改变供应链策略或寻找替代方案，企业可以避免潜在的风险源，降低风险对供应链的负面影响。

风险降低是一种积极主动的风险控制策略，它旨在降低风险发生的可能性或减少风险发生后的影响。这可以通过采取一系列预防措施和应对策略来实现。例如，对于运输延迟的风险，企业可以与可靠的物流服务商合作，制定备用运输计划，并对供应链进行实时监控。通过这些措施，企业可以降低运输延迟发生的可能性，并在发生延迟时迅速采取应对措施，以减少损失。

风险转移是将风险的一部分或全部转移给其他实体。这通常是通过保险、外包或其他合作方式实现的。例如，企业可以购买保险以转移自然灾害等不可抗力风险，或者将非核心业务外包给专业的服务商，从而将潜在的质量或交货风险转移给外包商。通过风险转移，企业可以将自己不擅长或无法有效管理的风险转移给更有能力应对的实体。

风险分担是与其他实体共同承担风险。这可以通过与合作伙伴建立风险共享机制来实现。例如，长期战略合作伙伴可以在协议中约定共同承担特定风险，或者共同投资以分散投资风险。通过风险分担，企业可以与合作伙伴共同应对风险，增强整个供应链的稳定性。

供应链风险管理中的风险规避、风险降低、风险转移和风险分担是多种可选的风险控制策略。在实际应用中，企业应根据自身的特点和供应链的实际情况选择合适的策略，并综合考虑各种因素，制定综合的风险管理计划。

由于风险控制过程是在风险识别之后实施的，因此，为了确保供应链风险管理的连贯性和有效性，供应链风险控制应当与风险识别过程保持紧密的协同。这意味着，在识别出具体的风险点后，控制和管理供应链风险的措施应当迅速跟进，以减少潜在的损失。为了实现这一目标，采用系统化的方法是至关重要的。系统化的方法强调对供应链中的风险进行全面、有序的评估和控制。通过逐一识别每一个潜在的风险点，企业可以更加精确地了解供应链风险的性质和影响范围，从而提出更有针对性的解决方案。通过系统化的方法逐一处理每个风险点，企业不仅能够提高供应链风险控制的有效性，还能防止在供应链风险管理中出现疏漏。这是因为这种方法确保了对所有潜在供应链风险的全面覆盖，避免了因遗漏某些风险点而导致的潜在损失。

9.1.5 供应链风险管理机制

面对不同的风险应该采取不同的管理方法，不能用统一的方法来应对所有的风险事件。因此，供应链风险管理的主要任务是设置合理的管理机制，用最合适的策略和方法去处理各种供应链风险。

1. 建立供应链风险管理机制的策略

对于未知的不确定性因素和可知的不确定性因素，有两种不同的供应链风险管理机制，如图9-2所示。

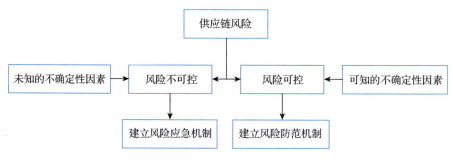

图 9-2　供应链风险管理机制

对于未知的不确定性因素，人们不可能观测到，无法预计什么时候将发生风险。针对这类风险事件，企业应建立起有效的供应链风险应急机制。在风险爆发之后，企业应能够做出快速响应，不至于因为没有应急机制而手足无措，错失风险处理良机。

对于可知的不确定性因素，企业可以建立风险防范机制，将可能发生的危机消除在萌芽之中。实际上，最好的风险管理是不让风险爆发，因为一旦形成风险，再有效的处理也无法避免损失，只是尽量减少损失而已。如果能够防范风险发生，则可以大大地减少不必要的损失。

2. 完善企业内部风险管理框架

企业根据对风险的不同态度，可以确定管理供应链风险的基本措施。不同的企业可以采取不同的措施，但都应建立有效的风险管理体系和运行机制。

（1）建立正式的供应链风险管理部门。与企业内的其他管理职能一样，一个供应链风险管理的组织首先应在组织内建立一个专门负责风险管理的部门。虽然有些企业的风险管理团队对风险管理有暂时性的影响，但缺乏长效机制。对于任何企业来说，最有效的风险管理机制是建立一个专门从事供应链风险分析和管理的部门。

（2）确定供应链风险管理部门的职能。一是制定风险应急预案，系统开展风险分析。供应链风险管理部门应分析企业内外部环境以及供应链系统的风险因素，全面了解各风险因素的动态变化。定期或不定期对企业经营情况进行分析，并将分析报告及时报送最高决策层。二是做好"危害预测"应对工作。如前所述，某些风险事件无法预测，也没有爆发的迹象。对于由这些事件引发的重大风险，供应链风险管理部门应事先制订计划，实施风险管理。一旦出现重大风险，部门必须根据计划及时做出"危害预测"，指定具体责任人，并规定完成任务的期限。三是开展风险管理模拟培训。根据"危害预测"制定相应的预案和实施措施，定期开展不同程度风险管理模拟培训。重要的是，不仅要为高层管理人员提供风险管理培训，而且要为所有员工模拟潜在的风险事件。全面的培训可以提高全企业的风险防范意识，使员工具备有效应对风险的必要技能。否则，风险爆发可能给企业和个人造成重大损失。

3. 实施风险预防措施

风险预防是指针对合作过程中的各种风险及其各自特点，企业在战略和战术层面上制定并实施相应的防范措施。

（1）建立战略伙伴关系。为了实现预期的战略目标，企业需要与其他成员建立战略伙伴关系，分享利润和风险，这对于企业的成功运作和减少风险至关重要。这不仅包括制造商之间的横向合作，还包括供应商和制造商之间的纵向合作，这两者在减少供应链脆弱性和尽量减少风险方面都发挥着关键作用。建立战略伙伴关系需要加强供应链成员之间的信任，应建立正式的协作机制，以实现供应链成员之间的利益和风险分担。

（2）加强信息交流与共享，优化决策过程。在供应链中，信息流动的每一个环节都可能因为各种原因（如数据错误、延迟传递等）造成信息失真。通过加强信息交流与共享，各企业可以实时获取准确、完整的信息，减少信息在传递过程中的失真。及时、准确的信息可以帮助企业提前识别潜在的风险因素。加强信息交流与共享是降低供应链风险、优化决策过程和提高整体运营效率的重要手段。各企业应积极建立有效的信息交流机制，确保信息的准确、及时传递，以实现供应链的持续、稳定发展。

（3）加强对供应链中企业的激励。加强对供应链中企业的激励和建立有效的激励机制是降低信息不对称、防范道德风险的关键措施。通过建立长期合作关系、设立合理的激励机制、促进信息共享和加强沟通协作等手段，企业可以有效地降低信息不对称的风险，提高供应链的稳定性和可靠性。

（4）进行柔性设计。由于内部供求存在不确定性的客观规律，企业需要进行柔性设计，减少外部环境不确定性对其运营的影响。合同灵活性设计：企业可以设计具有灵活性的合同，明确合作条款和条件，并允许在特定情况下对合同进行适当的调整。共享供求信息：通过共享供求信息，企业可以更好地了解彼此的需求和供应状况，提前预测可能的供应中断或需求波动，这有助于企业提前做好准备，减少不确定性带来的风险。柔性计划与生产：企业应具备足够的柔性，以应对市场需求的变化，灵活调整生产计划、库存管理和物流配送等，通过提高自身的柔性，企业可以更好地应对外部环境的不确定性。建立应急响应机制：针对可能出现的突发事件或风险，企业应建立应急响应机制，包括制定应急计划、明确责任分工和建立快速响应的协调机制，以确保在风险发生时能够迅速、有效地应对。加强风险管理培训与意识：企业应加强员工的风险管理培训，提高员工对风险的认识和应对能力，同时，应培养员工的风险意识，使其在日常工作中能够及时发现潜在的风险因素。持续改进与优化：企业应不断总结经验教训，持续改进和优化自身的风险管理措施，进而通过不断调整和完善风险管理策略，提高自身的风险应对能力。柔性设计是企业在面对内部供求不确定性时应具备的重要能力，企业可以降低外部环境不确定性对其运营的影响，提高供应链的稳定性和可靠性。

（5）构建预警系统。企业在市场竞争中不断暴露出各种风险，需要通过持续的风险管理来建立有效的风险防范体系。为此，构建预警评价指标体系和预警系统至关重要。如果一个以上的指标偏离其正常水平，超过一个特定的临界值，预警系统将发出警告信号。确定适当的临界值仍然是一项重大挑战。临界值偏离正常值过大，预警系统只会在已经发生大量风险时发出预警信号；临界值偏离正常值过小，预警系统会发出过多虚假信号。企业必须根据各项指标的具体分布情况，选择指标误差信号所占比例最小的临界值。

9.1.6 传统风险管理方法的不足之处

供应链中的风险是复杂且不确定的，因为它们受到众多内外部因素的影响，包括市场波动、天气变化、政治事件等。这种复杂性和不确定性使得准确预测和管理风险变得困难。

（1）历史数据的局限性。尽管历史数据对于风险预测具有一定的参考价值，但它并非万能的。传统风险管理方法过度依赖历史数据，可能导致对全新风险和突发事件的反应不足。历史数据通常只涵盖过去的情况，而未来的风险形势可能发生巨大变化。因此,仅仅依靠历史数据来预测未来风险是不够的,还需要结合实时数据和其他外部信息进行综合分析。

（2）实时反应不足。传统风险管理方法的周期性数据分析与报告方式在实时反应方面存在明显不足。在当今快速变化的环境中,风险事件往往瞬息万变,如果不能及时获取风险信息,就可能导致损失的扩大。因此,建立实时监控和预警系统对于提高风险管理效率至关重要。通过实时数据采集、分析和预警,企业可以更快地识别风险,采取应对措施,从而降低潜在损失。

（3）信息孤岛。在传统风险管理中,不同部门和系统之间的风险信息往往是孤立的,这给风险信息的整合与共享带来了挑战。这不仅导致风险信息资源的浪费,还可能使企业无法全面了解和评估整体风险状况。为了打破信息孤岛,企业需要建立统一的风险管理平台,整合各部门和系统的风险信息,促进风险信息的交流与共享。同时,企业应加强跨部门合作与沟通,促进风险信息的流通和协同工作,以提高整体风险应对能力。

这些不足之处使得传统风险管理方法在应对复杂的供应链风险时表现不佳。为了更好地管理这些风险,智慧风险管理强调数据驱动、自动化、全面性和实时性,以提高风险管理的效力和韧性。

9.2 智慧风险管理的内涵

随着供应链变得更加复杂,风险的可能性急剧增加,对供应链风险管理提出了更高的要求。智慧风险管理将风险视为一个系统性问题,通过全局的管理降低风险发生的概率。如果出现问题,智慧风险管理会以并发的方式利用扩展供应链的实时连接做出快速响应,减小风险的危害。

9.2.1 智慧风险管理的概念

智慧风险管理是一种基于人工智能、大数据等技术的风险识别、评估、预警和决策支持系统。该系统通过多维度的数据分析,利用大数据和机器学习算法识别出潜在的风险因素,并通过模型预测未来可能发生的风险事件,旨在提高组织的风险管理水平,降低风险损失。将人工智能、机器学习、大数据分析和物联网等技术与传统风险管理方法相结合,可以加强风险识别、评估以及决策、响应的效率和准确性,提高供应链的复原力和响应能力,更好地管理和减轻供应链中的各种风险。

供应链通过智慧风险管理提高效率,节省能源和资源,有助于形成合理利用自然资源的可持续供应链。同时,智慧风险管理可以提升供应链的可靠性。在供应链网络中建模和模拟风险,可以确定自身的潜在问题,支持风险控制活动中的协作。

9.2.2 智慧技术在风险管理中的应用

现代供应链产生了海量的数据,包括供应商信息、生产数据、物流跟踪等。智慧风险管理利用人工智能和机器学习技术,能够更准确地识别潜在风险。智慧技术在风险管理中的应用可以极大地提高供应链管理的效率、准确性和反应能力。

1. 大数据挖掘与分析

随着供应链的日益复杂，数据的产生和流动也变得更加丰富。大数据技术能够从海量的数据中挖掘出有价值的信息，这些数据不仅包括传统的结构化数据，如交易记录、库存信息等，还包括非结构化数据，如社交媒体上的用户反馈、新闻报道等。利用数据挖掘算法，企业可以快速地检测异常模式、预测潜在风险。例如，通过分析供应商的交货历史、质量数据和市场趋势，企业可以预测未来供应中断或价格上涨的风险。这种预测能力可以帮助企业提前做好应对措施，降低潜在风险带来的损失。

2. 人工智能和机器学习

人工智能和机器学习技术在供应链风险管理中的应用正在迅速发展。这些技术可以自动识别供应链中的潜在风险，并预测风险事件的发生。通过机器学习算法的训练，系统可以逐渐提高其风险预测的准确性。例如，机器学习可以用于分析历史数据，自动检测供应商延迟、质量问题或物流中断等风险，一旦检测到潜在风险，系统可以自动发出预警，并推荐相应的风险控制措施。这大大提高了风险管理的效率和准确性，减轻了人员的工作负担。

3. 物联网与可视化工具

物联网技术的兴起为供应链风险管理带来了新的机会。通过在供应链各个环节安装物联网传感器，企业可以实时监测货物的状态、运输车辆的位置和环境条件等。这种实时监测可以快速发现潜在问题，如货物损坏或运输延误。此外，通过物联网技术，企业可以实现供应链的透明化管理。可视化工具可以将复杂的供应链数据呈现为直观的图形和图表，帮助决策者更好地理解供应链的运行状态。这种可视化不仅有助于提高效率，还有助于在出现问题时快速定位和解决问题。

4. 区块链技术

区块链技术为供应链风险管理带来了革命性的变革。通过区块链的分布式账本特性，企业可以实现供应链的完整可追溯性。这意味着从原材料的来源到最终产品的交付，每个环节的信息都被安全地记录在区块链上，无法篡改。这种可追溯性对于打击假冒伪劣产品和保障食品安全等具有重要意义。此外，区块链上的智能合同可以确保供应链中的交易按照预定的条款自动执行，降低了违约风险和纠纷的发生率。

这些智慧技术可以加强供应链风险管理的各个方面，从风险识别和预测到实时监控和合作伙伴管理，企业可以更有效地应对供应链中的各种风险，降低潜在风险对企业的影响，提高整个供应链的稳定性和可靠性。

9.2.3 智慧风险管理的机制设计

为适应大数据时代要求，企业可以通过风险数据交易平台和全面风险管理技术平台的搭建，借助大数据智能化分析技术，推动信息共享等机制建设，促进企业供应链风险管理朝着更智慧的方向转型升级。

1. 信息共享机制

企业可以引入客户信息、供应商信息、国内外各类经济指标、行业分析数据、大宗商品市场交易信息，丰富风险数据集市的内涵。企业可以建设风险数据集市，整合供应商数据资源，形成完整的市场风险信息全视图，为风险识别、风险评价、风险控制提供数据支持。企业可以建立数据治理平台，完善数据管理标准建设，统一数据接口，统一数据加工，消除或减少数据冗余、无效劳动，加强元数据管理，提高数据质量。

2. 风险预警机制

企业可以在风险数据集市的基础上，重构内部风险报告及报表功能模块，强化宏观、中观、微观3个层次的风险预警功能，运用风险管理知识库中大量的业务规则和模型进行风险识别，为管理人员提供及时的、专业的风险度量和辅助决策。在宏观方面，通过对单个预警指标进行连续观测，经模型计算综合风险分值，获取相应预警信号，再通过风险转换矩阵，自动综合判断宏观风险预警等级。在中观方面，主要是根据知识库中集成的算法对供应链的风险状况进行智能组合分析并预警。在微观方面，主要是对单一供应商、客户及时采用机器学习评估与量化风险分析相结合的方法，探索利用内外部大数据资源，对供应链上成员的财务风险、经营风险、战略风险、内控执行情况进行多角度、全方位的智能分析及监控，对触及风险底线的成员及时预警。

3. 风险决策机制

传统的风险决策过程主要由管理者根据基本信息进行决策判断，这种决策模式主要有两个弊端：一是决策要求信息及时准确，但一般来说管理者接收到的都是过去的静态信息，而非实时的动态信息，致使信息可靠性不足，直接影响风险决策的科学性；二是决策基本上取决于管理者的经验判断，缺乏足够的证据，容易引发业务部门与风险决策部门的矛盾，致使沟通成本增加、业务流程复杂、效率低下。因此利用大数据具有的信息完备性、时效性、真实性等特点，企业能有效完善风险决策方法，使风险决策更加智能。

4. 快速反应机制

快速反应机制是风险预警和决策机制的后续工作，它应用了大数据智能风险分析的具体结果。企业必须对风险信号进行分类和管理，并针对每个信号建立相应的标准操作规程。这些风险信号包括经济衰退、外部监管要求的变化、重大风险事件的发生以及其他类型的情况。企业快速捕捉和响应风险信号是当务之急，既要及时调整优化风险管理业务流程，又要在系统内实现快速开发和部署。企业应建立完善的快速反应机制，实现"敏捷"服务和管理升级，降低运营成本，增强专业服务能力。

5. 反馈机制和责任管理机制

反馈机制是从大数据中主动挖掘各类风险隐患，查找技术偏差，完善评价标准和作业流程，提高内部控制的有效性。企业应在风险管理中对异常项目进行检查、监督，确定授信处理流程，对实际工作出现的偏差加以纠正，从而确保风险管理偏好的落实和绩效目标的实现。例如，自动查找异常项目，启动模型验证流程，分析问题形成原因，优化模型参数或业务规则，确保模型和规则的有效性。责任管理机制是对检查与反馈工作中发现的数据质量、合规操作、风险管理责任主体履行其责任的监督和制约。当检查与反馈工作显示某一环节出现问题时，系统可以迅速找到根源及责任人，不发生拖延和不能定位现象。

9.2.4 智慧风险管理面临的挑战

智慧风险管理采用数据驱动的方法，使供应链更具敏捷性和反应性。然而，智慧风险管理也面临着新的问题和挑战，如数据安全问题、信息共享难度大以及相关技术人才稀缺等。

1. 数据安全问题

智慧风险管理需要利用企业的核心数据来识别和预测风险。企业的核心数据包括企业内部数据和客户数据，这些数据都有泄露的风险。企业对数据进行分析、挖掘可以降低成本、提高收益，但不够重视数据保护可能导致企业利益受损、客户隐私泄露。因此，企业应优先考虑对数据隐私和安全的保护，将所有数据转换成可利用的信息，在进一步使用之前，必须加密这些信息以保护隐私。企业必须保持对业务规则的遵守，同时有效地利用业务数据，并且不影响数据分析的价值。另外，遵守国家有关保密和隐私数据保护的法律至关重要。

2. 信息共享难度大

智慧风险管理注重供应链上下游、企业部门间的互联互通，但在实际应用中往往受到极大的限制。信息孤岛是目前制约我国智慧风险管理发展的重要因素。信息不对称、不透明带来了大量的多头信任风险和欺诈风险。从目前行业的发展情况来看，信息孤岛现象仍然存在，信息共享难度大。各个企业间的数据标准不统一，无法高质量对接，数据获取方面有一定的难度，同时也存在较大的差异性。

3. 相关技术人才稀缺

智慧风险管理需要运用大数据、人工智能、系统仿真等方面的技术。我国关键技术的发展及研究已有了良好开端，但也存在很多问题，如大数据资源活性不足、行业应用深化不足、核心技术尚未突破、技术产业基础薄弱等。技术支持力量薄弱已经成为制约我国大数据发展的重要因素。技术人才缺乏又进一步加剧了技术力量的欠缺。

9.3 智慧风险管理系统

智慧供应链已经成为供应链发展的趋势，而智慧平台则为智慧供应链提供了数据支撑。智慧平台是指利用大数据、云计算等新兴技术来设置信息平台的组织架构，将所获得的信息进行分析。集成智慧平台将会提高智慧供应链的流动效率，并增强协同性。在智慧平台基础上构建智慧风险管理系统，科学制定供应链风险监控与预警策略，确保供应链运营安全可靠。

9.3.1 智慧风险管理系统的设计原则与目标

1. 智慧风险管理系统的设计原则

当考虑设计一个智慧风险管理系统时，有几个核心原则是必须遵循的，以确保系统的有效性、可靠性和可持续性。

（1）全面性。一个完善的智慧风险管理系统需要具备全面性。这意味着不仅要覆盖供应链的所有关键环节，如采购、生产、物流和销售，还要能够深入每个环节中可能出现的各种风险，如供应中断、需求波动、价格波动、质量控制问题等，这些都是供应链中常见且重要的风险类别。通过整合这些数据，系统能够为决策者提供一个全面的风险视图，帮助他们更好地理解和应对潜在风险。

（2）独立性。保持风险管理团队的独立性是确保风险管理有效性的关键。这意味着该团队应该与其他业务部门分开，并且有足够的权力和资源来独立地执行其职责。这些职责包括监控风险、进行必要的调查、向上级或相关利益方报告风险情况等。独立性可以确保风险管理不受其他业务压力或偏见的干扰，从而更加客观和有效。

（3）合规性。任何企业的运营都必须符合相关的法律、法规和行业标准，智慧风险管理系统也必须满足这些合规要求。这不仅涉及系统的设计和操作要符合国家和行业的法规和标准，而且要确保在处理敏感数据和进行风险管理决策时符合道德和隐私标准。这有助于保护企业的声誉和维持客户的信任，同时也有助于避免潜在的法律风险。

（4）适用性。一个好的智慧风险管理系统需要具备适用性。这包括两个方面：一是系统要适应企业的商业特征、管理方式以及资源能力；二是系统要能够随着企业经营环境的变化而不断自我完善和调整。随着供应链和外部环境的不断演变，企业需要一个能够灵活适应这些变化的系统来支持其风险管理活动。

2. 智慧风险管理系统的目标

（1）合规目标。满足合规要求是任何企业运营的基础。对于供应链风险管理来说，合规目标确保组织遵循所有适用的法律、法规、行业标准和道德规范。这有助于企业避免因违规行为而面临的法律制裁、罚款或其他负面影响，同时也有助于维护客户和合作伙伴的信任。通过遵循合规目标，企业可以确保其供应链活动合法、透明，并为其客户提供可靠的产品和服务。

（2）战略与经营目标。战略与经营目标是智慧风险管理系统的主要目标。这一目标要求企业的风险管理活动与其长期战略和短期经营目标保持一致。通过有效的风险管理，企业可以确保供应链的稳定性和可靠性，从而支持其实现战略和经营目标。这包括降低运营成本、提高效率、增强竞争力以及实现可持续发展等。

（3）持续改进目标。为了不断提升风险管理能力，企业需要设定持续改进目标。这意味着建立一个持续监控和改进的循环过程，以优化风险管理策略和流程。通过实时监控供应链的运营状况和市场趋势，企业可以及时识别潜在风险并采取应对措施。此外，建立有效的反馈机制可以监督和评估风险管理活动的绩效，以便不断改进和完善风险管理策略和流程。通过持续改进目标，企业可以不断提高其风险管理水平，以适应不断变化的市场环境和应对供应链挑战。

9.3.2 智慧风险管理系统的框架构建

为了进一步满足企业风险管理的需求，美国反虚假财务报告委员会下属的发起人委员会（The Committee of Sponsoring Organizations of the Treadway Commission）于2017年发布了《企业风险管理——与战略和绩效的整合》（简称ERM2017）。ERM2017重新定义了风险，强调了风险对企业兼顾"正面"和"负面"的影响，同时着眼于协调风险管理与企业的战略目标及业绩之间的关系，将原有的ERM2004中包括的8个基本要素整合成了5个要素，并且明确提出20个原则，为企业风险管理提供了依据和标准，如图9-3所示。

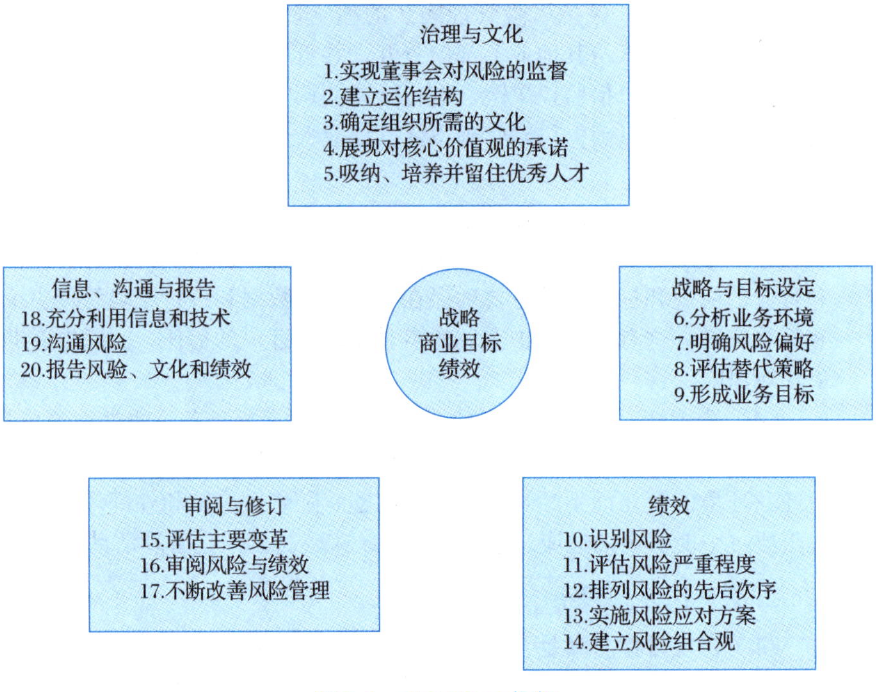

治理与文化
1. 实现董事会对风险的监督
2. 建立运作结构
3. 确定组织所需的文化
4. 展现对核心价值观的承诺
5. 吸纳、培养并留住优秀人才

信息、沟通与报告
18. 充分利用信息和技术
19. 沟通风险
20. 报告风险、文化和绩效

战略 商业目标 绩效

战略与目标设定
6. 分析业务环境
7. 明确风险偏好
8. 评估替代策略
9. 形成业务目标

审阅与修订
15. 评估主要变革
16. 审阅风险与绩效
17. 不断改善风险管理

绩效
10. 识别风险
11. 评估风险严重程度
12. 排列风险的先后次序
13. 实施风险应对方案
14. 建立风险组合观

图9-3 ERM2017框架

按照ERM2017框架的设计理念，以全面性、独立性、合规性和适用性为基础，构建了智慧风险管理系统。其中，智慧风险管理系统主要包括3个子系统，分别是环境评价系统、核心风险管理系统和信息沟通与反馈系统。

环境评价系统是土壤与基石。环境评价系统支持组织战略制定，以实现核心业绩控制，为信息交流和评估提供背景数据支持和参考基础，主要侧重ERM2017中的"治理与文化""战略与目标设定"要素。

核心风险管理系统是中心系统。核心风险管理系统是组织成功实现战略目标的重要保证，此外，它还提供了风险管理方面的信息和数据，主要侧重ERM2017中的"绩效"要素。

信息沟通与反馈系统是保障。信息沟通与反馈系统兼具监督反馈职能，不断进行动态完善，使数据再反馈到环境评价系统中，主要侧重 ERM2017 中的"审阅与修订""信息、沟通与报告"要素。

智慧风险管理系统框架如图 9-4 所示。

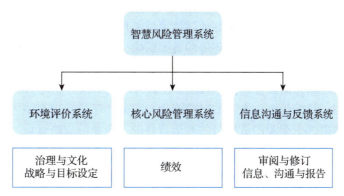

图 9-4　智慧风险管理系统框架

1. 环境评价系统

ERM2017 将"治理与文化"和"战略与目标设定"放在了前面，指出一个组织的风险管理首先不能脱离使命、愿景、文化及目标等重要的因素。环境评价系统的流程包括环境信息收集、环境评价和目标设定，如图 9-5 所示。

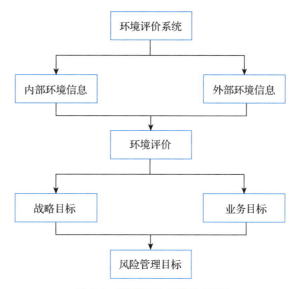

图 9-5　环境评价系统的流程

（1）环境信息收集。对于供应链风险管理而言，外部政策变动、供应商、客户等信息至关重要。智慧风险管理的起点是广泛、持续不断地收集本领域相关信息和数据。可参照智慧风险评价体系中的主要风险分析，收集内外部环境信息。外部环境信息主要是政策、法律、行业信息、利益相关方信息等，内部环境信息则包含组织架构、制度、财务、文化、人力资源等信息。要提高供应链成员对风险的认识和敏感度，奠定风险管理的基础。此外，组织需要建立独立的信息数据库，并保持更新。

（2）环境评价。环境评价是项目管理中不可或缺的一环，它负责将庞杂的环境信息转化为具体、可用的数据。这个过程至关重要，因为它能够筛选出与项目密切相关的环境因素，从而帮助管理人员更全面地了解项目对环境的可能影响。通过环境评价，管理人员可以更好地评估项目的环境风险，从而制定出更有效的策略来优化项目实施效果，降低对环境的负面影响。环境评价还能促使管理人员更加关注环境变化，以便及时调整项目计划，应对可能出现的不利影响。这有助于提高项目的可持续性和长期效益，使项目能够在各种环境下保持稳定和成功。

（3）目标设定。企业的风险管理与战略和绩效管理互相协同，所以，风险管理的目的取决于企业的战略目的和运营目的。企业的战略目标与业务目标是与企业的风险意愿、风险承受能力等因素密切相关的。在对环境进行综合评估的基础上确定的风险偏好可以成为战略目标设定的依据，而战略目标对业务目标起引导作用，两者进而共同对组织的风险管理目标产生影响。

2. 核心风险管理系统

核心风险管理系统通过管理绩效来促使企业达成目标。该系统包括风险意识、风险识别、风险评估、风险预警、风险控制5个关键环节，同时，在系统运行中形成的数据信息可以反馈至环境评价系统。核心风险管理系统的原理如图9-6所示。

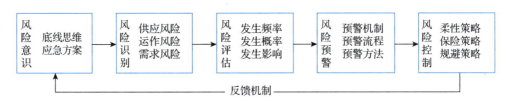

图9-6 核心风险管理系统的原理

3. 信息沟通与反馈系统

信息沟通与反馈系统的核心功能是风险管理信息传递、反馈和监督，还包括将信息沟通与反馈系统的成果成文，并报告出来。系统持续改进、完善，并与环境评价系统、核心风险管理系统产生交集，不断更新组织风险信息库，其流程如图9-7所示。

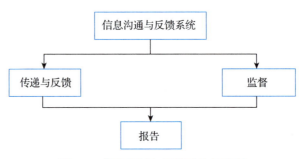

图9-7 信息沟通与反馈系统的流程

（1）传递、反馈与监督。在现代供应链中，信息传递已成为基本要求，需要企业与供应链成员控制信息方向与方式，高新技术支撑也必不可少。传统的信息系统有许多问题，如闭塞、功能较少。信息沟通与反馈系统能够完善信息传递流程，提高信息的使用效率。反馈同样重要，信息反馈能够保证信息的价值，确定信息是否对风险管理起到有益作用，是否需要对信息进行更新与优化，这是评价信息传递效率的重要内容。风险管理监督指的是对智慧风险管理系统中框架运行的合规性、效率效果、管理绩效、战略合理性等内容展开监控。

（2）报告。报告是智慧风险管理框架的最终一环，但绝不是最不重要的一环，反之，报告是风险管理能否有效实施的关键。报告的内容包括对风险管理监督工作的评价、问题汇总和下一个风险管理循环的措施意见等。

9.3.3 智慧风险管理系统的核心特征

智慧风险管理系统的核心特征体现在基于供应链大数据基础上的智能分析和智慧管理上，该系统与传统的风险管理系统的区别主要体现在4个方面。

（1）将数据负担转化为信息财富，提高大数据的价值创造能力。企业在经营过程中已经积累了大量的历史数据，但是这些数据大多被埋藏在计算机系统中，没有被充分分析或提炼，却占用大量存储资源，并耗费大量电子化费用，成为IT部门的负担。构建智慧风险管理系统就是要充分挖掘大数据的潜能，将海量数据转化为有价值的信息资源，让风险管理更加有的放矢，更透彻地感知客户和市场。

（2）将被动管理转化为主动管理，提升智能感知客户和市场的能力。一般情况下，传统的风险数据管理可能出现"信息孤岛"、信息缺失、信息不一致或矛盾等现象，导致管理决策者很难得到一个基于企业运作的数据全视图。这样的风险管理不仅处于滞后的、信息不对称的被动局面，而且效率低下，管理成本也难以控制。通过大数据智能分析技术，系统可以主动挖掘客户相关风险信息，及时主动地向各业务和管理岗位智能推送相关信息，形成主动的、人机良好协作的风险管理流程，促进风险管理由被动向主动转变。

（3）将人工处理转化为自动化操作，形成敏捷高效的专业服务能力。知识管理能够将大量的风险管理信息、知识转化为业务规则和模型，形成风险管理规则库、模型库和知识库。逐步将这些知识嵌入相关业务管理流程，有助于减少人工干预，实现计算机自动化处理。计算机智能化辅助决策不仅有效地提升了风险管理的效率，还极大地提高了供应链响应的速度。

（4）将单一风险管理转化为全面风险管理，具备更精准的风险计量能力。企业传统上重视需求风险和原材料风险，对贸易摩擦风险、汇率风险、运输风险以及在操作和技术等方面的风险关注不够。忽略对任何一种风险的管理，都会使企业在竞争中失去有利地位。所以，企业必须由单一风险管理转向全面风险管理。智慧风险管理系统需要实行统一的风险识别、计量、控制和报告，也需要定性与定量相结合，既能适应外部监管要求，又能为提升核心竞争力提供支持。

9.4 智慧风险管理的组织、应用及实践

组织和实施智慧风险管理需要明确定义智慧风险管理的目标，使其与企业战略和业务目标保持一致。企业可以从以下方面开展工作：制定相应的策略，确保风险管理能够最大限度地支持企业的使命和愿景；组建多学科团队，包括技术、风险管理、数据科学等领域的专业人员；确定团队成员的职责和角色，确保整个团队有明确的工作分工；建立风险管理的标准流程和规范，包括风险识别、评估、处理和监测的步骤和方法；确定风险评估的标准和指标，以便定量和定性评估风险。

9.4.1 智慧风险管理的组织

1. 建立供应链风险管理协调委员会

企业应协同供应链上下游企业建立企业供应链风险管理协调委员会，如图 9-8 所示。该委员会应重视客户需求，可由供应链内部各主体成员以及聘请的较高资质的顾问公司组建而成。企业供应链管理责任落实的前提是供应链内部拥有良好的风险控制环境，组建供应链风险管理协调委员会后，应及时建立完善的组织架构和岗位体系，制定供应链系统战略目标，并由上、中、下游企业共同参与供应链内部制度与流程的建立，明确责任中心和岗位职责，保障供应链的总体目标和内部企业利益的一致性，保证风险控制责任的落实。

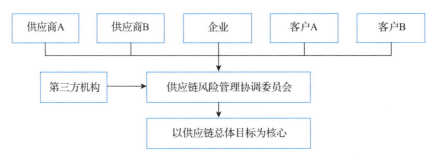

图 9-8 供应链风险管理协调委员会

2. 明确供应链风险管理协调委员会的职责

供应链风险管理协调委员会作为企业间自发组织的供应链管理机构，应由供应链内各主体派人参与其建设，明确各业务环节责任主体，保证供应链内部合理地对资源进行配置以实现总体目标。供应链风险管理协调委员会的主要职责如图 9-9 所示。

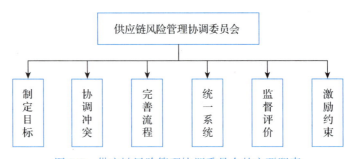

图 9-9 供应链风险管理协调委员会的主要职责

(1) 制定供应链总体目标，以供应链系统效益最优化为基础，保证供应链总体目标与内部成员利益是一致的。

(2) 协调供应链各成员之间的利益冲突。

(3) 确定供应链内部成员的责任，制定供应链管理内部制度与流程。成员之间通过合同、协议等形式形成约束的控制，并通过制定绩效考核机制落实责任。

(4) 建立供应链内部一体化信息系统。

(5) 建立风险管理监督机制，保障供应链管理活动长期有效运行。

(6) 组织制定风险管理激励与约束政策。

3. 确定企业内部责任部门与责任人

供应链风险管理协调委员会的有效运作开展不仅要依靠供应链成员的配合与遵守制度规则，企业自身制度的有效执行也是供应链管理成功的支撑之一。因此，各成员企业要确定好责任部门与责任人，积极配合供应链风险管理协调委员会的工作，对不同的业务建立起相适应的协调制度和工作流程。

9.4.2 智慧风险管理的应用及实践

智慧风险管理的应用及实践涉及多个方面，旨在提高供应链管理的效率、准确性和韧性。

1. 智能数据分析与可视化

应用：利用大数据、机器学习和数据挖掘技术，智慧风险管理可以识别供应链中的潜在风险，如供应商风险、需求不稳定性、生产问题等。可视化工具可以将供应链数据呈现为直观的图表和仪表板，帮助管理者更好地理解和分析供应链中的风险。

实践：企业可以建立数据分析团队，使用先进的数据分析工具，监控实时数据并识别异常情况。模型和算法可以用于预测风险趋势和提前发现潜在问题。仪表板可使决策者实时监控供应链运作。数据可视化可使决策者更好地理解风险状况。

2. 实时监控和警报系统

应用：实时监控和警报系统连续监测供应链数据，并根据预定的规则和指标触发警报，以便快速响应潜在风险事件。

实践：建立自动化的监控系统，使用传感器和实时数据流，以便在发生风险事件时及时采取行动。定期审查和更新监控规则以确保其有效性。

3. 供应链韧性建设

应用：供应链韧性建设旨在减轻风险事件的影响，包括备份供应商、多样化供应链、制定库存管理策略等。管理者需要关注外部合作伙伴和供应商的风险，确保合作伙伴和供应商合规，以减少潜在风险。

实践：企业可以制定供应链韧性计划，识别关键资源和节点，建立备用供应商网络，制定库存策略以应对不稳定的市场需求，并进行供应链模拟来测试不同情景下的应对策略。企业可以建立供应商评估流程，监控供应商的绩效和合规性，确保其符合企业标准和法律法规。企业还可以使用智能工具来自动化供应商风险评估和合规性检查。

4. 数据安全和隐私

应用：智慧风险管理需要关注数据的安全和隐私，以确保敏感供应链信息不会被未经授权的人访问或泄露。

实践：建立严格的数据安全和隐私政策，采取适当的数据加密和访问控制措施，以保护供应链数据的机密性。

智慧风险管理的应用和实践是一个综合性的过程，需要企业充分利用数据和智能技术，建立韧性供应链，并在供应链中的各个层面都实施风险管理策略，以降低潜在风险对组织的影响。这些实践有助于提高供应链的透明性、灵活性和竞争力。

章末案例

金米智慧供应链服务

过去，供应链严重依赖基于经验的人工预测和库存计划，而这些往往难以跟上快速变化的市场动态。物流协调人员依靠电话和直觉来管理复杂的物流网络，难免存在大量偏差。随着先进的数据分析技术解决方案的出现，供应链行业正经历范式转变。数据分析正帮助供应链专业人员做出明智决策、优化路线、增强库存管理和简化运营，从而在动态的全球市场中提高效率和竞争力。

基于数据分析和人工智能等领先科技，金米技术有限公司（简称"金米"）逐步构建的智慧跨境供应链服务生态正成为数字时代中小型制造商、零售商的"制胜法宝"。以大数据及机器学习算法等技术为基础，金米智慧跨境供应链服务能够显著提高供需匹配效率，实现全球好产品和市场的精准匹配、高效对接，开启全球中小企业跨境贸易的增长新空间。

数据分析和人工智能在供应链领域有多大的应用空间？未来发展如何？金米技术团队正深度参与行业研究，和大家一起解锁供应链行业的未来形态。

数据分析在变革现代供应链运营方面发挥着关键作用，其最显著的影响体现在库存管理、需求预测、仓库自动化和供应链韧性领域。

（1）库存管理。在如今瞬息万变的商业环境中，数据分析中的预测分析在库存管理中的作用至关重要。这项尖端技术使供应链企业能够洞察未来，以极高的准确性来预测需求模式。

通过历史数据和先进算法，预测分析使企业能够及时优化库存水平，在满足客户需求和最大限度地降低存储成本，以及避免库存过剩之间取得微妙平衡。企业还能通过评估来自供应商、物流提供商和客户等的数据，利用数据分析工具来识别供应链中的潜在风险和挑战。这种积极方式能使企业在这些风险对库存可用性产生不利影响之前先发制人。

（2）需求预测。面对像新冠疫情这样前所未见的情况，人工智能驱动的需求预测模型成为恢复供应链能力的指导方案。事实证明，这些复杂的人工智能算法在帮助供应链适应消费者行为和市场不可预见的变化方面具有难以估量的价值。人工智能通过分析实时数据、历史趋势和外部因素，为供应链专业人员提供准确的预测和场景分析，使他们能够做出敏捷的决策。无论是调整产量、优化库存水平，还是重新评估分销策略，人工智能驱动的需求预测都能为供应链提供应对动荡时期所需的敏捷性。

（3）仓库自动化。在人工智能等技术的驱动下，仓库自动化正在迎来物流变革时代。

这些尖端技术正在重塑仓库运营的各个方面，使其更快、更高效、更准确。人工智能驱动的机器人正以前所未有的精度承担拣选和包装等任务，大大减少了失误和劳动力成本。此外，人工智能驱动的库存管理系统持续监控库存水平、预测需求模式并优化存储配置，确保货物在需要时随时可用。

（4）供应链韧性。在复杂性和不确定性日益增加的当下，供应链韧性对于寻求在动荡的商业环境中蓬勃发展的企业来说至关重要。人工智能和数据分析已成为成就供应链韧性的关键。强大的数据分析工具能够利用大量数据集和复杂的算法来提前警示从天气灾害到地缘政治紧张局势的各种潜在干扰。通过提供实时洞察，企业可以做出明智决策，如调整采购策略、使供应商来源多样化或优化库存水平。因此，人工智能和数据分析不仅最大限度地减少了供应链中断的影响，还有助于建立起更具适应性和更强大的供应链基础设施，使企业能够应对当今快节奏的全球经济挑战。

数据分析的未来前景广阔，这得益于其在提高效率、降低风险和核心供应功能自动化方面的良好表现。目前，供应链仍然分散在各种规模的企业中，从大公司到小型制造商、境外供应商，都在努力拥抱数据分析、人工智能和物联网。未来，受益于各种企业间互联供应链实时可视性的增强，基于机器学习的预测模型将进一步发展和改进。

大数据和预测分析的集成还将为物流企业提供竞争优势，利用各种数据类型，包括天气和道路维护数据、车队状态指标和人员调度数据，分析历史趋势并提供可操作的见解，可确保供应链韧性以及供应链管理的适应性。

资料来源：解锁未来：数据分析和人工智能赋能智慧供应链.中国财富网，2023 年 12 月 20 日。

案例思考

1. 数据分析对供应链韧性有何作用？
2. 为什么需要数据分析和人工智能等技术来改善供应链风险管理？

习题

1. 传统风险管理方法有哪些不足之处？
2. 智慧风险管理有哪些机制？
3. 智慧风险管理系统分为哪几个系统？分别有什么作用？

第 10 章　智慧质量管理

【学习目标】

通过本章的学习，学生应该能够：
☑ 了解智慧供应链质量管理的意义；
☑ 了解智慧供应链质量管理的原则和形成过程；
☑ 掌握智慧供应链质量标准体系；
☑ 掌握智慧供应链质量管理的组织、应用及实践。

开篇案例　　　犀牛智造的质量管理

犀牛智造，一个致力于数字化柔性制造服务的先锋平台，自 2018 年从淘天集团孵化以来，便在服装制造领域掀起了一场技术革新的风暴。2020 年 9 月，首家犀牛智造工厂在杭州顺利揭幕并投产，标志着其技术研发与商业应用的重大突破。经过几年的发展，犀牛智造已经在浙江、安徽、山东三省落地生根，成为服装制造行业中的佼佼者。犀牛智造对于技术的追求与创新，使得其在短时间内获得了几十项发明专利，为行业的创新发展树立了新的标杆。

犀牛智造的成功，源于其对服装制造行业质量管理的深度洞察。传统的劳动密集型纺织服装产业在质量管理上存在诸多挑战和改进空间，而犀牛智造正是看到了这一点，决定从全流程的数字化产品体系入手，以数据驱动产品开发、生产运营和质量管控。

对于犀牛智造而言，高质量不仅仅是一种外在表现，更是产品的内在生命力。在产品研发阶段，犀牛智造就展现出了对质量管理的精细和严谨。犀牛智造深知，高质量的产品离不开优质的原材料。因此，在选择原材料时，犀牛智造会进行严格的筛选和测试，确保所选材料符合最高标准。同时，犀牛智造还会结合历史相似材质、款式工艺的生产品质数据，进行深入分析，以形成一套科学、严谨的生产技术方案。这一方案不仅为生产提供了明确的指导，更为产品质量奠定了坚实的基础。进入生产阶段，犀牛智造更是通过一系列创新技术手段来确保质量的稳定与可靠。犀牛智造引入了"工艺技术导航"系统，让一线工人可以轻松地获取详细的指导，确保每个生产环节都符合标准要求。这一系统不仅提高了生产效率，还大大降低了人为因素对质量的影响。此外，犀牛智造还首创了多媒体数字技术，通过视频记录工厂检验查货的全过程。这一技术不仅可以对质检人员的操作进行视觉识别和解析，确保每个标准作业都能准确、到位地完成，还可以为商家提供远程查货系统。通过这一系统，商家可以实时查看货物的生产情况，实现现场无人化质量管理。这种管理模式不仅大大提高了效率，还让质量管理变得更加透明和可靠。

犀牛智造以其前瞻性的视野和卓越的技术实力，为服装制造行业带来了革命性的变革。它不仅改变了传统制造业的生产模式，更引领了整个行业向数字化、智能化转型的方向。未来，犀牛智造将继续深耕服装制造领域，持续创新与探索，为全球消费者带来更高品质的产品和服务。

资料来源：淘宝天猫商业集团："数实融合"引领犀牛智造升级 助力服装产业开新篇，中国质量新闻网，2023 年 9 月 14 日。

10.1 传统供应链质量管理概述

供应链质量管理主要是对分布在整个供应链范围内的产品质量的产生、形成和实现过程进行管理，以实现供应链环境下产品质量控制与质量保证。这种管理方式着眼于供应链的高度，从建立供应链质量体系的角度来考虑质量管理与质量保证，重点研究供应链上质量活动、质量信息的集成。

10.1.1 质量和质量管理的概念

1. 质量的概念

质量，也称为品质，从不同的角度看，质量有不同的解释。从用户的角度看，产品是否令人满意决定质量的好与坏；从生产者的角度看，产品是否符合标志决定产品质量的好与坏。产品质量既是关系经济社会发展的重大战略性问题，也是关系每个人切身利益的重大民生问题。

人们对质量的概念的认知是一个不断变化的过程。例如，质量所描述的对象，早期仅局限于产品和服务，后来逐渐延伸到组织的过程、活动、人、组织本身以及上述组合，甚至扩展到整个社会，如经济运行质量、环境以及社会生活质量等。

质量管理专家菲利普·B. 克罗斯比（Philip B. Crosby）的主要观点为：质量就是符合标准。他的主要的思想为第一次把事做正确，来降低返工带来的人、财、物的成本，从实用的角度推行质量管理工作。质量管理专家约瑟夫·M. 朱兰（Joseph M. Juran）认为，质量就是产品交付和使用时的适用性，用户很少关注标准是什么，从用户的角度来定义质量，明确企业存在的目的和使命，必须重视用户的需求。

在质量管理中，质量通常是指产品或服务的性能、可靠性和满足用户需求的能力。质量管理涉及对产品或服务质量的策划、控制和改进,目标是提高产品质量、降低成本和提高用户满意度。在质量管理标准,如 ISO 9000 系列标准中,质量是指产品或服务满足规定要求的程度。质量管理标准要求企业建立一套有效的质量管理体系,以确保产品或服务在设计、生产、销售和使用过程中满足用户的需求和规定要求。

供应链质量涵盖了从供应商到最终用户整个过程中的产品和服务质量,包括采购、生产、物流、销售等各个环节。

供应链质量不仅关注最终产品的质量,还关注整个供应链的协同运作。这意味着企业需要与供应商、生产商、分销商等各方建立紧密的合作关系,确保信息的及时传递、资源的有效配置和问题的及时解决。同时,企业还需要对供应链中的风险进行评估和管理,制定应对措施,以降低潜在的质量问题对供应链的冲击。

此外,随着全球化和信息化的发展,供应链质量还涉及跨文化交流、标准化和合规性等方面的问题。企业需要关注不同国家和地区的法律法规、文化差异以及国际标准的要求,以确保产品和服务在全球范围内的质量和可靠性。

2. 质量管理的概念

《质量管理体系—基础和术语》(ISO 9000:2015)将质量管理定义为在质量方面指挥和控制组织的协调一致的活动。这些活动包括质量方针和质量目标制定、质量策划、质量控制、质量保证和质量改进。

朱兰提出"质量管理三部曲",即质量策划、质量控制和质量改进。质量策划是指确定组织的质量方针和质量目标,并策划和部署实现这些目标所需的各种行动的过程。质量控制是实现质量目标和实施质量措施的过程。广泛应用统计方法解决质量问题是质量控制的主要特点之一。质量改进是指管理者通过打破旧的平稳状态而达到新的管理水平。

质量管理体系是指在质量方面指挥和控制组织的管理体系。质量管理体系是组织内部建立的为实现质量目标所必需的系统的质量管理模式,是组织的一项战略决策。它将资源与过程结合,以过程管理方法进行系统管理。质量管理体系根据企业特点选用若干体系要素加以组合,一般包括与管理活动、资源提供、产品实现以及测量、分析与改进活动相关的过程。质量管理体系可以理解为涵盖了从确定用户需求、设计研制、生产、检验、销售到交付之前全过程的策划、实施、监控、纠正与改进活动的要求,一般以文件化的方式呈现,是组织内部质量管理工作的要求。

供应链质量管理是指在供应链管理过程中,对整个供应链系统质量的策划、控制、保证和改进。供应链质量管理的目标是确保产品或服务的质量符合用户需求和期望,提高用户满意度,降低整个供应链成本。企业需要建立有效的质量管理体系,制定严格的质量标准和控制措施,并与供应商、合作伙伴等供应链成员共同协作,确保质量的一致性和可靠性。供应链质量管理的内容如表 10-1 所示。

表 10-1 供应链质量管理的内容

供应链质量管理的内容	定义
供应商评估	评估供应商的能力和可靠性,包括审核供应商的认证、资质和信誉,确保其具备提供优质产品或服务的能力

（续）

供应链质量管理的内容	定义
产品质量检验	对供应链中的产品进行质量检验，确保产品符合规定的标准和要求，包括外观检查、尺寸测量、功能测试、性能验证等
供应链可追溯性	追踪和管理供应链中的物流流程、原材料来源、生产过程等，确保产品的可追溯性，以便在需要时能够追溯问题的根源
供应商绩效评估	对供应商的绩效进行评估，包括交货准时率、产品质量、售后服务等，以确保供应商的表现符合预期和要求
库存管理	监控和管理供应链中的库存水平，确保库存的准确性、可用性和合理性，以避免缺货或库存过剩现象
供应链风险评估	评估供应链中存在的潜在风险，并采取相应的风险管理措施，以确保供应链的稳定性和可靠性

（1）供应商评估。在供应链管理中，供应商评估是一个至关重要的环节。为了确保供应商具备提供优质产品或服务的能力，需要对供应商进行全面的评估。评估的内容包括供应商的认证、资质和信誉等方面。通过审核供应商的相关文件和资料，企业可以了解其质量保证体系、生产能力、技术水平、财务状况等方面的信息，以确保其具备提供合格产品和服务的能力。

（2）产品质量检验。在供应链中，产品质量是至关重要的。为了确保产品符合规定的标准和要求，需要进行质量检验。质量检验包括外观检查、尺寸测量、功能测试、性能验证等多个方面。通过检验，企业可以发现产品存在的问题和缺陷，并及时采取相应的措施进行改进和解决。同时，质量检验还可以为供应商评估提供重要的参考依据。

（3）供应链可追溯性。可追溯性是指通过记录和追踪产品的整个生命周期，了解产品的来源、生产和流向等信息。在供应链管理中，可追溯性对于确保产品质量、食品安全和消费者权益等方面具有重要意义。通过建立供应链可追溯体系，企业可以追踪和管理供应链中的物流流程、原材料来源、生产过程等，确保产品的可追溯性。在出现质量问题或安全问题时，企业可以迅速追溯问题的根源，并采取相应的措施进行解决和改进。

（4）供应商绩效评估。为了确保供应商的表现符合预期和要求，需要对供应商的绩效进行评估。评估的内容包括交货准时率、产品质量、售后服务等方面。通过制定合理的评估指标和标准，企业可以对供应商进行定期评估和考核，了解其表现情况并及时反馈意见和改进建议。同时，供应商绩效评估还可以为供应商选择和优化提供重要的参考依据。

（5）库存管理。库存管理是确保供应链稳定和高效的重要环节。通过监控和管理供应链中的库存水平，企业可以确保库存的准确性、可用性和合理性，避免出现缺货或库存过剩现象。同时，库存管理还可以优化库存结构、降低库存成本和提高库存周转率。合理的库存管理可以有效地平衡供需关系，提高整个供应链的效率和效益。

（6）供应链风险评估。在供应链管理中，风险是不可避免的。为了确保供应链的稳定性和可靠性，需要对供应链中存在的潜在风险进行评估。评估的内容包括供应商风险、物流风险、市场风险等方面。制订风险管理计划和应急预案有助于企业采取相应的风险管理措施，如多元化供应、运输保险、市场预测等，以降低风险对供应链的影响。同时，定期对供应链进行风险评估和检查，可以确保风险管理措施的有效性和适用性。

通过实施有效的供应链质量管理措施，企业可以实现对供应链质量的有效管理和控制。通过供应链质量管理的持续改进和优化，企业可以不断改进产品或服务的质量，降低成本，提高用户满意度。这有助于企业在激烈的市场竞争中保持领先地位，实现可持续发展。

10.1.2 质量管理的发展历程

1. 质量检验阶段

该阶段主要是通过检验来控制产品的质量。在 18 世纪末至 19 世纪初期，随着工厂制度的建立，质量的控制仍然需要靠工人的技能来保障。专业的检验岗位是从 20 世纪以后，伴随着企业规模的扩大和作业分工及专业化而设置的。从现在的角度看，这种检验是一种事后检验，无法挽回已检验出的废品及残次品。

2. 统计质量控制阶段

从事后把关型的质量检验特点来分析，质量检验绝对不是积极的质量管理方式，因而也无法防止废品的产生。在统计质量控制阶段，统计学的理论为事后控制变为事前预防提供了可能。其中，美国贝尔实验室的统计学家沃特·阿曼德·休哈特（Walter A. Shewhart）提出的工序质量控制图，以及他的同事 H. F. 道奇（H. F. Dodge）和 H. G. 罗米格（H. G. Romig）提出的抽样检验具有深远的影响力。在统计质量控制阶段，质量管理是把以前的事后把关变成事前预防，并深入地应用了统计学的思想和检验方式。

3. 全面质量控制阶段

第二次世界大战以后，随着生产力的发展，以及科技上取得了重大突破，人们对产品的质量要求越来越高，市场的竞争愈发激烈，消费者权益意识日趋增强，员工主动参与企业经营成为企业成功不可缺少的因素，仅依靠统计质量控制已远不能满足用户对质量的要求。

10.1.3 质量管理的方法

质量管理有许多不同的方法和框架，以确保产品和服务的质量。这些方法在不断发展和演变，以适应不断变化的市场需求和业务环境。表 10-2 是一些常见的质量管理方法。

表 10-2 常见的质量管理方法

质量管理方法的名称	定义
六西格玛（Six Sigma）	六西格玛是一种数据驱动的方法，旨在降低缺陷率并提高质量。它使用 DMAIC（Define, Measure, Analyze, Improve and Control, 定义、测量、分析、改进和控制）方法来识别和消除问题

（续）

质量管理方法的名称	定义
精益生产（Lean Manufacturing）	精益生产着重于减少浪费，包括时间、材料和人力资源。它的目标是提高效率和降低成本
质量功能展开（Quality Function Deployment）	质量功能展开是一种用于将用户需求和期望转化为具体的产品或服务特征的方法。它有助于确保产品满足用户需求
PDCA（Plan-Do-Check-Act）循环	PDCA 循环也称为德鲁克环，是一个连续改进的循环过程，包括计划（设定目标）、实施（执行计划）、检查（评估结果）和行动（采取改进措施）
总质量管理（Total Quality Management）	总质量管理是一种综合的质量管理方法，涵盖了所有组织层面，强调连续改进、员工参与和用户满意度
统计过程控制（Statistical Process Control）	统计过程控制是指使用统计技术来监控过程稳定性和识别异常的方法。它有助于早期发现和纠正质量问题

这些质量管理方法在制造业中非常重要，它们可以帮助企业提高产品质量、降低成本、增强用户满意度和增加竞争力。其中，六西格玛和精益生产是两种广泛采用的方法。六西格玛侧重于通过减少变异和缺陷来提高质量，而精益生产则注重消除浪费和优化流程。这些质量管理方法不是互斥的，而是可以结合使用，以实现更全面的改进。在实施这些方法时，重要的是要有一个清晰的战略目标，以及跨职能团队的支持和参与。

不同的组织可能需要不同的供应链质量管理方法。没有一种方法适用于所有情况，因此选择最适合组织的方法至关重要。这需要对组织的业务战略、供应链环境、资源和能力进行深入分析。

首先，确定组织的质量目标和战略，确保所选方法与这些目标相一致。例如，如果目标是提高用户满意度，则可能需要侧重于质量控制和持续改进的方法。研究所在行业的标准和最佳实践，了解行业内的供应链质量管理趋势和方法，可以帮助组织确定哪些方法可能对其业务最有益。其次，评估组织内部可用的资源，包括人力、技术、时间等。这将帮助组织确定哪些方法最可行且最有效。对于不熟悉的方法，组织可以考虑先进行实验或试点项目。这有助于验证方法的适用性和有效性，并为更大规模的应用提供经验。再次，进行跨部门合作，确保供应链质量管理工作得到组织内各部门的支持与合作。这可能需要与采购、生产、销售等部门进行沟通和协调。最后，建立反馈机制，定期收集关于方法实施效果的数据和反馈，以便进行必要的调整和改进。

供应链质量管理是一个持续的过程，需要定期评估和调整方法以适应变化的环境和需求。选择和结合使用供应链质量管理方法需要组织具备战略眼光和创新意识。通过深入了解组织的需求、行业趋势和最佳实践，结合内部资源和能力，组织可以找到最适合自己的方法，实现质量目标和不断改进。

10.1.4 传统供应链管理存在的质量问题

传统供应链质量管理面临多种问题，这些问题可能导致产品质量不稳定、用户满意度下降，甚至会影响企业声誉和市场竞争力。

（1）未形成全员质量意识。全员质量意识不足是一个常见的问题。这种问题出现的原因往往是企业缺乏对质量管理的足够重视和有效的宣传推广。首先，企业可能没有明确地向员工传达产品或服务的质量标准，导致员工对质量要求不明确，难以实施有效的质量控制。这可能导致产品或服务的质量不稳定，甚至出现重大质量问题。其次，员工可能缺乏对质量管理的认识和理解，不知道自己在质量管理中的角色和责任。这使得员工难以主动参与到质量保证的过程中，无法及时发现和解决问题。最后，传统的管理方式可能过于依赖管理层进行决策和监督，而忽视了员工的参与和贡献。员工可能认为质量管理是管理层的事情，与自己无关，因此缺乏主动报告问题的动力。

企业应该制定明确的质量标准和质量目标，并通过培训、宣传等方式向员工传达这些标准。同时，企业应该鼓励员工参与到质量管理的过程中，为员工提供反馈和建议的渠道，让员工意识到自己在质量管理中的重要性和责任。此外，企业应该建立奖励机制，对在质量管理中做出突出贡献的员工给予适当的奖励和激励。通过这些措施的实施，企业可以逐步提高全员质量意识，加强供应链质量管理，确保产品和服务的质量和可靠性。这将有助于提高用户满意度，提高企业的竞争力和市场地位。

（2）采购管理水平低。采购环节的管理水平可能相对较低，采购决策可能更多地基于成本而非质量。这可能导致企业选择不合格的供应商，从而引入质量问题。传统的采购决策可能更多地基于价格因素而非全面的质量、可靠性和性能评估。供应商可能为了获得合同而提供较低的价格，但可能牺牲了产品质量。这种短视的采购决策可能导致产品或服务的质量问题，甚至对企业的声誉和用户忠诚度造成负面影响。采购过程中可能缺乏有效的供应商评估和审核机制。在没有严格评估供应商的能力、质量管理体系和技术水平的情况下，企业可能选择了不合格的供应商，从而引入了潜在的质量风险。传统采购管理可能缺乏与供应商的长期合作关系和有效的沟通机制。供应链中的信息流动不畅，导致企业无法及时了解供应商的实际情况和潜在问题，增加了质量风险。

为了解决这些问题，企业需要提高采购管理水平，建立全面的供应商评估体系和采购策略。首先，企业应该制定基于质量的采购决策，综合考虑质量、价格、可靠性和其他关键性能参数。这需要企业建立明确的质量标准和期望，并确保这些标准在采购过程中得到执行。其次，企业应该建立严格的供应商评估和审核机制。在选择供应商之前，企业应对供应商的能力、质量管理体系、技术水平和过往业绩进行全面的评估。对于已合作的供应商，企业应定期进行审核和绩效评估，以确保持续的质量符合性。最后，企业应该与供应商建立长期合作关系，并通过有效的沟通机制来加强信息共享和协作。这可以促进相互理解、信任和合作，提高供应链的透明度和响应速度，降低潜在的质量风险。通过提高采购管理水平，企业可以确保供应商选择与整体质量战略的一致性，并降低不合格供应商导致的质量问题。这将有助于提高产品和服务的质量和可靠性，增强企业的竞争力和用户满意度。

（3）质量管理职能落实不到位。质量管理职能往往没有得到足够的重视和资源支持，导致职能落实不到位。企业可能没有为质量管理职能提供足够的资源和支持,例如人力、物力和财力。这可能导致质量管理体系的不完善,缺乏足够的资源来有效地监控和改进质量。质量管理职能的定位可能不明确,与其他职能的界限模糊。这可能导致质量管理职能的分散和弱化,难以形成统一的质量管理策略和体系。传统的质量管理可能过于侧重于事后质量控制,忽视了预防和早期发现问题的环节。质量检测可能仅限于最终产品或服务,而缺乏对整个供应链过程的质量控制和持续改进。同时,缺乏有效的质量信息收集、分析和反馈机制。供应链中的质量信息可能没有得到及时、准确和全面的收集,导致难以识别和解决潜在的质量问题。此外,即使收集到了质量信息,也可能缺乏有效的分析和反馈机制,无法为质量改进提供科学依据。

企业需要加强对质量管理职能的重视和资源支持。首先,企业应该为质量管理职能提供足够的资源,包括人力、物力和财力,确保质量管理体系的完善和有效运行。其次,明确质量管理职能的定位,与其他职能明确区分开来。企业应该建立统一的质量管理策略和体系,确保质量管理职能的连贯性和一致性。再次,转变传统的事后质量控制观念,注重预防和早期发现问题。企业应该加强对整个供应链过程的质量控制,从源头抓起,确保产品或服务的质量符合要求。最后,建立有效的质量信息收集、分析和反馈机制。企业应该及时、准确和全面地收集质量信息,通过科学的方法进行分析和反馈,为质量改进提供科学依据。通过这些措施的实施,企业可以加强质量管理职能的落实,完善质量管理体系,提高产品和服务的质量和可靠性。这将有助于增强企业的竞争力和用户满意度,实现可持续发展。

(4) 研发设计质量难控制。研发和设计阶段的质量控制往往面临挑战。产品设计可能存在缺陷,导致后续生产和交付中的质量问题。研发和设计阶段与生产和供应链其他环节之间可能存在脱节。设计师可能缺乏对生产过程和供应链管理的深入了解,导致设计出的产品难以在实际生产中实现,或者无法满足供应链其他环节的需求。研发和设计阶段的质量控制可能不够严格。由于缺乏有效的质量标准和规范,设计师可能没有进行足够的约束和指导,导致产品设计时出现考虑不周的情况。传统的研发和设计流程可能过于依赖人工和经验,缺乏科学的质量管理方法和工具的支持。这可能导致质量保证环节的效率和准确性不足,难以在早期发现和解决潜在的设计缺陷。同时,研发和设计团队内部可能存在沟通不畅、协作不力的情况。团队成员可能缺乏明确的任务分配和责任界定,导致工作重复、资源浪费和效率低下。这不仅影响了产品设计的进度和质量,还可能对整个供应链的协同运作造成负面影响。

企业需要加强研发和设计阶段的质量控制,并促进与生产和供应链其他环节的协同。一方面,企业应加强研发和设计团队与生产和供应链团队之间的沟通与协作。通过定期召开跨部门会议、建立有效的沟通渠道和协作平台,促进信息共享和互相理解,确保产品设计能够满足生产和供应链的需求。企业应制定严格的质量标准和规范,并在研发和设计阶段实施。企业应该根据产品特性和行业标准制定明确的质量要求,确保设计师在设计过程中遵循这些要求。同时,企业应引入科学的质量管理方法和工具,如六西格玛等,以提高质量保证的效率和准确性。另一方面,企业应加强研发和设计团队内部的沟通与协作。通过明确的分工、任务分配和责任界定,确保团队成员能够协同工作,避免工作重复和资源浪费。同时,鼓励团队成员之间的知识分享和学习，提高整体团队的设计水平和质量意识。此外，企业还可以建立有效的质量审查和反馈机制。在研发和设计阶段，定期进行质量审查和评估，及时发现和解决潜在的设计缺陷。同时，建立反馈机制，鼓励团队成员提出改进意见和建议，持续优化产品设计过程。通过这些措施的实施，企业可以加强研发和设计阶段的质量控制，并促进与生产和供应链其他环节的协同。这将有助于减少产品设计缺陷，提高产品质量的可靠性和一致性，增强企业的竞争力和提高用户满意度。

传统供应链管理中的质量控制和质量管理不足是一个挑战，这些问题可以通过引入智慧供应链质量管理的方法来解决。智慧供应链质量管理旨在通过先进的技术和智能化的手段，提高供应链中各个环节的质量控制和质量管理水平。通过采用智慧供应链质量管理的方法，企业可以实现对供应链质量的全面控制和管理。这不仅可以提高产品质量和用户满意度，还可以降低质量成本、减少质量风险，增强企业的竞争力和市场地位。因此，企业应该积极引入智慧供应链质量管理，以应对传统供应链管理中的质量控制和质量管理不足的问题。

10.2 智慧供应链质量管理的内涵

智慧供应链质量管理是指利用先进的技术和智能化的方法来优化和监控供应链中产品和服务的质量。它涉及整个供应链的各个环节，包括原材料采购、生产制造、物流运输、仓储管理、售后服务等。智慧供应链质量管理的目标是提高产品和服务的质量，降低生产成本，提高用户满意度，增强企业竞争力。

10.2.1 智慧质量管理的概念

2017年，"质量4.0"概念被首次提出。"质量4.0"是指质量管理的数字化及其对质量管理技术、质量管理流程和质量管理人员的影响，包括11个维度。图10-1是从1780年"工业1.0"到2017年"质量4.0"的质量管理技术与方法发展路径。

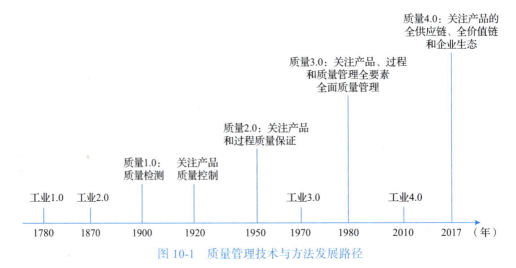

图10-1 质量管理技术与方法发展路径

智慧质量管理是一种将新一代信息技术与传统质量管理实践深度融合的管理模式。它以数字化、网络化、智能化为主要特征，基于产品全价值链开展质量管理。这种管理模式利用先进的信息技术手段，实现质量管理的智能化、高效化和精细化。智慧质量管理的核心理念是以数据驱动质量管理，通过对全价值链数据的实时采集、分析和反馈，实现质量管理的精准化和预防性。通过引入人工智能、大数据等技术，智慧质量管理能够自动化地识别和预测潜在的质量问题，提高质量预警和快速响应能力。

与传统质量管理相比，智慧质量管理更加注重跨部门、跨领域的协同合作。它打破传统组织结构的壁垒，促进企业内部以及企业与供应商、用户之间的信息共享和沟通。通过建立统一的质量管理平台，智慧质量管理能够实现质量信息的快速传递和有效整合，提高整体的质量管理效率。

智慧质量管理强调创新和持续改进。它鼓励企业不断探索新的质量管理方法和工具，持续优化质量管理体系。同时，智慧质量管理注重培养员工的质量意识和技能，激发员工的创新精神，促进企业质量文化的建设。智慧质量管理为企业提供了一种高效、可靠的质量管理解决方案，有助于推动制造业的转型升级和高质量发展。

10.2.2　智慧供应链质量管理的技术

物联网技术为供应链质量管理提供了实时监控和数据采集的能力，这是其核心优势之一。通过在供应链各个环节部署传感器和设备，企业可以实时监测产品状态、设备运行情况以及物流运输信息。例如，在生产线上安装传感器可以监测设备的运行状态，预测潜在的故障或维护需求，确保生产过程的稳定性和连续性。这种实时的数据反馈使得企业能够及时发现潜在的质量问题。一旦监测到异常数据或不符合标准的情况，系统可以立即发出警报，提醒相关人员进行处理，企业可以迅速采取措施进行解决，从而降低了质量风险，并减少了因质量问题导致的退货、维修和投诉等额外成本。除了实时监控，物联网技术还为供应链质量管理提供了更广泛的数据采集能力。通过在供应链各个环节部署传感器和设备，企业可以收集大量的数据，包括温度、湿度、压力、光照、振动等物理参数，以及产品批次、生产日期、检验结果等质量信息。这些数据为企业提供了更加全面和精准的质量管理策略。

大数据技术在供应链质量管理中起到了至关重要的作用。首先，对于企业而言，传统的数据处理方法往往难以应对海量的数据，而大数据技术为处理这些大规模数据集提供了可能。通过对这些数据的深入挖掘，企业能够更加清晰地了解其供应链中的各种情况。其次，大数据分析可以帮助企业发现质量问题的根源。通过分析历史数据，企业可以追溯到问题的最初来源，这有助于企业从根本上解决问题，而不是仅仅解决表面现象。例如，通过分析生产过程中的各种数据，企业可以找出导致产品不合格的根本原因，如机器故障、原料质量问题等。再次，大数据分析还能帮助企业发现质量问题的模式和趋势。通过收集和分析大量的质量检测数据，企业可以发现质量问题出现的规律和趋势，从而提前预测潜在的质量问题。这种预测能力使企业能够提前采取措施，避免问题的发生，大大降低了质量风险。最后，大数据分析为企业提供了实时决策支持。在供应链质量管理中,快速响应是非常关键的。大数据分析能够帮助企业实时监测数据,一旦发现异常或质量问题,企业能够迅速做出决策,采取相应的措施。这大大提高了企业的反应速度,降低了因质量问题导致的损失。

在供应链质量管理中,人工智能技术也发挥着越来越重要的作用。通过机器学习和深度学习等技术,人工智能技术可以对海量数据进行高效处理和分析,自动识别出异常数据和潜在的质量问题。这大大提高了质量管理的准确性和效率,减少了人工操作的误差和延误。人工智能技术还可以通过自动化质量控制和检测来实现更加智能化的质量管理。例如,利用机器视觉技术对产品进行自动检测,可以快速准确地识别出缺陷、污染物或其他不符合标准的情况。这不仅提高了生产效率和产品质量,还为企业节省了大量的人力和物力成本。这些技术的整合应用使得供应链质量管理更加智能化和高效化。企业可以实时监测和分析供应链各个环节的数据,提前发现和解决潜在的质量问题。同时,企业还可以利用人工智能技术对历史数据进行分析和挖掘,为未来的质量管理提供更加精准和科学的决策支持。

然而,随着技术的不断发展和应用,供应链质量管理也面临着新的挑战和机遇。企业需要不断更新和完善自身的技术体系,以适应快速变化的市场需求和技术环境。同时,企业还需要加强人才培养和技术创新,以提高自身的核心竞争力,实现可持续发展。物联网、大数据和人工智能等关键技术为供应链质量管理带来了革命性的变革。企业应积极拥抱这些技术,以提高质量管理水平、降低成本、增强竞争力。通过不断创新和完善质量管理方式,企业将能够更好地满足用户需求,实现可持续发展。

10.2.3 智慧供应链质量管理的意义

智慧供应链质量管理是质量管理领域新兴的管理理念,是智能制造背景下中国制造业质量提升的必然选择。随着技术的进步、制造系统复杂性的提高、个性化用户需求出现,我国制造业发展面临极大的挑战。面对新形势新要求,必须把推动发展的立足点转到提高质量和效益上来,培育以技术、标准、品牌、质量、服务等为核心的经济发展新优势,推动中国制造向中国创造转变、中国速度向中国质量转变、中国产品向中国品牌转变,推进质量强国建设。智能数字化将有助于质量管理的提升。

1. 强化供应链过程质量管理

供应链过程质量管理是通过把供应链的单个环节组织起来,构建一个完整有效的供应链质量保证体系。在数字化的影响和作用下,供应链的过程质量管理更为优化与科学。一是在协同产品设计过程中,企业可以通过数字化实现资源的有效配置与整合,促进各供应商的协同合作,实现优势互补,提高产品设计质量,缩短产品研发周期。二是在产品生产过程中,企业可以通过供应链质量管理数字化平台,实现各供应商的数据共享,及时获取、了解供方生产过程中的质量问题与薄弱环节,有针对性地指导、帮助供应方解决和完善。以数据分析为基础,优化产品质量和成本控制。三是在产品销售流通过程中，有了数字化系统的协助，每一类产品都可进行精准溯源，企业可以开展产品故障预警预测，针对流通中出现的问题进行跟踪和整改。

2. 提升产品的生产效率和定制化产品质量

在过往的制造业质量管理过程中，使用供应商提供的资料和数据开展质量评估会受到时间和空间的限制，这使得供应链质量管理决策的效率大大降低。同时，对于质量问题出现的协同困境不能得到及时解决，缺乏一定的预警机制。随着数字化的发展，在上下游企业之间建立起有效的质量反馈系统，帮助企业对产品生产存储数据加以统计分析，改善产品质量特性。尤其是各供应商之间的数据共享，便于产品在生产过程中得到及时、持续的改进与优化。同时，质量先期策划工具实现了产品的质量管控由事后检查向事前把关的转变。

新一代信息技术的发展正好为智慧供应链质量管理的变革提供了有效的技术支撑；传统的质量管理方法将转变成由数据驱动的新型质量管理方法，具备更高的数字化、网络化、智能化特征。因此，智慧供应链质量管理是我国制造业实现高质量发展的重要手段之一。

10.3 智慧供应链的原则和形成过程

10.3.1 智慧供应链质量管理的原则

智慧供应链质量管理的原则是指在实施智慧供应链质量管理时，企业应遵循的一系列基本准则和指导思想。这些原则旨在确保企业能够有效地应用智能技术和现代管理方法，全面提升供应链质量管理水平，增强企业的竞争力和可持续发展能力。

（1）用户导向原则。在供应链管理中，用户导向原则至关重要。企业应始终将用户的需求和期望置于核心位置，深入了解用户的期望和需求，以便提供符合其要求的产品和服务。有效的用户沟通是关键，企业应积极倾听用户的意见和建议，并将其纳入产品开发和服务提供的过程中。通过满足用户需求，企业可以建立强大的用户关系，提高用户满意度和忠诚度。

（2）数据驱动原则。在供应链管理中，数据是决策的基础。企业应充分利用数据来支持质量管理决策，通过收集和分析数据了解供应链的运作情况。数据可以反映供应链中存在的问题、趋势和机会，企业可以据此制定有效的改进措施。为确保数据的准确性和可靠性，企业应建立完善的数据收集和分析体系，并运用先进的数据分析工具和技术进行数据处理和分析。

（3）持续改进原则。持续改进是供应链质量管理的重要原则。企业应采用持续改进的方法，不断优化产品、服务和质量管理流程。企业应鼓励员工发现问题、提出改进建议，并采取措施持续改进。通过不断优化和改进，企业可以提高产品质量、降低成本、增强竞争力。同时，持续改进也有助于企业适应市场变化和客户需求的变化，保持供应链的灵活性和适应性。

（4）供应商合作原则。供应商是供应链的重要组成部分，与供应商建立紧密的合作关系对于实现质量目标至关重要。企业应与供应商建立互信、共赢的关系，共同制定质量标准和目标，确保供应链的可靠性和质量。有效的供应商管理可以降低风险、提高效率、增强创新能力。企业应与供应商保持开放和透明的沟通，共同解决问题和应对挑战，实现共同成长和发展。

（5）质量意识原则。在供应链质量管理中，培养全员质量意识至关重要。企业应加强质量意识培训，让员工深入了解质量管理的重要性，培养员工的质量责任感和使命感。通过培训和教育，员工可以掌握质量管理的基本知识和技能，提高质量管理的意识和能力。同时，企业应鼓励员工积极参与质量管理活动，提供反馈和建议，共同提升供应链的整体质量水平。

遵循这些原则可以帮助企业确保智慧供应链质量管理是全面、系统化和持续改进的。通过实施这些原则，企业可以提高产品和服务的质量、降低成本、增强市场竞争力并提高用户满意度。同时，这些原则还有助于企业建立完善的质量管理体系，培养员工的质量意识和责任感，推动企业的可持续发展。

10.3.2 智慧供应链质量管理的形成过程

智慧供应链质量管理的形成过程是在传统供应链的基础上，运用现代供应链理论和智能技术提高供应链不同时期的各节点企业的协同程度，从而对供应链质量进行高效管理。供应链生命周期与产品生命周期紧密相关，当新产品开发成功时，供应链进入构建阶段，当产品在市场中无法继续竞争而退出市场时，供应链结束运行阶段。供应链的生命周期可以划分为孕育期、构建期和运行期，因此质量管理要贯穿整个供应链的生命周期。

孕育期：借助大数据、人工智能等技术进行用户画像，精准预测用户需求，并根据用户需求进行产品设计，在人工智能等辅助决策技术下制定供应链战略。在这个阶段中，供应链质量管理主要体现为对用户需求与产品或服务需求的精准对接。

构建期：基于"智慧供应链中台"和"控制塔"等智能决策平台形成供应链联盟，对供应链的采购、生产、分销和物流计划进行决策以快速响应用户需求，确定分销和物流网络。在这个阶段中，供应链质量管理主要体现为通过质量战略的设计，实现对供应链节点与网络的有效把控。

运行期：更加强调借助现代智能技术对供应链的各个节点进行有效重组，实现各项资源的充分整合，使智慧采购、智慧物流和智能制造等供应链各个环节紧密相连。企业内部各个系统各司其职、高效运作，供应链上下游借助各种现代信息技术和系统的对接，实现供应链信息的共享。供应链上下游更加协同化和一体化，有效地保证供应链质量和高效运作。在这个阶段中，供应链质量管理主要体现为对供应链运作的每个过程进行及时高效的互动与反馈，形成稳健的过程质量。

智慧供应链的质量管控更加强调从产品的全生命周期进行管理，从最开始的需求预测、采购、生产、配送到最终的售后服务，强调对每一过程的精细化管理。供需运作将不再围绕一个或几个核心企业，各节点可以有效整合资源，供应链也更加的深度协同化和去中心化。

10.4 智慧供应链质量标准体系的构建

智慧供应链质量标准体系是在信息化、数字化、智能化的背景下,对供应链管理的各个环节进行规范化和标准化的一套准则和方法体系。它主要包括供应链设计、采购、生产、仓储、物流、销售等环节的标准化流程和操作规范。智慧供应链质量标准体系的目标是提高供应链管理的效率和质量,降低成本和风险,提升企业竞争力。标准化流程和操作规范可以减少供应链中的浪费和误差,提高物流配送的准确性和及时性,缩短产品上市时间,提高用户满意度。此外,智慧供应链质量标准体系还可以促进企业间的合作与协同,通过共享信息和资源,实现供应链中各个环节的协同,提高供应链的整体效能和竞争力。同时,标准化的流程和操作规范还可以降低供应链中的交流成本和沟通障碍,促进企业间的良好合作关系的形成。

10.4.1 智慧供应链质量标准体系的定义和目标

标准体系是指一定范围内(包括国家、行业、团体、地方和企业)的标准,按照标准之间的内在联系与逻辑而形成有机系统。供应链涉及的环节复杂,虽然每个环节都有各自的特点,但是这些环节都存在特定的内在联系。因此,在系统理论的指导下,智慧供应链可以形成完整的标准体系。智慧供应链质量标准体系是将供应链各领域和各环节的标准,按照其内在联系而形成的科学有机整体,是包括了现有的标准、应有的标准和相关标准立项在内的标准化成果。智慧供应链质量标准体系构建的目标,一是填补相关研究领域的空白,为智慧供应链相关标准的制定提供指导和借鉴;二是总结智慧供应链的先进技术和管理理念,将智慧供应链发展的相关经验在各行业进行标准化总结和推广。

10.4.2 智慧供应链质量标准体系的构建原则和内容

1. 智慧供应链质量标准体系的构建原则

智慧供应链质量标准体系设计除了要满足《标准体系构建原则和要求》(GB/T 13016—2018)里的规定(如"目标明确、全面成套、层次适当、划分清楚")以外,还需要特别注重以下 3 个原则。

(1)智慧特性原则。智慧特性是智慧供应链的核心,它贯穿于供应链的各个环节中。这一原则强调智慧供应链的智慧化、自动化、协同化和可视化特征,旨在提高供应链的效率和准确性,降低成本,增强供应链的灵活性。通过应用先进的技术和智能化工具,智慧供应链能够实时监测和分析数据,快速响应市场需求和变化,为用户提供更加优质的服务。

(2)关键共性原则。为了使标准体系适用于更多行业,关键共性原则强调在标准体系中更多地采用共性化的标准。这一原则有助于提高标准体系的通用性和可扩展性,使更多企业能够采用和遵循该标准体系。此外,标准体系的建设也需要遵循关键性原则,即针对供应链的各个关键环节进行标准设置,以确保标准体系的有效性和实用性。

（3）动态性原则。智慧供应链的发展将为后续标准体系的发展提供更多重要的补充和改进，使标准体系能够适应市场的变化和技术的进步。因此，动态性原则强调标准体系的灵活性和可扩展性，以适应不断变化的环境和需求。

2. 智慧供应链质量标准体系建设

智慧供应链所涉及的环节复杂，为了保证标准体系的构建，应当从基础通用标准、信息标准、国内标准和国际标准等方面完善相关标准的建设。

（1）加快完善供应链基础通用标准的建设。在供应链管理中，基础通用标准的建设至关重要，它为整个供应链体系提供了底层支撑。为了进一步完善供应链的运作和管理，企业需要系统地加强基础通用标准的制定工作。这包括术语定义、图形符号标识、物流模数和分类标准等方面。明确和统一这些标准可以促进供应链各环节之间的沟通和协作，提高整个供应链的效率和可靠性。随着供应链理论和实践的不断发展和进步，基础通用标准的建设也需要持续更新和完善，以适应时代的需求。

（2）尽快建立公共信息和相关云平台标准。数字化技术是推动供应链智慧化的关键手段之一。为了解决供应链中的"信息孤岛"和"牛鞭效应"问题，需要加强数字化标准的制定工作，包括公共信息平台、信息交换和信息安全与应用等方面的标准。这些标准有助于促进信息的互联互通，提高供应链的透明度和协同性。同时，针对各种智能设施、智能设备和无人化设备的应用标准也需要加快制定，以推动这些先进技术在供应链领域的应用和普及。

（3）重视国内标准与国际标准的衔接工作。随着全球经济的不断融合和发展，国内外的贸易往来越来越频繁。为了降低国际贸易的技术和贸易成本，提高供应链的国际竞争力，企业需要重视国内标准与国际标准的衔接工作。这意味着在制定智慧供应链标准时，不仅要考虑国内市场的需求和特点，还要积极与国际标准接轨。通过加强与国际标准化组织的合作与交流，学习借鉴国际先进的标准和经验，逐步完善国内标准体系，使国内智慧供应链的发展更加符合国际市场的需求和趋势。这不仅可以提高国内供应链的国际竞争力，还可以促进国内外的贸易往来和技术交流，推动全球供应链的协同发展。

10.4.3 智慧供应链质量标准体系模型

物联网技术使得消费者的需求和企业的管理决策环境发生了重大变化，管理对象也由传统的人和物拓展为"人、物、组织、信息和环境"五大要素的整体，这需要企业在管理要素和管理方法上进行相应的变革，如数据采集、处理和利用的方式由传统的离散、离线的方式向实时、连续和动态方式转变，管理方法和手段由基于专家经验、历史数据和概率分布向数据驱动、事件驱动和场景驱动转变。物联网和质量管理之间的关系相互影响、相互交融，推动了企业管理模式、制造模式、服务模式、商业模式等的变革，也为质量管理理论发展提出了新要求。围绕质量管理的价值链体系，从应用层和基础层角度构建了智慧供应链质量标准体系，该体系包含2个层次、6个部分，如图10-2所示。

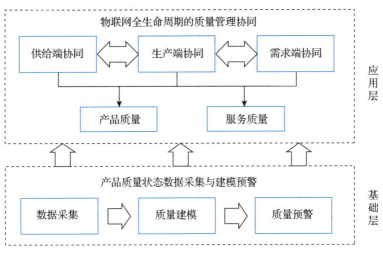

图 10-2 智慧供应链质量标准体系

10.4.4 智慧供应链质量标准体系设计

智慧供应链通用标准可以分为基础通用标准、智慧设施标准、智能设备标准、智慧供应链信息标准、智慧供应链管理标准、智慧供应链作业标准和智慧供应链服务标准，如图 10-3 所示。其中基础通用标准属于通用基础类标准，智慧设施标准、智能设备标准和智慧供应链信息标准属于保障支撑类标准，智慧供应链管理标准、智慧供应链作业标准和智慧供应链服务标准属于服务提供类标准。

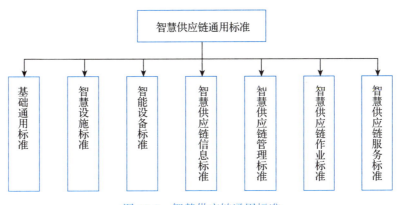

图 10-3 智慧供应链通用标准

（1）基础通用标准是指具有统一和广泛特点的供应链基础通用标准，是为了保障智慧供应链相关服务正常运作而制定的标准，这些标准直接或间接成为其他标准的底层基础。

（2）智慧设施标准是为实现供应链功能，对相应节点要素（如仓库、物流中心和物流园区）进行规范的标准。

（3）智能设备标准是指对为在供应链的采购、生产、制造和仓储等环节中实现智慧化运行而使用的智能设备（如无人机、无人车等）进行规范的标准。

（4）智慧供应链信息标准是指为在智慧供应链中对各种活动的知识、资料、图像和数据等进行获取、传输、交换和处理而制定的标准。

（5）智慧供应链管理标准是指为了规范在满足客户需求过程中对供应链活动进行计划、组织、协调和控制而制定的标准。

（6）智慧供应链作业标准是指对采购、运输、存储、包装、装卸搬运、流通加工、配送和退货等相关作业流程进行规范的标准。企业只有在这些作业流程中实现了智慧化、标准化，才能保证智慧供应链的高效运作。

（7）智慧供应链服务标准是指为物流、仓储、采购等环节涉及的相关组织、人员、服务环境和质量制定的标准。

智慧供应链质量标准体系的第二个层次是对基础通用标准、智慧设施标准、智能设备标准、智慧供应链信息标准、智慧供应链管理标准、智慧供应链作业标准和智慧供应链服务标准的进一步分层。

基础通用标准设置了术语标准、图形符号标准和分类标准，如图 10-4 所示。

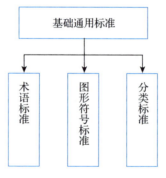

图 10-4　基础通用标准

智慧设施标准参考《国家智能制造标准体系建设指南（2021 版）》设置了智慧物流园区标准、智慧工厂标准、智慧仓库标准、智慧物流中心标准，如图 10-5 所示。

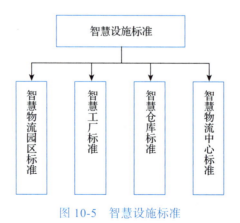

图 10-5　智慧设施标准

智能设备标准考虑对智慧采购、智慧运输、智慧配送、智慧包装、智慧装卸与搬运、智慧仓储等过程中涉及的智能设备进行相应的标准化，设置了智慧采购设备标准、智慧物流设备标准、智能制造设备标准和智慧退货设备标准，如图 10-6 所示。

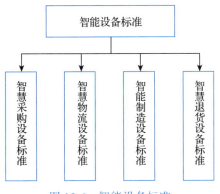

图 10-6　智能设备标准

智慧供应链信息标准是整个标准体系中的关键子体系。智慧供应链要想实现自主化、自动化、可视化和智能化，需要畅通所有环节的信息和数据，需要对信息和数据进行高效快速的获取、传输、共享和处理。因此，智慧供应链信息标准需要从信息的获取、传输、处理、交换、应用和后台的智慧云等方面进行设置。智慧供应链信息标准划分为供应链信息编码与分类标准、供应链信息标识与采集标准、供应链信息结构与接口标准、供应链信息交换与应用标准、供应链信息系统与平台标准、智慧供应链数字安全标准、智慧供应链工业网络融合标准、智慧供应链中台标准和智慧供应链后台云端标准，如图 10-7 所示。

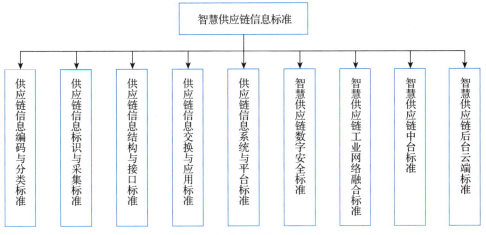

图 10-7　智慧供应链信息标准

智慧供应链管理标准根据智慧供应链管理中的计划、组织、协调与控制等活动涉及的标准进行了分类，设置了智慧供应链统计标准、智慧供应链安全标准和智慧供应链绩效标准，如图 10-8 所示。

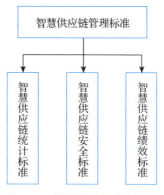

图 10-8　智慧供应链管理标准

智慧供应链作业标准设置了智慧采购作业标准、智慧物流作业标准、智慧制造作业标准和智慧退货作业标准，如图 10-9 所示。运输、储存、装卸、搬运、包装等环节的作业标准全部归纳于智慧物流作业标准里。

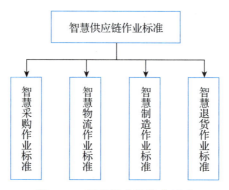

图 10-9　智慧供应链作业标准

智慧供应链服务标准是为规范在智慧供应链运作过程中的各环节涉及的相关组织、人员、环境以及服务质量而设置的。智慧供应链服务标准设置了智慧供应链服务组织标准、智慧供应链服务人员标准、智慧供应链服务质量标准和智慧供应链服务环境标准，如图 10-10 所示。

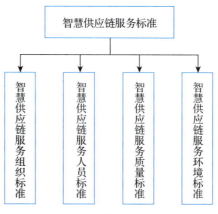

图 10-10　智慧供应链服务标准

10.5　智慧供应链质量管理的组织、应用及实践

10.5.1　智慧供应链质量管理的组织

智慧供应链质量管理是现代企业质量管理的重要方向，它通过整合智能技术和现代管理方法，对供应链中的各个环节进行全面的质量控制和管理，旨在提高产品和服务的质量，降低成本，增强企业的竞争力和可持续发展能力。

（1）设定明确的质量目标。在实施智慧供应链质量管理之前，企业需要设定明确的质量目标。这些目标应该与企业的战略目标相一致，并能够量化和衡量。质量目标可以包括产品或服务的关键绩效指标、客户满意度水平、供应商绩效标准等。明确的质量目标有助于企业更好地指导和管理供应链中的质量管理活动。

（2）确定关键利益相关者。在智慧供应链质量管理中，了解和满足关键利益相关者的需求和期望至关重要。关键利益相关者可能包括客户、供应商、内部部门等。通过与利益相关者进行沟通，了解他们的需求和期望，企业可以更好地调整质量管理策略，以满足各方的要求。

（3）选择合适的智能技术和工具。智慧供应链质量管理依赖于先进的智能技术和工具。企业应根据自身需求和实际情况选择合适的技术和工具，如物联网、大数据、人工智能、区块链等。这些技术和工具可以帮助企业实时监控供应链中的质量状况，分析数据，预测和解决潜在问题。

（4）建立跨部门跨职能的协作机制。智慧供应链质量管理需要企业内外部各方的密切合作。企业应建立跨部门、跨职能的协作机制，促进内部沟通与协调，同时加强与供应商、客户等外部利益相关者的合作。通过建立有效的协作机制，企业可以提高供应链的协同效应和整体质量水平。

（5）培训和教育。实施智慧供应链质量管理需要企业员工具备一定的专业知识和技能。企业应开展相关的培训和教育活动，提高员工对智慧供应链质量管理的认识和理解，使其掌握相关技术和工具的应用方法，培养其质量意识和责任感。

（6）持续改进和优化。智慧供应链质量管理是一个持续改进的过程。企业应通过监控和分析质量管理活动的绩效，识别存在的问题和不足之处，持续改进和优化质量管理流程和方法。同时，关注行业发展趋势和新技术发展，不断引入创新的管理理念和技术手段，以适应不断变化的市场需求和企业发展要求。

（7）建立健全的考核与激励机制。为了确保智慧供应链质量管理的有效实施，企业应建立健全的考核与激励机制，通过制定明确的考核标准和质量目标，对员工在质量管理方面的表现进行评估和考核。企业应对表现优秀的员工给予适当的奖励和激励，激发员工的积极性和创造力。

（8）建立风险管理机制。智慧供应链质量管理中涉及的风险多种多样，企业应建立完善的风险管理机制。企业应对供应链中的各种风险进行识别、评估、监控和控制，降低潜在风险对企业的影响。同时，企业应制定应急预案，以便在发生问题时能够迅速应对，保障供应链的稳定性和可靠性。

（9）加强供应商管理。供应商是智慧供应链质量管理的重要组成部分。企业应与供应商建立紧密的合作关系，共同制定质量标准和目标。加强供应商管理有助于企业确保供应商提供的产品和服务符合质量要求，降低供应商风险对企业的影响。

（10）数据驱动决策与监控。在智慧供应链质量管理中，数据是决策的关键。企业应收集和分析各种数据，包括产品质量数据、供应商绩效数据、客户反馈数据等。数据分析和挖掘有助于企业发现潜在的质量问题、趋势和机会，为决策提供有力支持。同时，实时监控系统能够对供应链中的各个环节进行实时监控和管理，确保质量管理的有效性和及时性。

10.5.2 智慧供应链质量管理的应用及实践

智慧供应链质量管理是将质量管理融入企业运营的各个环节，通过智能化、数字化、网络化的手段，实现质量管理的全面覆盖和高效执行。

（1）数字化、网络化质量管理。利用大数据技术对大量的生产、销售、售后等数据进行分析和处理，提取有用的信息，帮助企业更好地理解市场需求、产品缺陷、消费者反馈等，从而做出更明智的决策。通过云计算技术，企业将内部的各种信息系统与外部的供应商、客户等进行无缝连接，实现信息的实时共享和协同工作，这有助于提高供应链的透明度和效率。通过网络化的手段，企业可以更加高效地协调各个环节，实时监控供应链的状态，提高供应链的效率和质量。

（2）引入全面质量管理理念。将全面质量管理理念融入企业的各个部门和各个环节，鼓励全员参与质量管理，提高员工的质量意识和责任感。通过持续改进的方法，如 PDCA 循环，不断优化产品质量和服务，满足客户需求并提高客户满意度。定期开展质量培训和宣传活动，提高员工的质量意识和技能水平，确保员工具备质量管理所需的技能和知识。

（3）建立质量信息平台。提供质量策划、质量控制和质量改进等功能，帮助企业实现质量管理的系统化和规范化。集成各种检测设备和工具，实现自动化检测和质量数据的实时采集。利用数据分析工具对质量数据进行深入分析，发现潜在问题和改进机会，为决策提供支持。

（4）建立质量激励机制。设立质量奖励制度，对在质量管理方面表现优秀的员工给予物质和精神上的奖励，激发员工的积极性。定期评选优秀员工，表彰他们在质量管理方面的贡献和成果。

（5）持续优化和完善智慧质量管理体系。鼓励员工提出质量改进的建议和反馈，及时调整和完善智慧质量管理体系。结合企业的实际情况和业务需求，制定相应的标准、流程和规范，不断完善和优化智慧质量管理体系。关注行业发展趋势，不断引入新的智能技术和质量管理方法，提高质量管理的效率和准确性。

（6）跨部门跨职能的合作与协同。打破部门壁垒，加强各部门之间的沟通与合作，共同推进质量管理工作的开展。促进不同职能部门的员工共同参与质量管理活动，形成协同工作的良好氛围。

章末案例

蒙牛集团"智慧质量"数字化管理工程

2022年8月，内蒙古自治区工业和信息化厅在开展质量品牌提升行动中，委托内蒙古经理人协会在蒙牛集团进行贯彻落实工业和信息化部《制造业质量管理数字化实施指南（试行）》试点工作。蒙牛集团受领任务后，认真组织实施以"覆盖全产业链、实时监测、数据可视可查、协同动态管理"为主要内容的"智慧质量"数字化管理工程，不断完善"从牧草到奶杯"的全产业链质量管理体系，被工业和信息化部评为"全国质量标杆"。蒙牛集团的做法包括以下方面。

1. 规范"智慧质量"工作机制

一是加强组织领导。成立项目指导委员会、项目总监、项目经理的领导机构。由横向架构业务组、技术组和纵向架构业务组组成整体项目组，明确推进"智慧质量"工作的责任部门、职责权限。创新质量部门与业务部门协同推进组织模式，统筹规划并选择"智慧质量"关键场景，确定资源保障，分步推动实施，定期评估数字化管理能力提升效果。

二是加强资源整合。从数字化营销、数字化研发、数字化供应、数字化排产、数字化工厂、数字化服务、智能物流全过程实现供应链的集成。依托工业互联网平台、数据集成平台等建设统一质量管理平台，实现质量管理知识、方法、经验等模型化、平台化。推动全供应链的质量信息共享与知识共创，提升产业链质量协同发展水平，探索出产业链质量管理联动新模式，实现智能工厂、孪生工厂、数字工厂的模式。

2. 规范"智慧质量"基本规程

一是以数字能力建设作为推进主线，加快数字技术在质量管理中的创新应用。优化重构质量管理业务流程，打破不同管理层级、职能部门以及工厂间的合作壁垒，赋能集团多样化产品创新、精细化生产管控、高附加值服务开发、个性化体验提升，快速有效应对不确定性变化，不断构建差异化竞争优势。

二是通过新一代信息技术与全面质量管理融合应用，推动质量管理活动数字化、网络化、智能化升级。不断增强产品全生命周期、全价值链、全产业链质量管理能力，运用数字化赋能集团高质量发展。

3. 规范"智慧质量"关键场景

一是面向集团重点业务环节，开展数字化设计验证、质量控制、质量检验、质量分析和质量改进，提升质量过程控制的精细化、智能化水平，提高质量管理的效率和效益。以高科、金华工厂为试点，推进 OT（Operational Technology，运营技术）与 IT 的深度融合，优化变革生产业务流程，为数字化工厂建设提供成功复制及推广的经验模板。建立标准化牧场业务流程，对标 AQ、ARAL、ISO 9000、ISO 22000 及畜牧养殖相关法规及标准52项，整合提炼92个模块的牧场质量安全体系，形成全面的牧场 SOP（标准作业程序）操作规范。

二是面向产品全生命周期和全产业链质量协同，持续推进基于数字化产品模型的奶源、工厂、实验室、服务一体化建设。加强产品全生命周期质量信息追溯，提升产业链、供应链各环节数据质量，推进数据模型驱动全产业链质量策划、质量控制和质量改进，实现从牧场、工厂到经销商的管理过程透明化、质量管控数字化、成本控制精细化。提升奶源到产品销售的全程安全保障，实现内部高效精细管理、外部供应链协同优化，从而提质增效、降低运营成本，推动产业链上关联行业的整体升级，使整个产业链向数字化、网络化、智能化的方向发展。

4. 规范"智慧质量"运行能力

一是提升岗位数字化作业技能。2022年度赋能计划包含14门通用课，225门公修课，分别覆盖安全、质量、技术3条专业线。岗位课程体系通过中心与分中心年度赋能重点项目，完善课程体系。通过在线破冰、积分管理、学习提醒、学习分享会、竞赛等形式，让员工积极参与到学习中来，努力提升自己的数字化作业技能。

二是提升装备数字化能力。分析奶源事业部的奶牛存栏量和产奶量，通过物联网硬件连接，实时掌握奶牛存栏量。运用平台机器模型，使奶量预测更精准。通过实验室原奶采样分析和轨道式样品传送及气动式样品传送，实现原奶样品采集自动化。通过设备环境三维智慧实验室监控，对库房出入库实现自动化管控。

5. 规范"智慧质量"产品标准

一是深化质量数据管理。基于实验室自动化和设备环境集成化，构建大数据平台，打造智慧实验室核心应用及业务系统。将前端、中端、后端、底层全部关联，将与试验业务相关的外围系统全部打通，建立实时、融合集成、柔性、分级、预测分析辅助决策的智慧化分析能力。基于人工智能方案提高自主决策、智慧化决策能力；基于BI（Business Intelligence，商业智能）应用体系构建实时、融合集成、分级、透明、可控的智慧化远端管理能力。通过大数据分析整合自动化及各个业务系统，实现检验数据互通、资源精益化管控，形成研发、生产和质量闭环协同，形成企业运营管理驾驶舱，为构建面向实验室运营的互联互通体系和实验室管理智慧化应用打下数据基础。

二是深化质量数据建模分析。由食品安全指标、市场投诉、过程质量实时监督、实验室数据监控和检验能力评价为产品质量保障实施提供监控数据支撑。搭建公斤奶分析模型，牧场输入数据即可了解其盈利能力，实现"模型"管理，帮助一部分不懂财务经营分析的牧场主了解牧场的盈利状况，并提升经营管理水平。

蒙牛集团通过实施"智慧质量"数字化管理工程，获得国家级专利15项、软件著作权8项，在核心期刊发表论文4篇，连续3年产品抽检合格率达100%，进一步夯实了产业链信息化基础，打造出科学的监管机制，为消费者提供了更加安全、营养、健康的乳制品。蒙牛集团每年节约成本约6 000万元，减少质量损失达5 000万元。2020年，蒙牛集团荣获国家两化融合管理体系评定与认证，2021年，"瑞哺恩"品牌被中国乳制品工业协会授予2020年度主流品牌婴幼儿配方乳粉质量大赛金奖。

资料来源：蒙牛乳业集团实施全产业链"智慧质量"数字化管理工程被评为全国质量标杆，内蒙古新闻网，2022年12月7日。

案例思考

1. 蒙牛集团"智慧质量"数字化管理工程有哪些做法？
2. 通过"智慧质量"数字化管理工程，可以看出智慧质量管理有哪些优势？

习题

1. 传统供应链管理存在哪些质量问题?
2. 质量管理分为哪几个发展阶段?智慧质量管理是一种什么管理模式?
3. 智慧供应链质量管理有哪些意义?

第11章 智慧供应链绩效管理

【学习目标】

通过本章的学习,学生应该能够:
☑ 了解常见的智慧供应链绩效评价模型;
☑ 掌握常见的智慧供应链绩效评价指标;
☑ 了解智慧供应链绩效管理评价方法;
☑ 掌握智慧供应链绩效评价体系设计步骤。

开篇案例

人工智能与大数据的完美结合,让城市变得智能

随着数字时代的到来,人工智能已经成为各行各业的关键技术之一。在这个领域,阿里巴巴已经跻身于全球领先企业之列,其人工智能产品和服务深受国内外客户的喜爱。阿里巴巴在2017年启动了一个名为"ET City Brain"的智能城市项目,旨在利用人工智能和大数据技术来改善城市的交通流动性和供应链管理。

"ET City Brain"是阿里巴巴提供的城市智能化解决方案,通过对城市数据的实时汇聚、分析和处理,为城市管理者提供了一个高效的决策支持平台。"ET City Brain"可以在城市交通、环保、教育等领域进行智能化应用。例如,在城市交通方面,"ET City Brain"可以对城市公共交通系统进行优化,缩短公交车等载客工具的运行时间,提高城市交通的效率。该项目首先在浙江省杭州市进行了试点。阿里巴巴通过"ET City Brain"项目,利用大数据分析和实时监测,实现了供应链的智能化管理和优化。通过与城市的物流、仓储和交通系统的数据集成,阿里巴巴能够实时追踪货物的位置和运输状态,提高货物的运输效率和准确性。

具体来说，"ET City Brain"项目利用大数据分析和预测模型，对供应链中的各个环节进行优化。例如，在货物配送方面，通过分析交通数据和历史订单数据，系统能够预测最佳的配送路线和时间窗口，从而减少交通拥堵和配送延迟。这样的预测模型可以考虑诸如交通流量、道路状况、时间窗口限制等因素，以找到最佳的配送路径和时间安排。同时，通过实时监测物流车辆的位置和状态，系统可以调度最近的车辆进行配送，提高配送效率。当有新的订单生成时，系统会根据当前车辆的位置和交通情况，智能地选择最合适的车辆进行配送，以最大限度地减少路程和时间。这种实时的调度和配送优化可以大大提高供应链的响应速度和准时交货率。

此外，"ET City Brain"项目还应用了人工智能技术，如机器学习和智能算法，对供应链的各项指标进行优化。通过对供应链数据的分析和模式识别，系统能够自动识别供应链中的瓶颈和风险，并提供相应的解决方案和预警机制。通过机器学习技术，系统可以学习供应链数据中的模式和趋势，从而发现潜在的瓶颈和问题。例如，系统可以分析订单数据和交付时间，识别出可能导致延误的环节或供应商，并提供相应的改进措施。系统还可以通过学习历史数据和市场趋势，预测供应链中的关键节点和高峰期，以提前做好资源调配和库存管理的准备。

通过"ET City Brain"项目的实施，阿里巴巴在供应链绩效管理方面取得了显著的成果。它能够实时追踪和监控供应链的各个环节，提高了供应链的响应速度、准确性和效率。这个智慧供应链绩效管理成功的案例也为其他企业提供了借鉴和启示，鼓励它们在数字化转型中应用智慧供应链技术和工具，提升供应链绩效。通过引入实时追踪和监控、数据分析和预测、智能算法和机器学习等技术，企业可以更好地管理和优化供应链，提高供应链的效率、准确性和灵活性，从而增强竞争力并提供更好的客户体验。

资料来源：阿里巴巴"城市大脑"项目：智能化城市管理的建设方案与应用案例，百家号：哈咪物联，2024年10月25日。

11.1 供应链绩效管理概述

11.1.1 绩效与绩效管理

1. 绩效与绩效管理的概念

绩效是一个在组织管理和人力资源管理领域中广泛讨论和研究的概念，涉及衡量和评估组织、团队和个人在实现目标和任务方面的成就和效果。在商业活动中，绩效被定义为量化行动的有效性和效率，其中，有效性指的是满足客户要求的程度，而效率指的是在提供预先指定的客户满意度水平时，企业资源的经济性利用程度。

20世纪70年代，绩效管理的概念首先由美国管理学家奥布里·丹尼尔斯（Aubrey Daniels）提出，后来经国内外学者不断完善。所谓绩效管理，是指各级管理者和员工为了达到组织目标共同参与的绩效计划制订、绩效辅导沟通、绩效考核评价、绩效反馈、绩效结果应用、绩效目标提升的持续循环过程,绩效管理的目的是持续提升个人、部门和组织的绩效。绩效管理是一个系统,也是一个过程,这个过程通常被看作一个循环,这个循环被分为 4 个环节,即绩效计划、绩效辅导、绩效考核与反馈、绩效考核结果应用,如图 11-1 所示。将其分为 4 个环节是受到美国质量管理专家威廉·爱德华兹·戴明(William Edwards Deming)的 PDCA 循环的影响。绩效管理是一种管理过程,通过对企业人员和运作过程的监测、考核、评价、反馈和改进,来完成企业的战略目标。绩效管理的结果就是企业所体现出来的相对竞争优势,比如良好的质量、合适的价格、快速的响应能力、良好的利润率等。

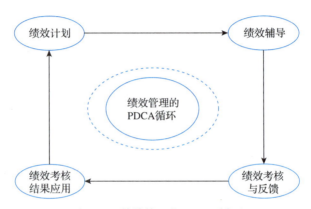

图 11-1　绩效管理的 PDCA 循环

2. 供应链绩效管理的概念

当前,激烈的商业竞争正从单个企业的绩效转向供应链绩效。供应链绩效被定义为供应链最终满足客户要求的活动水平,包括生产产品的可用性、及时交付能力、计划合理库存的能力等的高低。供应链绩效管理是指对供应链的运营状况进行监测、考核、评价、反馈和改进的过程,目的在于实现供应链的整体目标,同时满足供应链个体的意义。供应链绩效管理涉及供应链绩效计划制定、绩效管理实施、绩效考核评价、绩效管理反馈的持续循环过程。

11.1.2　供应链绩效管理的内容

供应链绩效管理的内容包括绩效计划设计、绩效控制、绩效评价和绩效改进等,一般包括确定基准、设计绩效指标、度量绩效、检查绩效指标完成情况、分析供应链流程存在的问题、制定改进措施和供应链绩效激励措施等。企业通过对供应链流程的监控和管理,协调各个节点的成员企业的利益分配,不断提高供应链及其成员企业运作的效率和收益,不断改善供应链性能和绩效水平。

完善的供应链绩效管理包含以下 4 个环节:供应链绩效计划的制订、供应链绩效实施、供应链绩效评价、供应链绩效反馈。它们之间紧密相连、相互影响,对于任何一个优秀的企业来讲,都是缺一不可的。企业供应链绩效管理的过程如图 11-2 所示。

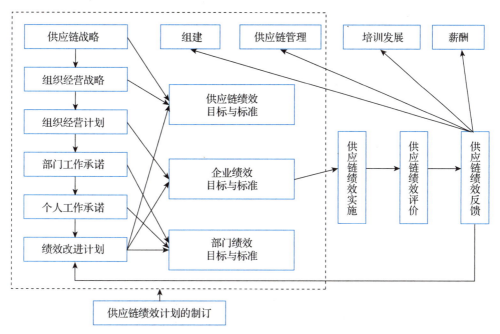

图 11-2 企业供应链绩效管理的过程

1. 供应链绩效计划的制订

这一环节是供应链绩效管理过程的开始,主要任务是供应链企业间通过商讨,确定供应链绩效目标和评价周期。其中,绩效目标是供应链企业在绩效评价期间的工作任务和要求,包括绩效考核要素和绩效考核表两个方面。绩效计划必须清楚地说明期望供应链企业达到的结果,以及为了达到结果期望供应链表现出来的行为和技能。

2. 供应链绩效实施

制订了供应链绩效计划之后,供应链企业就开始按照计划开展工作,这就是供应链绩效实施过程。供应链绩效实施在整个供应链绩效管理中处于中间过程,也是供应链绩效管理的循环中耗时最长、最关键的环节,这个环节的好坏直接影响供应链绩效管理的成败。供应链绩效实施过程包括持续的绩效沟通与供应链数据、资料、信息的收集与分析。

3. 供应链绩效评价

供应链绩效评价环节的主要目的是通过收集、分析和解释供应链数据和信息,评估供应链的绩效水平和达成目标的程度。首先,确定评价指标,这些指标应与供应链目标和策略相一致,并具有可衡量性和可比性。其次,收集来自内部系统和供应链合作伙伴的数据,确保数据的全面性和准确性。再次,对数据进行分析和解释,揭示供应链的强项和改进机会,并与设定的指标进行比较。最后,根据评价结果,制定改进措施和优化策略,以提高供应链的效率、灵活性和竞争力。供应链绩效评价是供应链绩效管理中不可或缺的环节,通过持续的评价和改进,企业可以实现供应链的持续优化和卓越绩效的目标。

4. 供应链绩效反馈

供应链绩效管理的过程中，供应链绩效反馈是一个关键环节。供应链绩效反馈的目的是向供应链利益相关者提供有关供应链绩效的信息和洞察，以便他们能够了解供应链的表现，并基于这些信息做出决策和采取行动。首先，将评价结果和绩效指标的数据以可视化的方式呈现给利益相关者，包括报告、仪表板、图表等工具。其次，解释绩效评价结果，提供对绩效数据的解读和分析，以便利益相关者能够理解供应链的优势和改进的机会。最后，与利益相关者进行沟通和讨论，以确保他们对绩效评价结果有清晰的理解，并共同制定改进措施和行动计划。供应链绩效反馈是一个互动和合作的过程，通过与利益相关者的交流和合作，企业可以促进供应链的持续改进和卓越绩效的实现。

11.1.3　供应链绩效管理的目标

供应链绩效管理的目标是通过监控、激励机制和管理供应链流程，不断提高供应链及其成员企业的效率和效益，协调各个环节和成员企业之间的利益分配，不断提高绩效。供应链绩效与高效供应链管理是影响企业竞争力的关键因素。供应链绩效管理的目的是通过有效的管理和评估供应链活动，实现以下几个方面的目标。

1. 提高供应链的运作效率

提高供应链的运作效率是供应链绩效管理的关键目标之一。这意味着通过优化供应链的各个环节和活动，提高资源利用率、降低运营成本，并缩短供应链的运行周期。通过减少非价值增加活动、优化物流运输、改进库存管理和加强协调合作等方式，可以实现供应链运作效率的提升。

2. 提高供应链的灵活性和响应能力

随着市场需求的不断变化和竞争的加剧，供应链需要具备较强的灵活性和响应能力，以快速适应和满足客户需求。供应链绩效管理的目标之一是通过优化供应链的设计和运作，提高供应链的灵活性，使其能够快速调整生产和交付计划，应对市场变化和需求波动。这可以通过建立弹性供应链网络、采用先进的生产计划和调度技术、加强供应链的可见性和协同合作等方式实现。提高供应链的灵活性和响应能力，有助于降低库存水平、减少订单延迟，提高客户满意度和市场竞争力。

3. 优化供应链成本和资本利用率

供应链绩效管理的目标之一是通过优化供应链的各个环节和资源配置，实现供应链成本的优化。这涉及对供应链活动和过程进行成本分析和优化，寻找降低成本和提高效率的机会。通过降低物流成本、优化库存水平、改进供应商选择和管理，并采用先进的供应链规划和执行系统等方式，企业可以实现供应链成本的降低。此外，优化资本利用率也是供应链绩效管理的目标之一，即通过减少库存占用和提高资金周转率，实现供应链资本的最优利用。

4. 提高供应链的服务水平和客户满意度

供应链绩效管理的目标之一是提高供应链的服务水平和客户满意度。这意味着供应链需要及时、准确地响应客户需求，提供高品质的产品和服务，以满足客户的期望和要求。通过改进供应链的可靠性、准时交付率和产品质量，加强供应链的客户关系管理，企业可以提高供应链的服务水平和客户满意度。这有助于增强客户忠诚度、提高市场份额，并为企业带来持续的业务增长。

5. 加强供应链的可持续发展

随着可持续发展理念的普及和环境、社会责任的重视，供应链绩效管理的目标也包括加强供应链的可持续发展。这意味着供应链需要在经济、环境和社会层面上实现平衡，通过减少资源消耗、降低碳排放等方式，实现可持续的供应链运作。通过推动供应链的环境管理、采用可再生能源和绿色物流、推行供应链合作伙伴的社会合规和可持续采购等举措，企业可以实现供应链的可持续发展目标。这有助于企业提升品牌形象、满足利益相关者的期望，并为未来的长期发展奠定基础。

11.1.4 供应链绩效管理的原则

供应链绩效管理的原则是指在实践中指导和规范供应链绩效管理活动的基本准则和方向。这些原则旨在确保供应链高效运作、持续改进和实现战略目标。通过遵循这些原则，组织可以更好地衡量和评估供应链绩效，并采取相应的措施来提升供应链的效能和竞争力。从目标设定到绩效指标的选择，再到数据分析和持续改进等环节，都需要遵循这些原则来指导实践。通过遵循供应链绩效管理的原则，组织可以更好地把握供应链的关键驱动因素，发现问题和机遇，并采取相应的措施来提升供应链的绩效和竞争优势。

1. 供应链绩效评价指标与企业的竞争战略相一致原则

供应链绩效管理需要遵循供应链绩效评价指标与企业的竞争战略相一致的原则，这是因为一致性对于实现供应链的有效运作和企业的长期竞争优势至关重要。首先，供应链绩效评价指标与竞争战略的一致性确保了组织的资源和活动与企业的战略目标相一致，避免资源的浪费和目标的偏离。这有助于组织将有限的资源集中用于最具战略意义的活动和项目，提高绩效和效率。其次，一致的绩效评价指标有助于形成共同的利益和合作基础。供应链是一个由多个环节和参与者组成的复杂网络，而一致的绩效评价指标可以促进不同环节和参与者之间进行协同合作并实现共同利益。共享的绩效目标和指标可以帮助建立共同的利益识别和价值共创机制，增强供应链各方之间的合作和信任，进一步提高供应链的整体绩效。最后，绩效评价指标与竞争战略的一致性提供了明确的方向和指导。一致性使组织能够集中精力解决与竞争优势相关的关键问题。通过确保绩效评价指标与竞争战略一致，组织可以明确关注关键绩效领域，制定相应的改进和优化策略。这样能够提高组织的灵活性和应变能力，使其能够适应不断变化的市场需求和竞争环境。

2. 供应链绩效评价指标具有全面性与平衡性原则

供应链绩效管理需要遵循供应链绩效评价指标具有全面性与平衡性的原则，这是因为全面性和平衡性的指标可以提供综合的、全面的视角，帮助组织全面评估供应链的运作和绩效。

全面性的指标确保了供应链绩效管理的全面覆盖。供应链涉及多个环节和活动，单一指标往往难以全面反映供应链的运作状况。多个全面性的指标可以涵盖供应链的不同方面，如成本、交货准时率、库存周转率、客户满意度等。这样可以提供更全面的信息，帮助组织全面了解供应链的强项和改进点，从而有针对性地进行管理和优化。此外，平衡性的指标确保了供应链绩效管理的平衡考虑。供应链各个环节以及供应链绩效评价指标之间存在着相互影响和平衡关系，过于追求某一个指标可能会导致其他指标的下降或不平衡发展。因此，采用平衡性的指标可以帮助组织在绩效管理中进行权衡和取舍，确保各个环节和指标之间的平衡发展。例如，组织在追求低成本的同时，也要关注交货准时率和客户满意度，保持供应链的整体平衡和可持续发展。

3. 以内外部标杆作为设定供应链绩效目标的基础原则

供应链绩效管理需要遵循以内外部标杆作为设定供应链绩效目标的基础的原则，这是因为标杆可以提供参考和比较的基准，帮助组织评估自身供应链绩效的水平和潜力，并推动持续改进和追求卓越。首先，内外部标杆可以帮助组织了解自身供应链绩效在行业内的位置和表现。通过与行业内其他组织的绩效比较，组织可以获得对自身优势和改进空间的认识。内部标杆是组织内部不同部门或业务单元之间的比较，而外部标杆是行业内的领先组织或最佳实践。借助内外部标杆，组织可以确定自身供应链绩效的相对水平，并找到改进的方向和机会。其次，以内外部标杆为基础设定供应链绩效目标可以激发组织的进取心和追求卓越的动力。当组织意识到自身与标杆之间的差距时，会产生改善和超越的愿望，设定具有挑战性的绩效目标，进而推动组织全员参与并积极主动地寻求创新和改进，以向标杆看齐甚至超越标杆。这种追求卓越的动力可以促进供应链绩效管理的持续改进，提高组织的竞争力和市场地位。最后，内外部标杆还可以提供实践经验和成功案例的借鉴。通过学习和分析成功的供应链实践和最佳实践，组织可以获得宝贵的经验教训和应用指导。这些实践经验可以帮助组织确定可行的改进方向、制定有效的策略和措施，从而提高供应链的绩效和效率。

4. 供应链绩效目标具有积极性与可行性原则

供应链绩效管理需要遵循供应链绩效目标具有积极性与可行性的原则，这是因为积极性和可行性的目标可以激励组织成员的积极参与和努力，同时确保目标的实现可行并具有可操作性。首先，积极性的目标能够激发组织成员的动力和承诺。当供应链绩效目标具有积极性时，能够激发组织成员的热情。积极性的目标应当明确、具体且具有挑战性，这能够激发成员的责任感和自我驱动力。这样可以激发团队的合作精神，推动他们积极参与绩效改进和创新，实现供应链绩效的提升。其次，可行性的目标确保了供应链绩效目标的实现可行并具有可操作性。可行性的目标应考虑组织的资源、能力和环境等因素，确保目标可以达成。通过设定可行性的目标，组织可以提高目标的实现可能性，避免过高或过低的目标设定带来的不切实际性。同时，可行性的目标也有助于为绩效管理提供明确的方向和行动计划，帮助组织成员更好地理解目标，并采取有效的措施实现目标。最后，积极性和可行性的目标还可以增强绩效管理的可持续性。积极性的目标能够激发组织成员的持续动力和承诺，使他们保持对绩效改进和持续优化的关注；而可行性的目标则能够使绩效管理的行动计划和措施顺利实施并持续有效，避免目标设定过于理想化而难以实现的困境。

11.1.5 供应链绩效管理的意义

当前，用户需求的多样化、市场和竞争对手的快速变化、产品生命周期的缩短，都给供应链带来了巨大的压力。资源的有限性、经营的风险性等因素促使供应链中的企业走向协同与合作，而这种协同关系的管理、合作关系的维护、经营效果的考察，都需要供应链绩效管理这一管理工具。

1. 实现战略目标的执行工具

首先，供应链绩效管理通过确立供应链绩效指标和目标，将战略目标转化为具体可操作的步骤，使组织能够在供应链层面进行目标导向的决策和行动。其次，供应链绩效管理提供了监控和评估供应链绩效的手段，帮助组织及时发现偏差和问题，并采取相应的措施纠正，确保供应链的运作与战略目标保持一致。再次，通过持续的供应链绩效管理和改进，优化供应链流程、提高效率和灵活性，使组织能够更好地适应市场变化和战略调整。最后，供应链绩效管理有助于降低成本、降低风险，并提升组织的竞争力，为实现战略目标提供有力支持和保障。供应链绩效管理作为实现战略目标的执行工具，通过目标转化、监控评估、流程优化和风险降低等方式，确保供应链与战略目标的紧密衔接和协同，实现战略目标的高效执行和组织绩效的持续提升。

2. 提高决策的科学性和及时性

首先，供应链绩效管理通过收集、分析和监控供应链绩效数据，供应链绩效管理提供了科学依据和客观指标，使决策者能够基于实际数据做出决策，而不仅仅依靠主观判断。这样可以降低决策的主观性和随意性，提高决策的科学性和准确性。其次，供应链绩效管理的实时性和及时性使决策者能够及时了解供应链的状况和变化，及时识别潜在问题和风险。通过实时监控和评估绩效指标，决策者能够快速做出反应和调整，确保决策的及时性和敏捷性。再次，供应链绩效管理通过提供全面的供应链数据和见解，帮助决策者综合考虑各种因素和影响，从而做出更准确、更全面的决策。这种综合性的决策能够最大限度地优化供应链的运作，提高效率和效益。最后，供应链绩效管理通过持续的监控和改进，使决策过程成为一个持续演进的过程。决策者可以根据供应链绩效的反馈和改进措施的效果调整决策，不断优化决策的结果和效果。这种持续改进的循环使决策过程更加灵活，提高决策的持久性和可持续性。供应链绩效管理通过提供科学依据、实时监控和全面见解，以及持续改进的循环，提高决策的科学性和及时性，帮助决策者做出更准确、更敏捷和更优化的决策。

3. 提供持续改进绩效的工具

首先，供应链绩效管理通过设定明确的绩效指标和目标，为组织建立了一个基准和衡量标准。通过持续监控和评估供应链绩效，组织可以及时发现存在的问题和瓶颈，并找到改进的机会。其次，供应链绩效管理强调数据的收集和分析，帮助组织深入了解供应链的运作情况和绩效表现。通过数据分析，组织可以发现潜在的改进点，优化供应链流程、提高效率和质量。再次，供应链绩效管理强调持续的学习和反馈。组织可以从过去的经验中吸取教训，通过持续改进的循环不断调整和优化供应链的运作方式，提升绩效。最后，供应链绩效管理鼓励合作与协作。通过与供应链各方的紧密合作，共同寻求改进的机会和解决方案，组织可以实现供应链绩效的持续改进。供应链绩效管理作为提供持续改进绩效的工具，通过设定绩效指标、数据分析和学习反馈、合作协作等方式，帮助组织不断发现问题、提出改进措施，并实现持续优化和提升供应链绩效的目标。

4. 建立规范而简洁的沟通平台

首先，供应链绩效管理通过明确的绩效指标和目标，为供应链各方提供了一个共同的沟通平台。这样，不同部门和合作伙伴之间可以基于相同的指标和目标进行交流和协作，减少沟通误解和信息不对称的问题。其次，供应链绩效管理强调数据的收集和分析，以支持沟通和决策。通过共享准确、及时的绩效数据，各方可以更好地了解供应链的状态和表现，从而在沟通中基于事实进行讨论和决策。再次，供应链绩效管理强调简洁和清晰的沟通方式。通过精炼的绩效指标和报告，避免信息过载和冗长的沟通内容，确保沟通的效率和有效性。最后，供应链绩效管理鼓励合作和共享最佳实践。通过建立沟通平台，供应链各方可以分享经验、交流挑战和解决方案，促进知识的共享和合作，提升整个供应链的绩效水平。供应链绩效管理通过明确的指标、数据支持、简洁沟通和合作共享等方式，促进供应链各方之间的沟通和协作，确保信息被准确传递和理解，并提高供应链绩效的协同运作和持续改进。

11.1.6 传统供应链绩效管理存在的问题

1. 绩效评价对象不全面

传统的供应链绩效评价的主体主要是采购部门，适用于原材料订单招投标过程中评价各合作供应商，其目的在于选择达标的供应商。因此，该绩效评价对象为部分上游供应商，并不对全体供应商乃至供应链整体情况做出绩效评价，从根本上导致了该绩效评价作用的局限性。供应链绩效评价的本质在于评估供应链上下游企业的合作关系，以及供应链投入产出价值的情况。仅仅评估供应商绩效存在一定的片面性，还需要考虑企业内部的财务价值、企业外部的客户绩效与社会责任等的影响。

2. 绩效评价指标不合理

首先，评价指标的选取对象不合理。传统的供应链绩效评价指标侧重对价格、质量、时间与合作关系评价，缺乏对供应商生产能力与可持续发展潜力的评价，一定程度上不利于选取最佳的合格供应商。其次，评价指标的评分规则设置不合理。项目成本仅和行业、历史均值相比较并不能完全体现供应商的成本优势。项目质量中的评分规则对严重违规行为的规定过于宽泛，不能精准评价项目质量，一定程度上不利于激发供应商的积极性，影响供应链运营效率。最后，评价指标比重设定不合理。传统的供应链绩效评价体系中能以定量指标评价的比重较低，而定性指标比重较大，存在较大的主观性，并且对项目质量与合作意愿的一部分评分规则没有明确的界定标准，使得企业在绩效评价的过程中，拥有较大自主性，影响评价结果的可靠性。

3. 上下游企业缺乏供应链绩效评价

在供应链的实际运营中，无论上游还是下游企业，普遍不存在有关整体供应链的绩效评价，表明供应链上下游节点企业均缺乏供应链绩效评价的共识，使得供应链上各节点企业缺乏对该供应链运营情况的实际了解，不利于该供应链的优化改进。一个常见的原因是信息不对称。上游企业通常向下游企业提供产品或材料，而下游企业则向上游企业提供销售数据或需求预测。由于信息流通不畅或保密要求，上下游企业之间缺乏共享和交换绩效数据的文化。这导致了供应链的不透明性和缺乏共同的绩效评价标准。另一个原因是资源限制。供应链中的企业往往专注于自身的绩效评价，而忽视了整个供应链的绩效。这可能是因为资源有限，难以涵盖整个供应链的评价需求。此外，企业之间缺乏协同合作和共同目标，也使得供应链绩效评价成为一个被忽视的问题。

11.2 智慧供应链绩效管理概述

11.2.1 智慧供应链绩效管理的概念和内涵

1. 智慧供应链绩效管理的概念

智慧供应链绩效管理是指在智慧供应链建设中，通过科技手段和管理手段对供应链的运作过程进行监控、评估和优化，以提升供应链效率和效益的过程。智慧供应链绩效管理将传统的供应链绩效管理与新兴技术相结合，从而实现对供应链各环节的实时监控和数据分析，并提供决策支持、预测分析和风险管控等功能。对供应链绩效的全面评估和及时调整可以提高供应链质量、降低成本、提升服务质量，并提高企业市场竞争力。

2. 智慧供应链绩效管理的内涵

随着信息技术的发展和应用，供应链管理领域也迎来了智慧化的时代。智慧供应链绩效管理作为其中的重要组成部分，通过结合先进的技术和智能化的方法，对供应链绩效进行全面管理和优化。

（1）进行数据驱动的决策。智慧供应链强调利用先进的技术和数据分析来实现供应链的高效运作和持续改进。一方面，数据驱动的决策基于供应链中的大数据分析。智慧供应链通过收集、整合和分析大量的供应链数据，包括订单数据、库存数据、物流数据、供应商数据等，以获取准确、全面的供应链信息。这些数据可以揭示供应链中的模式和趋势，帮助企业了解运作情况、预测需求、优化资源配置等。通过数据分析，企业可以做出明智的决策，从而提高供应链的效率和绩效。另一方面，数据驱动的决策在智慧供应链中强调实时性和敏捷性。智慧供应链借助实时的数据采集和分析技术，进行快速的决策响应。例如，当市场需求发生变化时，智慧供应链可以通过即时数据分析来调整生产计划、库存管理和物流运输等，以满足市场需求的变化。

（2）提供智能化的供应链规划和协调。智慧供应链强调利用先进的技术和智能化系统来实现供应链的高效规划和协调，以提高绩效和降低风险。通过收集和分析大数据，智慧供应链可以了解市场趋势、消费者行为和竞争对手的动向，从而预测需求的变化。智能化的供应链规划和协调还注重数据分析和智能决策的应用。通过数据分析技术和智能决策支持系统，智慧供应链可以快速分析和处理大量的供应链数据，提供智能化的决策支持。例如，通过智能预测模型和优化算法，智能化的供应链规划和协调可以预测需求、优化资源配置、制定最佳的生产计划和运输方案等。这些智能化的决策可以帮助企业降低成本、提高效率，并减少人为因素对供应链的影响。

（3）采用实时监控和预警系统。智慧供应链强调利用先进的技术和实时数据监控来实现供应链的实时可视化和风险预警，以提高绩效和降低风险。实时监控和预警系统通过数据分析和智能算法，可以对实时数据进行快速分析和检测异常情况。例如，当库存水平过低或过高时，实时监控和预警系统可以发出警报，提醒企业采取相应的措施。此外，实时监控和预警系统在智慧供应链中强调预测性和自动化。通过数据分析和建模，智慧供应链可以预测未来的供应链表现和风险，并根据预测结果进行预警和预防。例如，基于历史数据和市场趋势，实时监控和预警系统可以预测供应链中可能出现的瓶颈、供应中断或物流延迟等问题，从而提前采取相应的措施，以应对预测中的风险和问题。

（4）实现技术与数字化应用。智慧供应链强调通过技术和数字化应用实现供应链的智能化和优化，以提高绩效和适应市场变化。首先，智慧供应链利用先进的技术来支持供应链的各个环节。例如，物联网技术可以实现供应链中物品的实时追踪和监控，从而提高物流的可见性和准确性；人工智能和机器学习技术可以分析供应链数据，识别和预测供应链中的问题和风险，从而帮助企业制定决策和优化供应链流程；大数据技术可以处理大规模的供应链数据，发现潜在的改进机会和趋势。这些技术的应用使得智慧供应链能够快速准确地响应市场需求和变化，提高供应链的灵活性和响应性。其次，智慧供应链注重数字化应用的推广和运用。通过数字化技术，智慧供应链可以实现供应链信息的实时共享和协同。例如，云计算和移动应用可以提供供应链各方之间的即时沟通和合作平台，加强供应链合作伙伴之间的协同和协调；电子商务平台和 EDI 系统可以实现供应链中订单、发货和付款等信息的快速传递和处理。数字化应用还可以支持供应链中的自动化和智能化操作，如自动仓储和拣货系统、智能物流配送等。这些数字化应用的广泛应用可以提高供应链的效率、准确性和可靠性。最后，智慧供应链还注重技术创新和持续改进。智慧供应链鼓励企业采用新的技术和数字化工具，以推动供应链的创新和优化。例如，区块链技术可以增强供应链的可信度和透明度，实现供应链数据的安全共享和追溯；无人机和无人驾驶技术可以改变传统的物流配送方式，提高配送效率和准时性。智慧供应链还关注新兴技术的应用，如物理仿真、增强现实和虚拟现实等，以提供更好的供应链决策支持和培训。

（5）加强合作伙伴关系管理。智慧供应链强调建立和管理与供应链合作伙伴之间的紧密合作关系，以实现供应链的协同和优化。首先，智慧供应链注重建立强大的合作伙伴网络。智慧供应链认识到供应链合作伙伴的重要性，包括供应商、物流服务商和分销商等。通过建立长期稳定的合作伙伴关系，智慧供应链可以实现供应链各方之间的信任和共享利益。智慧供应链通过智能化系统和数字化平台，促进供应链合作伙伴之间的信息共享、沟通和协同，以实现供应链中各个环节的协调和优化。其次，智慧供应链注重合作伙伴关系的价值共创。智慧供应链认识到合作伙伴关系的价值不仅仅是通过交易和合同来实现的，而是通过共同创造价值和提供卓越的客户体验。智慧供应链与供应链合作伙伴共享信息和数据，共同制定和实施供应链目标和策略，以实现供应链的整体协同效应。通过合作伙伴关系的价值共创，智慧供应链可以提高供应链的效率、降低成本、提高质量和服务水平，为企业和客户带来更大的价值。再次，智慧供应链注重合作伙伴关系的创新和持续改进。智慧供应链鼓励与供应链合作伙伴进行创新实践和技术应用，以推动供应链的优化和创新。通过共同研发和创新，智慧供应链可以提供更好的产品和服务，满足客户不断变化的需求。智慧供应链还通过定期的合作伙伴评估和绩效管理，促进合作伙伴关系的持续改进和卓越发展。最后，智慧供应链注重合作伙伴关系的透明度和可见性。智慧供应链通过智能化系统和数字化平台，提供供应链数据的实时共享，使供应链合作伙伴能够更好地了解供应链的运作和绩效。通过共享数据和信息，智慧供应链可以实现供应链合作伙伴之间的相互信任和互相监督，提高合作伙伴关系的效率和稳定性。

（6）实现可持续发展和承担社会责任。智慧供应链强调在供应链运作中考虑环境、社会和经济的可持续性，通过智能化系统和创新的实践来实现可持续发展和承担社会责任。首先，智慧供应链通过智能化系统和技术工具，能够实现对环境影响的监测和管理。通过物联网技术和传感器等设备，智慧供应链可以实时监测和记录供应链中的环境指标，如能源消耗、废物产生和碳排放等。这些数据可以通过智能分析和可视化展示，帮助企业了解供应链中的环境热点和潜在风险，从而采取相应的措施进行环境管理和改善。其次，智慧供应链注重社会责任的履行。通过智能化系统和数据分析，智慧供应链可以追踪和管理供应链中的社会责任问题，如劳工权益、供应商合规和产品安全等。智慧供应链可以通过供应商评估和监督机制，确保供应商符合相关的社会责任标准和法规要求。同时，智慧供应链可以通过数据分析和风险预警系统，识别潜在的社会责任风险，并采取相应的措施进行改进和管理。再次，智慧供应链强调数据的透明性和可追溯性。通过智能化系统和区块链技术等，智慧供应链可以实现供应链数据的共享和可追溯。这样，消费者和利益相关者可以了解产品的来源、生产过程和供应链中的环境和社会责任信息。智慧供应链的透明性和可追溯性有助于构建信任关系，促进企业的社会声誉，同时也鼓励企业更加关注和改善供应链中的可持续性和社会责任问题。最后，智慧供应链注重创新和合作，以推动可持续发展和社会责任的实现。智慧供应链鼓励创新的实践和技术的应用，以提高供应链的效率和可持续性。例如，智慧供应链可以利用物联网技术和大数据分析，优化运输路线和节约能源。智慧供应链还强调合作和伙伴关系的建立，在供应链中实现共同的可持续发展目标和社会责任。通过合作和共享资源，智慧供应链可以实现资源的优化利用和风险的共同管理，以促进可持续发展、实现社会责任。

11.2.2　智慧供应链绩效评价

2017年国务院办公厅发布的《关于积极推进供应链创新与应用的指导意见》以及2018年由商务部等8个部门出台的《关于开展供应链创新与应用试点的通知》都旨在推动供应链的智慧化发展，以柔性、敏捷性更强的智慧供应链应对供应链运作的不确定。与此同时，智慧供应链发展水平评价则是促进智慧供应链发展的重要步骤。对智慧供应链的发展水平进行评价，分析智慧供应链发展态势及聚类特征，根据分析结果提出相应政策与措施能进一步推动智慧供应链的良性发展。

1. 智慧供应链绩效评价内涵

供应链绩效评价是从供应链整体开始，综合使用各种先进技术和方法，开发和实施供应链系统的各种可能性、性能计划、性能实现。供应链绩效管理的目标是监视和管理供应链过程，调整各链接和成员企业的利益分配，持续改善供应链及其成员企业的运营效率和有效性。智慧供应链绩效评价通过实时的数据监控和分析，帮助企业全面了解供应链的运作状况，发现问题和瓶颈，并提供决策支持和改进措施。它可以基于关键绩效指标和绩效评分卡等工具，对供应链的各个环节和参与方进行评价，并提供定量和定性的评价结果。智慧供应链绩效评价的目标是帮助企业优化供应链的流程和资源配置、提高效率、降低成本、提升客户满意度，并为供应链绩效持续改进提供指导和依据。

2. 智慧供应链绩效评价的特点

智慧供应链绩效评价是评估智慧供应链系统或流程的效果和成果的过程。它涵盖了供应链的各个方面，以全面了解供应链的运作状况，并为持续改进和优化供应链绩效提供指导。智慧供应链绩效评价的特点包括以下方面。

（1）比传统供应链绩效评价更具全面性。智慧供应链绩效评价考虑了供应链的各个方面和环节。传统的供应链绩效评价主要关注交付绩效、成本绩效和质量绩效等核心指标。然而，智慧供应链绩效评价更进一步，将关注点扩展到了可持续性绩效、创新能力、合作伙伴关系等更具综合性和战略性的指标。通过综合评价不同维度的绩效，智慧供应链绩效评价提供了一个全面了解供应链运作状况的视角。在评价交付绩效方面，智慧供应链绩效评价可以考虑订单交付准时率、订单完成时间、库存周转率和客户满意度等指标。对成本绩效的评价可以包括采购成本、运输成本、库存成本和供应链运作成本等指标。对质量绩效的评价可以涵盖产品质量指标、客户投诉率、退货率以及供应商质量绩效等指标。此外，智慧供应链绩效评价还关注可持续性绩效，如环境影响、社会责任、供应链透明度和供应链伦理等指标。对创新能力的评价可以考虑供应链的创新实践、数字化技术应用、供应链协同和合作等指标。合作伙伴关系也是智慧供应链绩效评价的焦点之一，包括评估供应链合作伙伴的满意度、供应链网络的弹性和可靠性以及合作伙伴关系的创新和协同等指标。

（2）利用实时数据，注重实时性。智慧供应链绩效评价强调实时性。传统的供应链绩效评价常常是基于历史数据进行分析和评估，这可能存在时间滞后和反应不及时的问题。然而，智慧供应链绩效评价利用实时数据和分析技术，能够提供更及时的评估和反馈。通过实时数据的收集和分析，智慧供应链绩效评价可以捕捉到供应链运作中的实时变化和动态情况。这使得管理者能够更快速地发现和解决问题，及时调整供应链策略和运作方式。实时性的评价结果还可以与设定的目标进行比较，帮助管理者了解当前绩效与目标之间的差距，并采取相应的措施进行改进。

（3）综合分析不同指标的相互关系。智慧供应链绩效评价强调综合考量。它不仅将关注点扩展到多个维度和指标，还将不同指标之间的关系和影响考虑在内。绩效评价不再是孤立的指标评估，而是通过综合分析和评估不同指标之间的相互关系，形成更全面、准确的评价结果。综合性的评价可以帮助管理者了解供应链运作中的绩效协同效应和潜在的矛盾点。例如，交付绩效的提高可能会导致库存成本的增加，而在综合考量下，需要权衡不同指标之间的关系，找到最优的供应链绩效平衡点。综合性的评价还可以揭示供应链系统中的潜在风险和薄弱环节，为决策提供更全面的依据。

11.2.3 智慧供应链绩效评价模型

智慧供应链绩效评价模型是一个基于行业特性、数据支持和智能技术应用的综合模型。对智慧供应链的关键指标进行量化分析和评估，能够帮助企业全面了解智慧供应链的绩效状况，并提供精准的决策依据。智慧供应链绩效评价模型的构建需要依据行业特性，同时也要考虑到不同行业的供应链特点和需求。与传统的供应链绩效评价模型不同的是，智慧供应链绩效评价涉及额外的维度指标，其涉及的指标数据往往非常复杂，具有一定的非线性和模糊性。传统的供应链绩效评价模型可能无法很好地处理这些数据，因此需要引入更为灵活和有效的评价模型，如考虑新的绩效评价维度的"六维"平衡计分卡模型、具有很强的非线性处理能力的岭回归-BP神经网络模型以及能够处理模糊性和不确定性信息的AHP（Analytic Hierarchy Process，层次分析法）-FCE（Fuzzy Comprehensive Evaluation，模糊综合评价）模型。

1. "六维"平衡计分卡模型

传统的平衡计分卡模型将绩效指标分为4个维度：财务（Financial）、客户（Customer）、内部业务流程（Internal Processe）和学习与成长（Learning and Growth）。传统的平衡计分卡模型在智慧供应链绩效管理中可能需要扩展或调整以适应新的要求和挑战,所以需要考虑加入额外的维度。在很多已有研究中,供应链的意识属性是影响供应链绩效的重要属性,因此,可以在评价体系中增加供应链的智慧度属性。此外,随着全球环境问题的日益突出,企业和供应链管理者越来越意识到他们在保护环境和可持续发展方面的责任。通过增添绿色度属性,智慧供应链绩效管理可以更好地反映企业的环境责任,并推动可持续发展行动的开展。增添绿色度能够体现企业的可持续性责任,满足法规和监管要求,塑造品牌形象,提高资源效率和成本节约,并激发创造性。这有助于建立可持续的供应链,实现环境和经济的双重效益。"六维"平衡计分卡模型如图 11-3 所示。

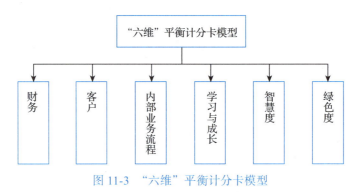

图 11-3 "六维"平衡计分卡模型

2. 岭回归–BP 神经网络模型

BP 神经网络是应用最为广泛的神经网络算法。它能处理大量的非线性输入输出数据,具有很强的非线性逼近能力,为处理一般规律隐含在大量数据中的非线性映射问题提供了一种有效的解决方法。作为非常优秀的神经网络算法,它运用神经网络方法对供应链管理的绩效指标进行评价。BP 神经网络具有很强的非线性处理能力,但是由于智慧供应链绩效评价中选取的与智慧度和绿色度相关指标的内容相关性相对较高,会形成多重相关线性关系,影响建模的稳定性和正确性。岭回归是一种分析共线性数据偏差估计的回归分析方法,其基本原理是以损失数据的部分信息为代价获得更符合实际的回归方法,广泛应用于筛选指标。通过岭回归对指标进行筛选,可以有效减少模型运算的工作量,消除指标之间存在的共线性对运算结果造成的影响。

3. AHP–FCE 模型

在智慧供应链绩效评价中,涉及的指标往往具有模糊性,难以用传统的定量指标进行准确衡量。这时候,可以运用 FCE 来处理模糊性指标。FCE 是一种针对模糊性问题的评价方法,它能够处理不确定性和模糊性信息,将模糊的、不精确的数据转化为具有模糊程度的数值。通过建立模糊评判矩阵,运用模糊数学的理论和方法,对指标进行模糊化处理,得到相应的权重和评价结果。然而,FCE 在确定指标权重时往往需要依赖专家的经验判断,存在主观性的问题。为了尽可能减少主观臆断,可以将 AHP 与 FCE 结合起来,构建 AHP-FCE 模型。AHP 可以通过建立层次结构和构建判断矩阵,将主观判断转化为定量的权重。AHP 的结构化分析可以减少主观性,并提高评价结果的可靠性。得到的权重可应用于 FCE,对模糊性指标进行模糊化处理和评价。通过 AHP-FCE 模型，企业可以综合考虑专家的主观判断和模糊性指标的特征，将定性和定量相结合，得到更可靠和准确的评价结果。这样的评价方法能够更好地应对智慧供应链绩效评价中的模糊性和主观性问题，提高评价的客观性和科学性。

11.3 智慧供应链绩效评价体系

智慧供应链绩效评价体系是适用于评估和衡量智慧供应链绩效的一套指标和方法体系。它旨在通过定量和定性的方式，对智慧供应链的关键绩效指标进行测量、分析和评估，以评估供应链的绩效水平、发现问题和改进机会，并为决策者提供参考和指导。

11.3.1 智慧供应链绩效评价体系的构建依据

构建智慧供应链绩效评价体系离不开行业特性依据、数据支持依据和智能技术应用依据，目的是确保评价体系的科学性、全面性和适用性。这样的评价体系将为组织提供准确的供应链绩效评估和改进方向，推动智慧供应链的持续优化和创新发展。

1. 行业特性依据

评价体系应该考虑到不同行业的特点和需求，结合具体行业的供应链管理实践和标准，制定相应的评价指标和方法。智慧供应链绩效评价体系的构建需要基于行业特性。不同行业的供应链具有独特的特征和需求，因此需要根据行业特性来构建相应的评价体系。首先，行业特性包括供应链的复杂度和规模。某些行业的供应链可能涉及多个环节和参与方，而另一些行业的供应链可能相对简单。评价体系需要考虑到供应链的复杂程度和规模，以确保评价指标的适用性和准确性。其次，行业特性还包括供应链的关键风险和挑战。不同行业面临的风险和挑战可能不同，如原材料供应的不稳定性、季节性需求波动等。评价体系需要关注和评估与行业特定风险和挑战相关的指标，以帮助企业识别和应对供应链中的关键问题。再次，行业特性还包括供应链的核心业务和价值链。不同行业的供应链可能有不同的核心业务和关键价值链环节。评价体系应该重点关注与供应链核心业务和价值链相关的指标，以确保评价的重点与行业的核心运营一致。最后，行业特性也涉及法规和合规要求。不同行业可能受到特定的法规和合规要求的影响，如食品安全标准、环境保护要求等。评价体系需要考虑并评估与法规和合规要求相关的指标，以确保供应链的合法合规运营。

综上所述，智慧供应链绩效评价体系的构建依据是行业特性。通过考虑供应链的复杂度、规模、关键风险和挑战、核心业务和价值链，以及法规和合规要求，评价体系可以针对不同行业的特性进行定制，从而更好地评估和管理供应链的绩效。

2. 数据支持依据

评价体系应该依赖于准确、全面的数据支持，包括供应链各环节的数据收集、处理和分析，以确保评估结果的准确性和可信度。智慧供应链绩效评价体系的构建需要数据支持。首先，数据在智慧供应链绩效管理中起着至关重要的作用，它为评价体系提供了客观、准确的依据。评价体系需要依靠大量的供应链数据来衡量和评价不同方面的绩效。这些数据可以包括供应链运作的各个环节的指标数据，如采购数据、生产数据、库存数据、物流数据等。通过对这些数据进行分析和加工，企业可以获得供应链绩效的定量指标，如交付准时率、库存周转率、订单完成时间等。其次，数据可以用于对供应链绩效进行趋势分析和预测。通过对历史数据的分析，企业可以发现供应链绩效的变化趋势和规律，从而提前预测潜在的问题和风险。这种基于数据的预测和趋势分析可以帮助企业及时采取措施，优化供应链运作，提高绩效水平。再次，数据可以用于供应链绩效的对比。通过与内部和外部同行业企业的数据进行对比，企业可以评价自身供应链的相对绩效水平，并发现改进的空间。这种基于数据的对比分析可以为企业提供参考和借鉴，促进其在供应链绩效方面的提升。最后，数据的及时性和准确性对评价体系的有效性至关重要。评价体系需要确保所使用的数据来源可靠，并采用适当的数据采集和处理方法，以保证数据的准确性和一致性。

综上所述，智慧供应链绩效评价体系的构建依据是数据支持。通过利用供应链数据进行衡量、分析、预测和对比，企业可以建立有效的评价体系，帮助企业全面了解供应链绩效，并采取相应的改进措施，实现供应链的优化和提升。

3. 智能技术应用依据

评价体系可以融入智能技术，如大数据、人工智能和物联网等，以提高评价效率和精度，实现供应链的智能化管理。智慧供应链绩效评价体系的构建依据是智能技术的应用。智能技术在供应链管理中的广泛应用为构建评价体系提供了重要依据和支持。首先，智能技术可以帮助实现供应链数据的自动化采集和整合。通过物联网、传感器技术和自动化系统，企业可以实时获取各个环节的数据，并将其自动整合到一个统一的数据平台中。这样，评价体系可以基于全面、准确的数据进行构建，提高评价的精度和可信度。其次，智能技术可以实现对供应链各个环节的追踪和监控。例如，利用物联网和区块链技术追踪原材料的来源、产品的生产过程、物流的运输路径等信息。评价体系可以基于这些追踪数据，对供应链的可视化和可追溯性进行评价，帮助企业发现潜在的问题和风险。再次，智能技术还可以支持供应链预测和优化。人工智能和大数据分析可以对供应链进行预测和模拟，帮助企业做出合理的决策和优化方案。评价体系可以基于这些预测和优化数据，对供应链的可行性和效益进行评价，为决策提供科学依据。最后，智能技术还可以支持供应链的自动化和智能化管理。例如，利用机器学习和自动化控制技术实现自动化的库存管理、订单处理和物流调度。评价体系可以基于这些自动化和智能化的管理数据，对供应链的效率和灵活性进行评价，发现改进的机会和潜力。

综上所述，智慧供应链绩效评价体系的构建依据是智能技术的应用。通过智能技术的自动化数据采集、追踪监控、预测优化和自动化管理，评价体系可以建立在智能化的基础上，提高供应链评价的准确性、及时性和效能性，帮助企业实现智慧供应链的持续改进和优化。

11.3.2 智慧供应链绩效评价指标

如何对智慧供应链绩效水平进行有效的评价，进一步提高其管理水平，帮助企业实现战略目标已经成为国内外学者研究重点。大部分研究都停留在定性层面，对智慧供应链发展水平评价相关理论与实践研究的支撑较少。智慧供应链绩效评价可以参考如表 11-1 所示的指标体系。

表 11-1 智慧供应链绩效评价指标体系

一级指标	二级指标	三级指标
智慧供应链绩效	供应链柔性	企业的准时交货能力
		合作企业之间收益分配机制的合理度
		合作企业之间的合作能力
		合作企业之间的沟通方式
		合作企业之间的沟通能力
	企业采购	企业处理与上下游企业之间问题的能力
		企业采购周期
		企业采购渠道
		企业安全库存
		企业库存周转率
	企业生产柔性	企业对市场需求变动的适应能力
		企业引进新产品的能力
		企业上马新产品的能力
	企业计划	企业计划执行准确度
		合作企业之间计划的调整能力
		企业对计划执行的跟踪能力
	供应链智慧度	企业对网络平台的利用率
		企业对物流智能技术的应用率
		企业对供应链信息系统的应用率
	供应链管理意识	"供应链能够降低企业交易成本"的认同率
		"供应商和分销商是企业有机组成部分"的认同率
	供应链绿色度	环境影响度
		资源利用率
		废弃物回收率
		绿色度认同度

1. 供应链柔性

供应链柔性作为智慧供应链绩效评价的指标之一，强调了供应链对于环境不确定性和变化的适应能力。智慧供应链面临着日益复杂和不确定的环境，如市场需求变化、供应链中断、新技术的引入等。供应链柔性可以帮助供应链系统更好地适应这些不确定性，通过灵活性和敏捷性来处理突发情况，以保持供应链的正常运转。

2. 企业采购

采购环节涉及企业与供应商之间的交互和合作，对供应链的运作和绩效有着直接的影响。采购环节的高效运作可以保证供应链的及时响应和灵活性。通过评价采购绩效，企业可以了解其对市场需求变化的敏感度和供应链的灵活性，进而评价供应链的整体响应能力。企业采购作为供应链中的关键环节，对成本、质量和响应能力具有重要影响，且具备可获得性和量化性的数据，因此被用作衡量智慧供应链绩效的指标之一。

3. 企业生产柔性

企业生产柔性作为智慧供应链绩效评价的指标之一，强调了企业对于需求变化的适应能力和生产系统的灵活性。市场需求的变化是传统供应链管理中常见的挑战。使用企业生产柔性作为智慧供应链绩效评价指标可以使生产系统快速调整产能、生产线布局和工艺流程，以满足不同的市场需求。这种灵活性可以帮助企业更好地适应需求波动，减少库存积压和缺货风险。

4. 企业计划

企业计划提供了一个明确的目标和预期结果。将绩效评价指标与企业计划进行对比，可以衡量供应链绩效的实际表现是否达到了预期目标。这有助于评价供应链的绩效水平和效果，并识别出潜在的问题和改进机会。使用企业计划来衡量智慧供应链绩效具有多个优势。它可以提供明确的目标和预期结果，统一衡量标准，追踪与监控绩效目标的实现情况，并为资源分配提供依据。这有助于更好地评价供应链的绩效表现，并推动绩效的持续改进和优化。

5. 供应链智慧度

供应链智慧度作为智慧供应链绩效评价的指标之一，强调了企业在数字化转型、数据驱动决策、智能化应用和创新协同方面的能力。智慧供应链强调基于数据和分析的决策。供应链智慧度可以反映企业在数据管理和分析方面的能力，包括数据收集、清洗、整合和分析等。通过有效地利用供应链数据，企业能够进行更准确的需求预测、库存优化、供应链网络优化等决策，提高供应链的效率和灵活性。

6. 供应链管理意识

智慧供应链绩效评价中使用供应链管理意识作为指标之一是因为供应链管理意识对于有效管理和协调供应链活动至关重要。智慧供应链管理涉及多个部门和利益相关者之间的协作和合作，对供应链管理意识的评价可以促使不同部门之间形成良好的合作关系，并鼓励信息共享、协同决策和对共同目标的追求。

7. 供应链绿色度

供应链绿色度指标是对供应链的环境可持续性和社会责任进行衡量。随着全球环境问题的日益突出，越来越多的组织和消费者关注供应链的可持续发展。通过衡量供应链的绿色度，企业可以评估供应链在环境保护、资源利用和社会责任方面的表现。

11.3.3 智慧供应链绩效评价方法

传统的对供应链进行评价的方法有很多，包括层次分析法、模糊综合评价法、数据包络分析法、人工神经网络方法等。在评价智慧供应链绩效时，可以根据具体情况选择合适的方法或结合多种方法来进行评价。下面将介绍几种常见的智慧供应链绩效评价方法，包括灰色聚类－模糊综合评价法、BSC（Balanced Score Card，平衡计分卡）–X 型评价法、粗糙集理论（Rough Set Theory）属性约简评价法以及 BP 神经网络评价法。选择适合的评价方法可以帮助企业更好地量化和分析绩效，为智慧供应链的持续改进提供有力支持。

1. 灰色聚类 – 模糊综合评价法

灰色聚类是一种基于灰色系统理论的分析方法，用于处理具有部分信息或不完整信息的问题。它通过将数据分为若干个灰色类别，将不确定性信息转化为确定性信息，以便进行进一步的分析和决策。模糊综合评价法是一种基于模糊理论的评价方法，适用于处理模糊性和不确定性较高的问题。它通过建立模糊集和模糊关系，综合考虑多个评价指标，得出模糊的评价结果，以提供决策支持。模糊综合评价法隶属度（模糊综合评价法通常会将评价指标进行模糊化，即将其转化为模糊集合，每个评价指标对应一个模糊集合。而隶属度则用来表示某个具体值对于该模糊集合的归属程度）的确定较为困难，且无法分层级、分角度进行评价。灰色聚类——模糊综合评价法首先利用 AHP 确定供应链绩效指标权重，以灰色聚类分析得到的聚类系数作为模糊综合评价法中的隶属度，既解决了隶属度确定难的问题，也避免了确定过程中的主观影响，还可以分层级、分角度进行评价。

2. BSC–X 型评价法

BSC 的核心思想是在一系列指标（短期目标和长期目标、财务指标和非财务指标、滞后型指标和领先型指标、内部绩效指标和外部绩效指标）之间形成平衡。较之传统的基于财务分析的绩效评价方法，该方法更为注重企业的长远利益对企业核心价值的挖掘，已在企业管理界和学术界得到了广泛的研究与应用。要对智慧供应链绩效进行客观公正的评价，必须对 BSC 进行扩充，使其适应评价智慧供应链整体绩效和节点企业智慧供应链绩效。以 BSC 为基础的供应链绩效评价，近年又逐渐发展出 BSC-BP、BSC-AHP、BSC-ANP（网络分析法）等联合评价方法，我们将这类方法统称为 BSC-X 型评价法。

3. 粗糙集理论属性约简评价法

在智慧供应链条件下，各节点企业运作策略具有动态可调节性，其运作行为具有随机性和不确定性，这就要求企业在对智慧供应链绩效进行评价时必须采用动态评价方法，同时对供应链在未来某一时刻的整体绩效进行预测。粗糙集理论属性约简评价法是处理这种不确定性的重要方法。粗糙集理论是一种刻画含噪声、不完整、不精确、不相容的数学工具，它能有效分析和处理不精确、不一致、不完整等各种不完备信息，并从中发现隐含的知识，揭示潜在的规律，是一种重要的软计算技术。其主要思想是在保持分类能力不变的前提下，通过属性约简，导出概念的分类原则。粗糙集理论是基于不可分辨的思想和知识简化的方法，从数据中推理逻辑规则作为知识系统模型。以往的学者基于粗糙集理论的绩效评价模型，建立了动态供应链绩效评价决策表，利用粗糙集理论属性约简评价法得到了预测绩效评价结果的决策规则集，并把粗糙集理论属性约简评价法和模糊综合评价法相结合进行动态供应链绩效评价，显著缩小了数据处理的规模，降低了模型的计算复杂度。

4. BP 神经网络评价法

智慧供应链绩效评价是一个包含多个指标输入输出的复杂评价系统，各绩效指标具有模糊性，彼此之间存在非线性关联性。针对这样一个复杂的评价系统，BP 神经网络技术可以找出供应链绩效评价系统输入输出之间的非线性映射关系，从而对智慧供应链绩效评价结果进行学习和预测。BP 神经网络技术可大规模地并行处理和分布式地存储信息，具有良好的自适应性、自组织性以及很强的学习功能、联想功能和容错功能。它具有更加接近人脑的信息处理模式，主要表现为能够处理连续的模拟信号。神经网络并行分布工作，各组成部分同时参与运算，单个神经元的动作速度不高，但总体的处理速度很快。

11.4 智慧供应链绩效管理的实施与价值

11.4.1 智慧供应链绩效管理的实施

1. 制定智慧供应链战略

智慧供应链绩效管理的核心是制定并实施智慧供应链战略，以帮助组织提高供应链的效率和效果。下面是制定智慧供应链战略的具体措施。

首先，组织需要清楚地了解自身的业务需求和目标。这包括对供应链运作的关键要素的识别。组织可以通过内部调研、与关键利益相关者的讨论和外部市场分析等方法来获取这些信息。基于业务需求、目标和潜力评估的结果，组织可以制定智慧供应链战略。其次，在确定业务需求和目标的基础上，组织需要评估智慧供应链在实现这些目标方面的潜力。这包括评估当前供应链管理的状况、识别潜在的改进点和机会，并确定智慧技术和解决方案在供应链中的应用领域。再次，在制定智慧供应链战略的过程中，组织需要识别关键的智慧技术和工具，以支持战略的实施。这可能涉及物联网、人工智能、大数据、云计算等技术的应用。然后，智慧供应链战略的实施后，组织需要进行持续的监控和评估。这包括对供应链绩效的定期跟踪和评估，以确保智慧供应链的实施效果符合预期。组织可以使用关键绩效指标来衡量供应链的效率、响应能力和质量等方面的改进。最后，智慧供应链是一个不断演进的领域，组织需要持续改进和创新。通过分析供应链数据、借鉴最佳实践、关注技术发展趋势等方式，组织可以不断优化供应链运作，并及时采取新的智慧技术和解决方案。

2. 技术建设和数字化转型

为了实现智慧供应链绩效管理，组织需要投资和采用适当的技术和系统。这可能包括供应链管理系统、数据分析工具、物联网技术等。在这一阶段，组织需要评估现有的技术基础设施，并与供应链合作伙伴和技术提供商合作，实施和集成相应的技术解决方案。

一方面，组织需要评估当前的技术基础和数字化水平。这包括评估供应链管理系统、数据收集和处理方法、信息共享平台等方面的现状。基于评估结果和业务需求，组织需要制定技术建设和数字化转型的战略。这个战略应该明确指导技术投资和数字化转型的方向和目标。另一方面，需要智能化的物联网基础设施来支持数据的采集、传输和处理。这一基础设施包括传感器和智能设备、通信网络、数据存储和处理系统以及安全机制等要素。传感器可以直接安装在物品上，或者通过设备和设施进行监测；智能设备（如 RFID 读写器、智能标签等）可以提供实时的数据采集和传输功能。通信网络是支撑物联网基础设施的关键要素。通过建立稳定、高效的通信网络，可以实现传感器和设备之间的互联互通。无线通信技术（如 Wi-Fi、蓝牙、NFC 等）被广泛应用于物联网的通信连接。大量的传感器和设备产生的数据需要进行存储和处理，以支持供应链管理和决策，这就涉及数据存储和处理系统。云计算技术提供了强大的数据存储和处理能力，使得数据可以被集中管理和分析。此外，边缘计算技术允许数据在离散的设备和传感器上进行处理，避免数据传输延迟且没有带宽需求，由于涉及大量的数据传输和共享，确保数据的安全性和隐私保护至关重要，这就涉及安全机制。物联网基础设施需要采取适当的加密和认证机制，确保数据的机密性和完整性。此外，访问控制和身份验证等技术也需要应用于保护物联网基础设施的安全。

总之，智慧供应链建设智能化的物联网基础设施是实现供应链的数字化转型和提升绩效的关键一步。传感器和设备的部署、通信网络的建立、数据存储和处理系统的搭建以及安全机制的加强，可以实现供应链中各个环节的数据实时采集、传输和处理，为智慧供应链绩效管理提供强有力的支持。这将带来更高的供应链可见性、更准确的预测和决策，以及更高效的运营和协同合作。

3. 流程优化和整合

智慧供应链绩效管理的实施步骤涵盖了流程优化和整合。流程优化包括对供应链各个环节的分析和评估，识别瓶颈和改进机会，并通过重新设计和重新配置流程来提高效率；整合则侧重于建立协同和信息共享机制，使供应链各参与方能够实时掌握供应链状态、快速响应和协同决策。这些步骤需要借助信息技术和数字化工具的支持，以实现数据驱动的决策和持续的改进。通过流程优化和整合，智慧供应链绩效管理可以提高供应链的效率和效果，形成卓越的绩效和竞争优势。

流程优化是智慧供应链绩效管理的关键环节之一。一方面，分析和评估供应链的各个关键流程，以识别潜在的瓶颈、延迟和浪费。使用流程图、价值流图等工具，可视化供应链流程，并深入了解流程中的关键步骤、资源消耗和时间延迟。这有助于揭示供应链中的瓶颈点和改进机会。另一方面，在流程分析的基础上进行流程优化是实现智慧供应链绩效管理的关键一步。流程优化的目标是消除冗余、降低复杂性和提高效率。重新设计和重新配置供应链流程可以缩短交付时间、减少库存持有成本、优化运输和配送等关键环节。这可能涉及供应链网络的重新布局、生产和物流的流程改进、供应商和合作伙伴的协同优化等。流程优化需要综合考虑供应链中的各个环节和参与方。例如，生产环节可以通过实施精益生产和敏捷制造，减少生产过程中的浪费和不必要的库存。物流环节可以通过优化运输路线、改进仓储和配送方案，提高交付准时率和降低运输成本。

整合是实施智慧供应链绩效管理的另一个重要方面。供应链中的各个环节和参与方通常是分散的，而整合的目标是建立紧密的协同和信息共享机制。整合供应链中的数据、信息和决策流程可以实现供应链的实时可见性、快速响应和协同决策。整合需要信息技术和数字化工具的支持。例如，供应链管理系统和物联网技术可以实现实时的数据采集和共享，使得供应链各个参与方能够实时掌握供应链的状态和变化。云计算和大数据技术可以帮助企业整合和分析供应链中的大量数据，提供更深入的洞察和决策支持。

4. 数据管理和分析能力建设

智慧供应链绩效管理的实施步骤中，数据管理和分析能力建设是至关重要的环节。它涉及收集、整合、清洗和分析供应链数据，以获得有价值的洞察和支持决策。数据管理和分析能力建设是智慧供应链绩效管理的核心要素之一。在实施智慧供应链绩效管理之前，企业需要建立一个有效的数据管理系统，并培养数据分析的能力。这样可以确保供应链数据的准确性、完整性和可用性。

一方面，数据管理涉及收集和整合供应链的各种数据。这些数据可以包括销售数据、库存数据、供应商数据、运输数据等。通过建立适当的数据采集机制，企业可以从各个环节和参与方中收集数据。同时，需要确保数据的一致性和标准化，以便进行有效的比较和分析。此外，还需要对数据进行清洗、分类和标记，以便将其与供应链的特定方面和指标关联起来。一旦数据被收集、整合和清洗，企业就可以进行数据分析。另一方面，数据分析是智慧供应链绩效管理的关键环节，它帮助企业发现供应链中的趋势、关联和异常情况。数据分析可以使用各种技术和工具，如统计分析、数据挖掘、机器学习等。通过分析数据，企业可以获得关键的绩效指标和洞察，如交付准时率、库存周转率、成本效益等。数据管理和分析能力建设还需要培养企业内部的数据驱动文化和分析能力。这包括培训员工使用数据分析工具和技术，以及提供支持和资源来推动数据驱动的决策和改进。此外，企业还可以建立数据分析团队或合作伙伴关系，以获得更专业的数据分析支持。

5. 监控和持续改进

智慧供应链绩效管理的实施步骤中，监控和持续改进是关键环节。它涉及对供应链绩效的监测和评估，以及通过反馈机制和改进措施来实现持续的绩效提升。监控和持续改进是智慧供应链绩效管理的核心要素之一。在实施智慧供应链绩效管理之后，企业需要建立一个有效的监控系统，以实时跟踪供应链的绩效指标和关键数据。同时，持续改进的文化和机制也需要得到支持和推动，以确保供应链的持续优化和绩效的持续提升。

首先，监控是智慧供应链绩效管理的重要步骤。通过采集、整合和分析供应链数据，企业可以实时监测供应链的运营状态和绩效表现。这涉及监控关键指标，如交付准时率、库存周转率、成本效益等。仪表板、报表和实时数据可视化等工具可以使监控过程更加直观和高效。其次，制订改进计划和措施。这可能涉及流程优化、技术升级、供应链网络的调整等。改进计划应该具体、可衡量和具有时间表。再次，实施改进措施，并监测其效果。这可以通过实施试点项目、定期评估和追踪指标来实现。最后，总结改进经验和教训，并将其纳入持续改进的循环中，以促进组织的学习和成长。持续改进需要建立一个积极的改进文化和机制，包括鼓励员工提出改进建议、共享经验和知识，以及建立反馈和奖励机制来推动改进的实施。此外，持续改进还需要与供应链合作伙伴建立协同机制，共同推动供应链的整体效能和绩效提升。

11.4.2 智慧供应链绩效管理带来的新价值

智慧供应链绩效管理的实施为企业带来了多方面的新价值。首先，通过智能化的数据分析和实时监控，局部绩效得到了大规模的提升。这意味着企业能够更加精准地识别和解决供应链中的瓶颈和问题，从而提高生产效率和产品质量，实现成本的有效控制。其次，智慧供应链绩效管理使企业能够更灵活地响应客户新需求。通过实时数据分析和预测，企业可以及时调整生产计划和供应链流程，以满足市场的快速变化和客户的个性化需求，从而增强了市场竞争力和客户满意度。最后，智慧供应链绩效管理助力企业实现绿色供应链和可持续发展目标。通过引入绿色度指标和优化供应链设计，企业能够降低资源消耗、减少废物排放，推动供应链向环保和可持续方向发展，从而为环境保护和社会责任承担做出积极贡献。总之，智慧供应链绩效管理为企业带来了全面提升的竞争力和运营效益，助力企业实现可持续发展和长期价值创造。

1. 局部绩效得到大规模提升

智慧供应链绩效的有效实施，可以使得供应链局部绩效得到提升。例如，智慧供应链网络和云计算的结合可以为制造业企业选择合适的仓库位置。为保障配一体服务仓储资源配置，云南宝象物流集团打造宝象智慧云仓。宝象智慧云仓平台是一个基于物联网、云计算等技术的平台体系，主要包含云仓在线、云仓管理、云仓监管、云仓智助、试点仓库改造等方面内容。为客户提供仓储资源搜索配置、库存数字化管理、库内业务管理、物联网监管、智能辅助应用等智慧化、体系化仓储管理全面应用。此外，通过智慧供应链绩效评价方法，企业可以确定供应商的评价标准。例如，日化用品行业使用供应链平台预警工作台自定义设置供应商风险管理指标（如资质期限、执行力等），多维度监控供应商，形成整改报告并给予警告、责令改进。如供应商不能在期限内改进，则企业可在日化用品的供应链平台上终止合作审批，结束合作关系，淘汰并替换供应商。

2. 响应客户新需求

智慧供应链绩效的提升可以提高客户的满意度，例如，美团外卖是中国最大的在线外卖平台之一。该平台通过优化订单确认和配送过程，提升了客户满意度。一方面，平台支持快速订单确认。美团外卖通过引入智能算法和自动化系统，加快了订单确认的速度。客户不再需要等待漫长的确认时间，订单可以被快速处理。另一方面，平台提供准确的配送时间。美团外卖通过实时追踪配送员的位置和交通状况，提供准确的配送时间。客户可以清楚地知道何时能够收到外卖，减少焦虑感。此外，智慧供应链还能通过新一代全球网络来实现横向集成，通过动态调整生产计划，实时响应客户对降低成本和缩短交货期的需求。例如，Nuance集团（全球顶级的机场零售商之一）位于澳大利亚的免税商店常常出现某些商品短缺，而其他商品的库存却很多的情况。为了更好地为客户提供服务，并实现更大的增长，Nuance集团决定将其手工库存跟踪和定购系统更换为更加智能的预测和库存优化系统。该解决方案可以分析实际销售数据以及销售趋势、客户购买偏好、促销计划和预计的航线客运量，从而计算和提交补货订单。如今，该集团在澳大利亚的其他商店也装上了这个新系统。除了从根本上缩减补充库存所需的时间外，该解决方案还支持更准确的需求预测，可以使库存降低10%～15%，并增加销售量。传统供应链主要与客户互动，进而提供及时、准确的交付产品，而智慧供应链则在整个产品生命周期（从产品研发、日常使用到产品寿命结束）都与客户紧密联系。通过大量的使用，智慧供应链可以从源头获取需求信息。

3. 打造绿色供应链和实现可持续发展

智慧供应链绩效管理在打造绿色供应链和实现可持续发展方面扮演着关键角色。随着全球环境问题日益严峻，企业被迫重新审视其供应链运作方式，并将可持续发展理念纳入企业战略中。智慧供应链绩效管理通过绿色度指标的引入和应用，成为推动绿色供应链和可持续发展的有力工具。智慧供应链绩效管理借助绿色度指标，实现对供应链各环节的环境影响评估和监控。此外，智慧供应链绩效管理还能够促进企业与绿色供应商的合作，推动供应链向绿色方向发展。通过建立绿色供应链网络，企业可以选择具有环保认证的供应商作为合作伙伴，优先选择环保材料和可再生能源，从源头上降低对环境的负面影响。智慧供应链绩效管理通过绿色度指标的量化评估以及与绿色供应商的合作推动绿色供应链和可持续发展的实现。通过智慧供应链绩效管理，企业能够实现经济效益、社会效益和环境效益三重收益，实现可持续发展目标。

章末案例

"丰智云"助力：顺丰智慧供应链绩效提升与数字化转型

在数字化时代，供应链的绩效至关重要，因为许多行业面临着供不应求的挑战。以顺丰科技服务过的汽车与汽配行业为例，这个行业的价值链已经变得越来越细化，导致了节点之间的联系异常复杂，企业难以直接触及和服务终端消费者。顺丰科技通过"丰智云"建立了以消费者需求为中心的快速响应供应链计划与运营模式。这种以消费者需求为中心的供应链管理可以提高供应链的灵活性和敏捷性，有助于更及时地响应市场变化和消费者需求，从而提升供应链绩效。此外，顺丰为行业客户提供覆盖供应链规划端全场景的集成解决方案，推动数据、资源及场景的一体化，提升运营及资源利用效率。智慧供应链绩效管理强调一体化的管理模式，通过整合各个环节的数据和资源，实现了供应链的信息化和智能化，可以更好地协调各个环节之间的关系、优化资源配置、降低成本、提高效率。

在顺丰科技"丰智云"的支持下，各行业企业利用智慧供应链技术实现了显著的绩效提升，这一变革深刻影响着供应链管理和企业运营的方方面面。

某快消服装零售商通过"智能化可视"方案，不仅优化了仓储和店铺布局，还为整个供应链注入了新的活力和效率。通过"丰智云"的应用，该零售商成功地扩大了物流服务范围，提高了订单处理效率和消费者满意度。这一变革不仅仅是技术上的进步，更是对企业管理和服务水平的提升，从而为企业的可持续发展打下了坚实的基础。

某餐饮零售企业采用了"智能门店"方案，以实现更高效的供应链管理和销售模式为目标。"丰智云"的应用使得这家企业成功地提升了近50%的店铺空间利用率，并引入了更多的前置仓库和配送模式，从而大大提高了其整体运营效率，同时，该零售企业为消费者带来了更加便捷、高效的购物体验，进一步提升了企业在市场上的竞争力。

另外，某美妆企业运用了"按订阅式大数据智能服务"的策略，为消费者创造了全新的交互模式，开拓了百亿级数据服务市场，实现了可观的商业价值。在"丰智云"的技术支持下，该企业的销售模式向智能化、数字化转变，为美妆行业带来了创新和变革。

引入智慧供应链技术后，许多企业不仅大幅提升了订单履约交付率和整体库存周转率，还显著降低了订单响应周期和计划更迭周期，实现了供应链数字化运营的质的飞跃。这些改进不仅提高了企业的运营效率和竞争力，还为消费者提供了更优质、更可靠的服务体验，促进了整个产业链的持续发展和创新。

随着智慧供应链和数智化的飞速发展，未来的经济将呈现更加活跃和充满潜力的态势。这一发展趋势将深刻影响着各个产业和领域，而供应链作为经济运行的重要支柱之一，其绩效水平将成为企业竞争力的关键指标之一。在这个背景下，顺丰科技将持续致力于创新和完善"丰智云"产品体系，以提高供应链绩效，促进产业升级和数字化转型。"丰智云"作为顺丰科技的核心产品体系，旨在为企业提供全方位的供应链解决方案，实现供应链的智能化和数字化管理。通过引入先进的技术手段，如人工智能、大数据、物联网等，顺丰科技可以帮助企业实现供应链的可视化管理，实时监控和分析供应链各个环节的运作情况，从而及时发现和解决潜在问题，提高运营效率和降低成本。这种智能化的供应链管理方式不仅可以有效应对市场需求的变化，还可以提升企业对市场的敏感度和应变能力，为企业在竞争激烈的市场中保持竞争优势提供有力支撑。

顺丰科技加强科技能力的布局和应用，旨在将先进的科技手段融入供应链管理中，实现供应链的数字化转型和智能化升级。顺丰科技通过与行业伙伴的紧密合作，共同推动产业升级和数字化转型，助力企业从传统供应链向智慧供应链转型，提高供应链绩效水平，实现持续增长和可持续发展。智慧供应链的建设不仅是企业的内在需求，也是行业和社会的共同期待。在数字经济时代，供应链绩效已成为企业竞争的关键因素之一。随着市场竞争的日益激烈和消费者需求的不断变化，企业需要拥有高效、智能、可持续的供应链管理体系，才能在市场中立于不败之地。

资料来源：顺丰科技：数字技术正在驱动供应链市场走向新阶段，环球网，2023年11月23日。

案例思考

1. 如何衡量智慧供应链技术对企业供应链绩效的影响？
2. 在智慧供应链管理中，如何确定绩效提升是否与消费者服务体验的改善有关？

习题

1. 传统供应链绩效管理主要存在哪些问题?
2. 智慧供应链绩效管理的内涵有哪些?
3. 什么是智慧供应链绩效评价体系?其构建依据有哪些?
4. 智慧供应链绩效评价模型和评价方法的联系与区别是什么?
5. 人工智能的关键技术有哪些?
6. 智慧供应链绩效管理能带来哪些新价值?

第 12 章　智慧供应链应用

【学习目标】

通过本章的学习,学生应该能够:
- ☑ 了解智慧供应链在金融领域、能源领域、新零售领域和智能制造领域的应用;
- ☑ 掌握智慧供应链金融的内涵;
- ☑ 掌握智慧供应链在金融领域、能源领域、新零售领域和智能制造领域的不同影响。

◐ 开篇案例　　京东的智慧供应链与无人仓储物流系统

　　京东是中国最大的自营式电商企业之一,其智慧供应链体系是中国乃至全球电商领域的领先实践。京东通过构建高度自动化和智能化的物流网络,包括无人仓库、智能分拣系统、无人机及无人车配送等,极大地提升了供应链效率和服务质量。

　　(1)无人仓储系统:京东建立了多个亚洲一号无人仓,这些仓库运用了 AGV、机器人拣选系统、自动化立体仓库等技术,实现从入库、存储、分拣到出库的全链条自动化作业。这不仅提高了仓储效率,还减少了人工错误和成本。

　　(2)大数据驱动的库存管理:京东利用大数据分析预测消费者需求,动态调整库存分布,实现快速响应市场变化。其智能补货系统能够基于销售数据、季节性因素、促销活动等多维度信息,自动进行库存优化。

　　(3)智能路径规划与无人配送:京东研发的无人机和无人配送车,能够在城市和农村地区执行"最后一公里"的配送任务。结合 GIS 和人工智能路径规划算法,系统能选择最优配送路线,缩短配送时间,同时降低物流成本。

（4）开放的供应链服务平台：京东将其智慧供应链能力对外开放，并通过京东物流平台为第三方商家提供仓储、运输、配送等一站式供应链解决方案，帮助合作伙伴提升供应链效率和客户满意度。

京东的智慧供应链体系显著提高了运营效率，缩短了商品从下单到送达消费者手中的时间，同时也为消费者提供了更加便捷、快速的购物体验。这一系列的创新不仅巩固了京东在电商行业的领先地位，也推动了中国电商物流行业向智能化、无人化的方向发展。

资料来源：机器人当主角，京东首度对外揭秘亚洲一号无人仓，百家号：第一财经，2018年5月24日。

12.1　智慧供应链对农业领域的影响

案例 12-1

一向以高品质著称的顺丰提出并开始实行"智慧农业+智慧物流"的一体化服务模式，为中国水果产业提供了实际的帮助。

1. "硬核底盘资源+个性化服务"，高品质物流帮助打开水果运输通路

物流是中国水果产业的根基，在打开水果物流通路上，顺丰具备三大独家优势。

（1）毛细血管级别的运输网络，行业龙头级别的运力支撑。在配送线上，顺丰的硬核是有目共睹的。截至2019年，顺丰拥有9万条运输干支线，城市覆盖率高达99.4%，县级覆盖率也达到了96%，毛细血管级别的陆运网络，为农产品的运输提供了坚实的保障。覆盖全国以及深入原产地27万 m^2 的冷库，更是为农产品的保鲜解去了后顾之忧。不仅如此，顺丰深入产地端，通过与易收发快递物流服务平台的合作，将化肥店、小型超市、个人等乡镇社会资源发展为收寄的代收点，并由网点派车进行串点收件，大幅提升了整体揽收的效率，让偏远地区也可以享受到高品质的快递服务。

（2）一果一包装，定制化包装方案击破多流向、多场景运输痛点。果品的高损耗，有很大一部分的原因是包装的完善性不足，尤其在跨越地域的运输场景下，巨大的温差是一个绕不开的挑战。以脐橙为例，新鲜的脐橙在采摘之后，果实呼吸及蒸腾作用将产生大量水蒸气，遇到南北温差大的时候，水蒸气会变成冷凝水，打湿包裹，导致脐橙受损。为了解决这个问题，顺丰包装实验室进行了多次测试，给出了4种不同的包装方案，如："防潮箱+泡沫箱+保温袋+特制冰袋"的包装方案，还有特别接地气的保温罩，对脐橙进行保温运送；面向环境温度在 $-10℃$ 以下的区域，采用"单件保温包装+批量集装保温包装"的双重保护；每箱橙子都会有"专用纸箱+泡沫箱+保温袋+恒温媒介"；在集装运输时，除了个体包装外，还有"托盘+缠绕膜+保温罩"对脐橙进行全方位保温运送。

（3）借大数据之力规划物流线路，原产地直发模式减少产品损耗。经过多年、多项目的经验积累，顺丰已沉淀大量物流数据，用以优化原产地直发线路，提升运输效率。围绕物流大数据，顺丰已打造出丰暴大屏、数据灯塔等产品，可对物流流向、仓储资源进行实时管理、分析，并进行可视化呈现，进而提升果品运输的效率。在梅州柚项目中，顺丰投入了丰暴大屏，对物流数据进行实时监测。

2. 加码智慧农业提供增值服务，打造果品溢价空间

在做好物流"本职工作"的同时，顺丰也积极向产业链上游延伸，为果农、果商提供以品牌化、标准化为核心的系列增值服务。

（1）规模化的预处理中心，帮水果把好"采后"关。顺丰与多个地方政府合作，共同建立了多个预处理中心，覆盖桔橙、苹果、柚子等多种水果。预处理中心直接帮果农、果商完成了清洗、风干、分级、称重、包装的工作，并依靠自动化、机械化操作为果农、果商省去了不少人力。按重量、尺寸、甜度进行分级后的果品卖相更为统一，往往更受消费者欢迎，也拥有更多的溢价空间。数据显示，经过预处理后，果农、果商的日均处理效能提升了140%，经过科学流程预处理的水果货损率降低为原来的1/3。

（2）升级行业解决方案，加码产销两端助力智慧农业。2018年，顺丰基于梅州农业现状，以梅州柚子为切入口，在做好"运"端服务的同时，向"产""销"两端延伸，打造覆盖"产、运、销全产业链"的一揽子解决方案。顺丰在梅州柚项目中进行了智慧农业试点，从"良地、良种、良法和良品"全链条着手，为梅州柚子建立了2套梅州柚子全产业链标准化建设、打造了4个精选示范基地、提供了智慧农业平台与专家指导、总结了2个优品种植模型。顺丰通过智慧农业科技技术实施精准农业，提升种植效率、种植品质和亩产量。同时，顺丰积极应用自身商流资源，帮助果农、果商打开销售端口。通过接入顺丰优选、大当家、小当家等销售渠道，帮助果农、果商对接优质消费客群。

资料来源：不走寻常路！顺丰发力智慧农业＋智慧物流的一体化服务模式，中国物流与采购网，2019年12月5日。

12.1.1 农产品智慧供应链的内涵

农产品智慧供应链是指将物联网、大数据、人工智能、区块链等数字技术与传统农产品供应链进行深度融合，推动农产品供应链全流程的透明管理、快速响应、无缝链接、高效信息共享与协同，实现农产品供应链从农产品到餐桌全环节的智慧化转型，形成基于数据驱动的新型农产品供应链生态系统。农产品智慧供应链的体系框架如图12-1所示。农产品智慧供应链的核心要义是将农产品供应链上的物流、商流、资金流、信息流、业务流汇聚形成一个闭环生态圈，实现要素集成化、运营可视化、组织生态化、决策智能化，从根本上重塑传统农产品供应链系统中的生产端、加工端、流通端、消费端各环节与各主体的生产关系和利益结构，促使供应链结构向扁平化、网络化转变，从而提升农产品供应链韧性。

12.1.2 构建农产品智慧供应链的重要性

构建农产品智慧供应链具有极强的现实意义。相比传统的农产品供应链模式，农产品智慧供应链模式融入了数字技术，扩大受众人群和信息传播人群，构建网络式的信息交流共享平台，在农户和消费者之间构建新型联系。传统的农产品供应链模式中，农产品的生产规模和流通过程分散，政府和相关部门没有明确的指导方案，以个体交易为主，形成高成本、低效率的营销模式。信息化水平落后，网络发展不健全，让农产品的收集和运输都产生风险，供应链的上下游企业信息不对称，导致农产品供应链严重失衡，间接地加大了供应链的成本投入，而且也会影响消费者对农产品的购买需求。此外，在人为因素的影响下，很多农产品受到严重的冲击，信息的不对称使农产品缺乏有效监管，质量安全问题难以保证。在数字技术快速发展的趋势下，农产品的供应链上下游节点之间的信息实现了实时共享，企业之间的业务联系不断加强。基于信息对称的优势，企业充分利用资源，协调整个供应链发展方向和市场运作，各企业之间实现信息资源共享。利用先进的科技，企业打造专业化、现代化、标准化的农产品智慧供应链，并且通过信息共享的方式增加供应链运作过程的透明性，极大地提升整个农产品智慧供应链的效率。

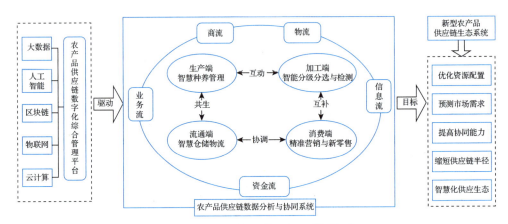

图 12-1　农产品智慧供应链的体系框架

12.1.3　智慧供应链技术在农产品供应链中的应用

智慧供应链技术在农产品供应链中的应用非常广泛，它可以帮助解决许多传统农产品供应链中常见的问题，并实现更高效的运营。

1. 数据收集和分析

运用云计算和机器学习技术，智慧供应链可以自动预测市场需求，优化库存水平，减少存储成本和过期损耗。智慧供应链技术可以收集农产品供应链中的各种数据，包括库存、销售、运输等数据，预测市场需求和价格波动，并通过数据分析来优化流程。这可以帮助供应商更好地了解市场需求、调整库存、确保产品能及时、准确地送达目的地，优化生产和销售计划，减少库存积压或短缺的风险。智慧供应链产生的大量数据也为政府制定农业政策提供了科学依据，有利于政府进行更精准的资源配置，促进农业产业的健康发展。

2. 智能物流与高效物流配送

智慧供应链技术可以通过物联网、大数据和人工智能等技术，实现农产品物流的智能化和精细化。例如，借助 GPS 定位系统和路径规划算法，智慧供应链能够优化运输路线，缩短交货时间，降低物流成本，并确保农产品在运输过程中保持良好的品质。

3. 实时监控与预警

智慧供应链技术能够实时监测农产品生长环境的温度、湿度、光照、土壤养分等参数，并对异常情况进行预警，帮助农民及时调整管理措施，保障农作物的健康生长。通过实时监控和分析供应链中的各种风险因素，企业可以提前采取措施，减少风险带来的损失。

4. 全程可追溯

RFID、二维码、传感器等物联网技术可以实现从农田到餐桌的全程跟踪和溯源。消费者可以通过扫描商品上的标签了解农产品的产地、生产日期、加工过程、农药使用情况等信息，提高食品安全透明度。该技术能够帮助监管部门有效追踪并处置农产品召回事件。一旦发现某个农产品存在质量或安全问题，相关的信息可以被快速追溯，有关部门会有针对性地实施召回措施，并通知消费者停止购买和食用该产品，保障公众健康与安全。

12.2 智慧供应链对金融领域的影响

案例 12-2

智慧供应链金融的一个典型案例来自京东数科（现已更名为京东科技），它在数字化技术和金融服务的结合上具有创新实践。京东通过其完善的电商平台、大数据分析和云计算能力，构建了一套服务于上下游企业的智慧供应链金融解决方案。例如，在与中小微企业合作的过程中，京东科技依托京东集团的庞大生态体系，打造了"京保贝""京小贷"等产品，为供应商和商家提供基于真实交易的快速融资服务。

1. 京保贝模式

京保贝是一种应收账款融资产品，允许供应商将对其他企业的应收账款作为质押，获得京东金融提供的快速融资。整个过程高度自动化，利用区块链、大数据风控等技术，实现对供应链中资金流、信息流的实时监控和精准预测，大大缩短了融资周期，降低了融资成本，并有效控制风险。

京保贝主要是基于账单、应收账款等的保理融资，是京东金融第一款基于大数据的互联网金融产品，背后依靠应收账款融资模式。根据供应链金融划分的基本模式可以认为，应收账款融资模式是指"以中小企业对供应链上核心大企业的应收账款单据凭证作为质押担保物，向商业银行申请期限不超过应收账款账龄的短期贷款，由银行为处于供应链上游的中小企业提供融资的方式"。具体来说，可以将京保贝系统运作划分为3个阶段。

（1）第一阶段。与大多数保理融资相同，供应商在京东平台上销售一批商品，会与京东生成财务结算单，即应收账款。"应收账款＋供应商的供应链数据＋销售数据"构成了京保贝对于该供应商的授信依据。

（2）第二阶段。供应商在不断地销售商品，不断地产生应收账款，形成一个动态的数据池，从而利于供应商得到循环授信。在此基础上，京保贝将整体风控模式转变为节点风控模式，把每一条供应链都分成若干个节点，按节点进行风险评估，然后找到几条很典型的供应链进行风险控制，同时寻找不同节点风险的相同与不同之处，从而更有效地进行风险评估。

（3）第三阶段。形成标准化的风控。在拆分节点的过程中，京保贝将一些性质类型相同的业务进行整合，形成标准化的单据，便于做更为便捷的风控，同时也可以增加供应商的融资和授信额度。

京保贝所基于的订单融资模式的基本流程为：首先，申请融资的供应商要与京东商城签署过购销合同，并且已经得到京东商城的购货订单；其次，供应商需要向保险机构进行投保；再次，银行依据供应商所提供的购货单据和京东给出的确认文件等相关资料进行审核，向企业提供资金支持；最后，当融资期限到期时，由京东商城来向银行偿还相应资金。

2. 京小贷模式

京小贷模式是主要针对京东的中小型供应商、开放平台上的正品商家而建立的，它结合京东商城第三方平台卖家的商户信息，以及历史交易为中小商家提供资金的信息（即京东金融依据中小供应商在京东电商平台上产生的大量交易数据），在不需要抵押物的情况下就可以为其进行中短期授信。它利用大数据实现自动授信和准入，并有多个数据模型控制贷款流程及进行贷后监控，因此在大数据的基础上，无须提供抵押物就可以实现融资额度达百万元级的小额信贷。这对于中小供应商来说无疑是一种较合适的方法，在短期内便可以较好地解决问题。在这种模式下，传统意义上的采购订单融资业务、应收账款融资业务仍然囊括其中。京小贷模式与京保贝模式并无大异，二者仅仅是针对不同京东供应商客体而建立的两种供应链金融融资模式。

京小贷针对京东平台上的第三方商家，基于商家在平台上的历史经营数据（如销售量、库存周转率、用户评价等），采用大数据风控模型进行信用评估，从而向符合条件的商家提供流动资金贷款，支持其日常运营和扩大再生产，体现了智慧供应链金融对于解决小微企业融资难问题的积极作用。通过这些服务，京东科技不仅优化了自身供应链管理效率，还提高了合作伙伴的资金流动性，增强了整个产业链的协同效应，有力推动了实体经济的发展。

资料来源：何乔丹. 供应链金融的模式与风险控制研究：基于京东的案例分析[J]. 生产力研究，2016（8）：32-35+56.

12.2.1 智慧供应链金融的内涵

智慧供应链金融是智慧供应链与金融科技结合后催生的新形态。与传统供应链金融模式相比，智慧供应链金融在结构、流程和信息方面呈现出显著的演化性差异（见表12-1）。

表 12-1 智慧供应链金融各发展模式对比

模式	结构特征	流程特征	信息特征
金融机构主导的供应链金融1.0	点（金融机构）对线（核心企业链条上下游）	资金流	静态的财务信息
核心企业主导的供应链金融2.0	点（核心企业）对面（上下游、金融机构、第三方服务机构）	资金流、交易流、物流、信息流	动态的交易信息、业务信息
互联网供应链金融3.0	网络生态系统（核心企业位于结构洞）	横向、纵向和空间上的全流程	基于平台的多维数据
智慧供应链金融4.0	网络生态进一步延伸，内部联结清晰可视	全方位把握网络流程和状态	整体网络中更客观、广泛的多维数据

第一,智慧供应链金融是由信息技术赋能的平台式结构。在传统供应链金融模式下,金融机构只为供应链中的上下游企业提供资金并管理资金风险,结构逻辑较为单一。而在智慧供应链金融模式下,供应链金融服务的推动者是产业中的核心平台企业,它们基于自身的信用与数据,为上下游的中小企业提供资金融通服务,自身具有贷款牌照的核心企业还能够直接提供资金。其结构不再是链条式,而是平台式,整个供应链呈现高度组织化的网状结构。

第二,智慧供应链金融需要全面管理供应链流程。由于网络结构呈现高度组织化、参与方众多且千差万别,金融服务的提供者无法直接参与所有的交易环节,因此,平台唯有拥有强大的供应链流程管理能力,包括需求管理、上下游企业关系管理、财务资金管理等方面,才有可能降低网络化供应链金融中存在的巨大风险。这些能力的形成必须借助数字技术,以便全方位把握供应链网络中的状况。否则,任何环节管理的缺失,都会为供应链金融活动带来巨大风险。

第三,智慧供应链金融涉及高深度与宽广度的数据信息。在传统供应链金融模式下,金融机构通过时刻关注企业的财务及信用信息、抵押担保以及贷后的风险控制来解决流程中的信息不对称。而在智慧供应链金融模式下,全流程上的信息来源变得范围更广、内涵更深,因此,需要借助各类信息技术,把握和获取各参与方的行为数据、业务数据以及相应的资产数据,通过获取、整合和分析高深度与宽广度的数据来提高信息的介入性,进而提升资金借贷的意愿,保障智慧供应链金融的稳定发展。

智慧供应链金融的生态系统如图 12-2 所示。

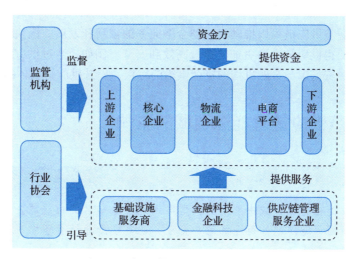

图 12-2 智慧供应链金融的生态系统

12.2.2 智慧供应链金融的作用

1. 资金链优化

供应链金融旨在推动供应链资产与资金的有效对接,而这需要供应链全过程信息真实、透明且可获取,最终建立有效的企业和产业信用,降低因信息不对称而产生的信贷风险。显然，由于参与主体的多样化和供应链运营的复杂性，凭借传统的管理和技术手段，要全面、真实地了解和掌握每个业务活动、每项资产状况，判别资金在每个参与主体处是否置于有效风险控制之下、利率是否切合借方真实风险和经营能力等极其困难。

智慧供应链金融全过程信息的透明化、可介入性和可获得性，降低了整个供应链运营的交易成本和管理监管的操作成本。具体而言，智慧供应链金融可以实现交易和运营活动的真实、透明化反映，有助于对企业经营物或对象等资产及其在供应链中的流动进行实时、动态的监测和管理，特别是对资产进行颗粒度管理，基于每一件产品、每一项活动的真实状况和信息及潜在变化来控制相应风险，从而确立资产本身的信用。

2. 风险管理

智慧供应链可以利用大数据和人工智能技术，对供应链中的各种风险进行预测和管理。实时监测供应链中的各种指标、事件和异常情况，可以及时发现供应链中的潜在风险，并采取相应的措施进行防范和处理。

智慧供应链金融可以保障供应链交易中产生的债权债务关系及相应的资金往来结构明晰并被真实反映，具体包括交叉核实、验证债权债务结构的真实性和完整性，实现单证票据的标准化、数字化、实时化和透明化，从而做到供应链闭环与全流通环节的无缝监管追踪，并对整体供应链业务和经营活动进行整合管理，使其中的金融资产、各级供应链参与主体的信用能够客观、真实地呈现。

3. 供应链金融创新

智慧供应链可以推动供应链金融业务的创新和发展。区块链、大数据等技术的应用使得供应链金融更加便捷、高效和安全。例如，通过供应链金融平台实现供应商的融资需求与金融机构的资金供给的对接，提升供应链整体的金融运作效率。

12.3 智慧供应链对能源领域的影响

案例 12-3

智慧供应链在能源领域中应用的典型案例是全球知名的新能源企业——天能集团。天能集团作为我国新能源电池行业的龙头企业，在其全产业链管理中采用了信息化和智能化技术构建智慧供应链。

1. 完善绿色供应链体系建设，提升能源利用率

天能集团是一家以电动轻型车动力电池业务为主，集电动特种车动力电池、新能源汽车动力电池、汽车起动启停电池、储能电池、3C电池、备用电池、燃料电池等多品类电池的研发、生产、销售为一体的国内电池制造领先企业。2024年，其综合实力位居全球新能源企业 500 强第 20 位、中国制造业民营企业 500 强第 20 位。

近年来，随着经济的发展，消耗的资源也越来越多，资源浪费与环境破坏事件频繁发生。可持续发展战略将生态环境与经济发展视为人类社会存在的两大基石，两者缺一不可，

而实施绿色供应链管理正是推动可持续发展的一种有效途径。

作为新能源电池制造行业的领军企业及全球知名的绿色能源系统方案解决商，天能集团围绕生态环境问题正着手打造我国电池行业一条集"电池制造—废电池回收—铅再生—电池制造"为一体的闭环型绿色供应产业链，达到产品全生命周期管理的目的。

基于此，天能集团通过第三方专业公司建立了供应链管理系统，结合企业的生产经营状况和发展特点，按照产品生命周期要求，从绿色供应商管理、绿色生产管理、绿色回收体系等关键环节制定了供应链管理战略规划，将环境保护和资源节约的理念贯穿到产品设计、原材料采购、生产、运输、储存、销售、使用和报废处理的全过程，使集团的经济活动与环境保护、节能减排协调发展，并提升能源利用率。

此外，供应链管理系统还可助力天能集团实现全渠道客户统一及全流程协同交付，通过一套系统集成营销、销售、采购、仓库、生产、财务、人资、办公、统计九大企业管理核心要素，实现数据互联互通、模块按需部署、业务一键流转，做到多业务、多地点、多设备无缝协同，与客户、供应商、委外商等产业链协同智造，抢先布局电池制造供应链新赛道。

2. 畅通企业融资渠道，建造共生产业链

传统供应链金融存在信息不对称、核心企业信用传递困难、资金无法自动结算等问题，中小微企业融资难、融资慢和融资贵的现象长期存在。作为大型实业集团，天能集团下属子公司多达 60 余家，对此类问题，其通过打造数字化供应链金融平台，借助企业资金、资源优势，解决了产业链上中小企业"资金流"问题，增强了企业发展核心动能，为旗下中小企业及小 B 类商户提供了新的融资渠道。为解决融资难题，天能集团将供应链中的相关企业作为一个整体，通过综合授信，为相关企业提供灵活、全面的金融产品和金融服务，把资金有效注入供应链中，促进天能集团与上下游企业建立长期战略协同关系，提升供应链竞争能力。

此外，在供应链金融实践中，存在信息严重不对称、结构更趋复杂以及风险难以管控等问题，供应链金融平台在客户门槛准入，第三方征信服务，对接、评级、授信、审批、放贷、还款、逾期处理等方面具有完备的风险管控机制，实时更新欺诈信息库，定期检测存量用户，及时发现跨平台逾期、多头借贷、用户异动等风险，方便金融机构更好地进行判断和决策。平台的风险管理功能还能够做到搭建线上线下风控模块，从融资资格、融资额度、材料审核、项目审批等多个环节进行科学管理。

3. 精准掌握渠道库存，实现多渠道协同运营

渠道是产品从生产者向消费者转移的通道或途径。国内比较常见的渠道有：经销商渠道、KA（重点客户）渠道、直销渠道、电商渠道、代运营渠道等。随着天能集团产业的不断扩大和业务的不断增多，渠道的管控也愈发困难，由不同的利益群体组成的集合，不同层级、不同区域、不同体量的渠道成员之间都存在着一定程度的博弈，严重的时候还会产生激烈的渠道冲突，给渠道管理造成巨大困扰。基于此，天能集团也开始越来越重视企业的渠道管理，在渠道管理方面不断进行调整和升级。

在具体实践层面，天能集团通过搭建 DMS 渠道商管理系统，明确各类渠道成员在系统中使用的功能和权限，给渠道成员分配具体目标，清晰管理渠道订单，精准掌握渠道库存，实时洞察市场动态，高效处理、管控和分派来自所有渠道客户触点的订单，简化全渠道的运营管理，为品牌商、零售商或渠道商提供全渠道的支持。打造一站式、全流程、自

动化的电池制造渠道商管控平台，快速拓客锁客，加速资金回笼，优化渠道三流，实现专属的行业渠道商管理，有效应对企业拓展和增长需求，综合提升渠道运营效率与收益，让渠道管理更高效、终端掌控更有力。

<small>资料来源：天能集团：解读电池制造龙头实现盈利第一的关键，百家号：数商云科技，2021年10月29日。</small>

  随着科技的日新月异和全球对可持续发展要求的不断提高，智慧供应链正在深刻地改变着能源行业的格局与发展路径。智慧供应链技术通过融合大数据、物联网、人工智能等前沿技术，在优化资源配置、提升效率、强化风险管理以及促进绿色转型等方面对能源领域产生革命性影响。

1. 资源协同共享

  智慧供应链可以通过智能算法和数据分析，实现能源的优化管理，包括能源的分配、调度、监测和控制等。应用数字化技术，能够充分发挥能源企业供应链产业链平台优势，积极与供应链合作伙伴开展信息集成、业务协作和资源共享，实现和谐共赢。

2. 实时能源监测

  智慧供应链可以通过传感器和数据分析技术，实现对能源的实时监测和预警，提高能源的安全性和稳定性。通过配置区域综合数据，实现基础数据收集与定义，对数据进行分类分项管理；通过接收上报软件上报的业务数据，系统自动分类存储，并自动根据数据计算区域综合能耗及预测趋势曲线；通过对区域各级的电、水、热、冷等消耗进行计量，实现区域能耗数据的统计分析；通过对比不同区域等的能耗数据情况，了解不同对象区域等的能耗规律，自动对这些对象进行能耗排名，找出能源使用过程中的漏洞和不合理地方，从而调整能源分配策略，减少能源使用过程中的浪费。

3. 简化能源交易

  智慧供应链可以与能源交易平台相结合，实现能源的智能交易和调度，提高能源的流动性和效率。通过能源交易平台，采购商可发布采购需求，向供应商进行询价、比价，供应商在供应链系统上在线报价、发布供应信息，实现采购信息和供应信息的信息共享、信息匹配，平台还能精确对接供求、撮合交易。智慧供应链扩大了信息采集范围，提高了信息采集效率，减少能源行业供应链上下游企业线下交易环节，进而加快信息传输、优化能源行业供应链平台、简化能源企业和上下游企业采购交易的工作流程、减少工作量。能源交易平台能够降低能源采购价格，从而有效提高经济效益，使整个采购和供应过程快速、准确、公开、透明。

4. 能源预测

  智慧供应链可以通过大数据和机器学习技术，实现对能源的预测和预警，提高能源的预测能力和稳定性。智慧供应链对接入能源设备、计量仪表等进行统一管理、监控、运维，为用户提供设备管理、系统自检、全局拓扑图、设备运维等功能，帮助用户掌握各种设备的生命周期、运行状况及系统运行情况。

  综上所述，智慧供应链不仅是能源行业提质增效的关键驱动力，更是在全球能源转型的大背景下，引领着能源行业向着更加高效、智能和绿色的方向迈进的重要力量，其创新实践与应用价值对于构建未来可持续发展的能源体系具有不可估量的意义。

12.4　智慧供应链对新零售领域的影响

案例 12-4

1. 线上与线下结合，共同打造全场景消费

苏宁以门店零售起家，线下资源优势显著，且用户忠诚度高，这为苏宁的智慧零售线下布局打下良好的基础，其线下布局可概括为"两大一小多专"。苏宁广场和苏宁易购广场代表"两大"，大多分布在城市的核心商圈，满足消费者全场景的体验需求。苏宁小店代指"一小"，"线下便利店+app"的运营模式，使消费者既能体会到实体店服务，也能享受线上下单送货上门或自提服务。苏宁小店是最接近消费者的入口，解决了"最后一公里"问题。"多专"指垂直领域的零售形态，包括苏宁极物、苏鲜生等。苏宁极物瞄准大城市的年轻群体；苏鲜生则继盒马生鲜后开始涉足大型商超，采取"线上配送+线下体验"的运行模式。

2. "科技+物流+金融"助力苏宁易购智慧零售

智慧零售对科学技术要求极高，苏宁易购智慧零售布局的重中之重是提高自身的技术水平，借助大数据、人工智能、云计算重塑智能化的零售场景。大数据能获取更精准的客户需求，供应商与客户的关系发生变化，不再是客户需要什么供应商就提供什么，而是供应商提前通过大数据分析了解客户喜好并生产客户需要的产品。智能技术为智能化零售场景锦上添花，以苏宁小店为例，其24h营业，并有自助收银系统、客户流分析系统，为客户带来更为先进的消费体验。

苏宁易购建立起较为成熟的智慧物流体系，其物流板块目前包括"苏宁快递""冷链物流""同城配送"等，解决了为实体门店零售配送延时的问题，打通了线上线下资源对接的桎梏，实现信息共享。苏宁建立社区快递点、门店自提点、易购校园店末端网络，着力解决"最后一公里"问题。苏宁金融依托苏宁易购线上渠道，积累大量中小企业客户资源，推出满足多种融资对象的金融产品：任性贷解决实体店消费者短期资金不足难题，易付宝使消费者从买东西到付钱形成闭环的消费生态，开发了苏宁的其他业务领域。

资料来源：晏闪. "新零售"背景下电商的战略布局：以苏宁易购为例[J]. 中国集体经济，2020（18）：60-61.

新零售是以消费者体验为核心的数据驱动型泛零售模式，伴随着电子商务快速发展而兴起，是线上、线下和物流相结合的新销售模式。

1. 降低新零售成本，提高新零售效率

传统的供应链仅仅只是点的集成，灵活性比较差，存在"信息孤岛"效应，上下游企业缺乏沟通。制造商只能通过历史订单来预测消费者的需求，整条供应链无法快速地对市场变化做出反应。经常出现市场需求激增时，产品供不应求，当产品进入市场时，需求热度却早已转移，造成库存积压和资源浪费。

智慧供应链的发展和应用让商流、物流、信息流和资金流实现了高效连接。随

着智慧化水平的不断提升,供应链各节点将产生大量虚拟企业,并围绕其核心业务形成不同的虚拟产业集群,智能运输工具、人工智能设备帮助上述"四流"在各节点企业间运输、传递和交易,提高了上下游企业间的信息沟通和业务协同的效率。新零售企业所面临的市场更加复杂,客户需求呈现多样化、复杂化的特征,市场不确定性更高,商品品种在增多,批量在减少,而交货期却变短了。在智慧供应链管理下,通过动态预测供应链上关联的物料或产品需求,"牛鞭效应"得到最大限度减少。智慧供应链能够快速响应市场需求,满足新零售发展的要求,帮助商家实现最优库存甚至零库存,降低成本。谁的供应链更"智慧",谁就能在零售行业占得先机,获取长期利润。

2. 智慧供应链满足个性化需求

当前,消费需求呈现出长尾效应,即人们更加注重产品的多元化和个性化,在尾部的小众需求开始逐渐取代大众需求,占据主导地位,"非流行"部分的总数量超过了头部流行市场。新零售所面临的市场是被细分的市场,要尽可能地识别每一位消费者的独特性需求,尽可能为他们实现个性化和订制化的生产,这就对供应链上的每一个环节都提出了高要求:设计、生产、制造、分销和物流都要具有高度柔性和灵活性,传统的供应链远远做不到这一点。智慧供应链利用大数据等信息技术,让供应链各节点的信息沟通更加便捷、准确、及时,可以随时了解消费者的需求。在各节点网络联盟的支持和快速的信息反馈平台下,消费者的个性化需求能够得到及时满足。目前,智慧供应链的消费端已经比较完善,消费数据可以帮助企业构建出清晰的消费者画像,但是上游企业的数字化程度相对而言还比较低,因此重构智慧供应链需要对供应链上游企业进行数字化改造,提高信息化程度,重新打造业务流程和信息传递方式,以快速响应新零售环境下变幻莫测的市场需求。

3. 智慧供应链提高产品质量

相较于传统供应链来说,智慧供应链更加重视产品质量,强调各司其职、追求精益制造。从生产层面看,制造企业的生产系统与智慧供应链相连接,智能虚拟仓库和精准的物流配送让制造企业可以专注于生产制造。从物流层面看,智慧物流属于智慧供应链中的非常关键的一环,它通过互联网和物联网,实现了生产者和消费者的直接连接。智慧物流系统所具备的即时性、数据性、协同性、智能型特点正迎合新零售小众化、碎片化、快速化的需求变化。从整个供应链的角度来看,智慧供应链从精益生产开始,到拉动精益物流、精益采购、精益配送,能够在降低新零售成本、提高新零售效率的同时保证产品质量。这就对智慧供应链提出了更高的要求:对每一个环节都要进行质量把控,加强上下游企业之间的协同性。

12.5 智慧供应链对智能制造领域的影响

案例 12-5

2020年9月16日,阿里巴巴正式上线了对外保密运行3年的新业务犀牛智造。同年,世界经济论坛宣布"全球灯塔网络"新增10家灯塔工厂成员，阿里巴巴凭借新制造平台犀牛智造位列其中。

犀牛智造本质上是阿里巴巴推出的下一代互联网制造平台。平台以阿里云工业互联网为基础，通过大数据、人工智能等数字化手段，实现生产制造全价值链端到端的互联互通，以满足消费者快速、多元、个性化需求。服装行业是犀牛智造打造的首个"样板"。旗下犀牛智造工厂通过对阿里巴巴线上沉淀的消费行为数据和"主播"订单数据进行整合分析，为中小商家提供潮流趋势预判。同时，利用工业互联网平台对各生产节点产能进行在线分配，实现生产组织关系的重构与再造，帮助中小企业解决供应链中"预售预测难、快速反应难、消化库存难"等老、大、难问题。

经过近几年的探索和实践，犀牛智造工厂已在传统的服装生产领域树立了显著的核心优势。一是去库存优势。变"以产定销"为"按需生产"，将销售、订单数据与设计、生产端打通，实现对产品销量的准确预测，提升产业链应对市场的快速响应能力，科学制定产量，降低库存压力。二是定制化优势。变"不愿接小单、急单"为"主张小单化、个性化生产"，实现市场需求和工厂产能的智能调度和匹配，达到低起订量、快速交付的柔性制造能力。数据显示，较之其他工厂，犀牛智造工厂将平均1 000件起订、15天交付的服装加工流程，缩短为100件起订、7天交货，交货时间缩短75%，库存降低30%，制衣用水量减少了50%，运转效率是行业平均水平的4倍，比快时尚巨头ZARA公司还快7天。三是订单优势。变"平台单一流量入口"为"平台+主播复合流量入口"，在服装行业，率先切入当下异军突起的网络直播领域，实现平台和直播在生产、上线、销售、发货等各个环节的深度融合，通过快速获取订单信息并快速生产，促进服装产业和直播产业双线繁荣。未来，待犀牛智造模式成熟后，犀牛智造工厂将通过自建工厂、联营的方式实现大面积复制。

阿里巴巴建立犀牛智造工厂的意义是多方面的。目前看来，犀牛智造在阿里巴巴的最主要的任务是服务于淘宝、天猫等电商业务，帮助阿里巴巴实现在2020年天猫新品牌发布会上设立的"未来3年天猫平台上将有1 000个新品牌实现年销售过亿（元），100个新品牌实现年销售过10亿（元）"目标，让陷入增长瓶颈的电商业务实现新的增长。

长远看来，正如阿里巴巴新制造负责人伍学刚的发言："犀牛智造平台为新制造打样做个工厂，服务中小商家，模式成熟后，会将沉淀的新制造能力向中小工厂输出，开放合作。"未来，阿里巴巴新制造战略有望将服装行业新制造的探索复制到其他行业，赋能更多中小企业。

资料来源：徐迎雪，阿里巴巴携犀牛智造工厂进军智能制造，C2M更近一步，搜狐网，2020年9月25日。

智能制造是指依托于物联网、云计算、大数据等新一代信息技术，实现制造全过程人机交互的智能化和状态感知、实时分析、自主决策和精确执行等，以达到柔性化生产和快速响应的目的。

1. 智能化实践路径

智能制造的基本特点是智能化系统的运用。智慧供应链下，基于智能系统来构建完善的供应链管理和控制模式，通过智能机器人替代人工的方式开展具体工作。智慧供应链涉及制造生产、物流运输、配送存储等一系列环节，不仅工作量非常大，而且要求整个供应链系统的配合度能够达到较高的水平。传统供应链管理中，由于人工有限，不能做到细节化处理；而在智慧供应链的支持下，智能机器人基于程序化控制手段，能够对具体环节进行自动化处理。例如，在智能制造供应链的物流环节，智能机器人能够依据系统信息进行分拣和运输；对于物流环节中不同的产品以及销售渠道，智能机器人可以自动匹配，从产品类型、数量到时间、运输方式等，控制各层面数据信息的完全匹配。基于智能技术，分拣过程可以通过智能扫描来认证商品信息，并基于信息技术、物联网技术等强化智能处理流程，提高供应链的运行效率。

2. 数字化实践路径

数字化实践路径中，基于智能制造产业特点，对实体供应链环节予以数字转化，也就是基于特定的数字来替代传统的实体物资传递。智慧供应链将制造业各个参与企业进行了关联，不同的制造产品以数字化方式构成关键信息，并且基于智能系统来完成传递和共享。数字化方式使得智慧控制成为现实。在制造业发展进程中，所有高端技术的应用基础都是数字化，即智慧化管理过程基于数字方式来构建各种供应链管控指令，并在智慧供应链的所有环节中交互传递，将数字指令用于对智能制造业中自动化设备的控制，进而可以完成既定的制造任务目标。

3. 网络化实践路径

网络化实践路径主要基于网络环境将智慧供应链各个环节加以衔接。制造业中，各个节点的制造参与企业可以基于网络化虚拟环境，上传各种数据，这些数据会在网络体系中按照既定的原则进行传输。网络节点会自动进行加密和解析，进而保证智慧供应链运行的安全性和有序性。智慧供应链网络将供应链每个环节都纳入一个框架系统中，基于网络覆盖将制造业涉及的企业、工作内容、衔接点都囊括其中，如原材料是制造产品的重要基础，那么在制造企业采购原材料时，就可以基于网络发布需求信息，而原材料供应商可以基于所获取的信息提出供应申请，从而建立制造企业的相互关联。网络化实践路径使制造业能够进行整体布局，这对于加强智慧供应链各个环节的关联性起到重要作用。网络技术、智能技术等使得制造业的不同关键点不再独立存在，任何一个关键点的变化都会带动整个供应链的变动。网络化使不同企业的信息自由流转，不仅使信息呈现公开透明状态，而且能够给不同企业提供交流磋商的平台。

4. 柔性化实践路径

智慧供应链可以基于供需关系来灵活调整制造生产等工作。在智能技术的支持下，供应链企业间的联系更加紧密，为柔性生产提供了积极支持。柔性生产改变了传统制造生产中生产量固定的局限。传统生产环节虽然经过了生产计划的制订和实施，但是由于对需求量信息掌握不全面、不及时，生产量难以与需求量完全一致。而在智慧供应链的基础上，柔性生产目标可以有效实现。柔性生产将生产任务进行细化和分解，每个单位时间或者每个阶段的生产量都可以随时进行调整，制造生产完全由消费者决定。柔性生产有助于制造业更好地控制成本，诸如仓储成本、资金成本等都能够有效降低。柔性化实践路径中，智慧供应链会对消费终端反馈的信息进行分析，提高供需黏合度，通过调整生产节奏来增加制造产业的灵活度，随时依据市场情况进行产品转型。

参考文献

[1] 刘宇，张思宇．比亚迪智慧供应链变革及优化策略[J]．供应链管理，2023，4（4）：78-85．

[2] 范贝贝，李瑾，冯献，等．农产品智慧供应链体系高质量发展研究[J]．中国工程科学，2023，25（4）：92-100．

[3] 张树山，谷城，张佩雯，等．智慧物流赋能供应链韧性提升：理论与经验证据[J]．中国软科学，2023（11）：54-65．

[4] 宋华．智慧供应链金融[M]．北京：中国人民大学出版社，2019．

[5] 赵振智，王芳．智慧供应链成本控制屋多级规划顶层设计研究：以油气矿区为例[J]．中国软科学，2014（8）：184-192．

[6] WU L F, YUE X H, JIN A, et al. Smart supply chain management: a review and implications for future research[J].The international journal of logistics management，2016, 27（2）: 395-417.

[7] BüYüKöZKAN G, GöçER F. Digital supply chain: literature review and a proposed framework for future research [J]. Computers in industry, 2018, 97: 157-177.

[8] 陶巍．基于新一代信息技术的智慧供应链体系构建[J]．铁路采购与物流，2022，17（6）：44-47．

[9] 盖茨．未来之路[M]．辜正坤，译．北京：北京大学出版社，1996．

[10] CONTI J P. The internet of things[J]. Communications engineer, 2006, 4（6）: 20-25.

[11] 李冬月，杨刚，千博．物联网架构研究综述[J]．计算机科学，2018，45（增刊2）：27-31．

[12] 王保云．物联网技术研究综述[J]．电子测量与仪器学报，2009，23（12）：1-7．

[13] 吴吉义，李文娟，黄剑平，等．移动互联网研究综述[J]．中国科学：信息科学，2015，45（1）：45-69．

[14] 李贺，袁翠敏，李亚峰．基于文献计量的大数据研究综述[J]．情报科学，2014，32（6）：148-155．

[15] 陶雪娇，胡晓峰，刘洋．大数据研究综述[J]．系统仿真学报，2013，25（增刊1）：142-146．

[16] 涂新莉，刘波，林伟伟．大数据研究综述[J]．计算机应用研究，2014，31（6）：1612-1616+1623．

[17] 刘智慧，张泉灵．大数据技术研究综述 [J]．浙江大学学报（工学版），2014，48（6）：957-972．

[18] 蒋永生，彭俊杰，张武．云计算及云计算实施标准：综述与探索 [J]．上海大学学报（自然科学版），2013，19（1）：5-13．

[19] 李乔，郑啸．云计算研究现状综述 [J]．计算机科学，2011，38（4）：32-37．

[20] 王继业，程志华，彭林，等．云计算综述及电力应用展望 [J]．中国电力，2014，47（7）：108-112+127．

[21] 赵楠，谭惠文．人工智能技术的发展及应用分析 [J]．中国电子科学研究院学报，2021，16（7）：737-740．

[22] 傅丽玉，陆歌皓，吴义明，等．区块链技术的研究及其发展综述 [J]．计算机科学，2022，49（增刊1）：447-461+666．

[23] 林知微，张嵩川，王成吉，等．区块链技术综述：在下一代智能制造中的应用 [J]．智能科学与技术学报，2023，5（2）：200-211．

[24] 曹傧，林亮，李云，等．区块链研究综述 [J]．重庆邮电大学学报（自然科学版），2020，32（1）：1-14．

[25] 刘双印，雷墨鹥兮，王璐，等．区块链关键技术及存在问题研究综述 [J]．计算机工程与应用，2022，58（3）：66-82．

[26] 董红永．改革开放以来供应链形态演进研究 [J]．商业经济研究，2021（5）：31-34．

[27] 黄成成，叶春森，王雪轩，等．智慧供应链体系构建研究 [J]．价值工程，2018，37（23）：121-123．

[28] 刘伟华，李波．智慧供应链管理 [M]．北京：中国财富出版社，2022．

[29] 王霜，于辉．智慧供应链：从生态构建到路径跃迁 [J]．华东经济管理，2023，37（8）：1-11．

[30] 丁倩兰，张水旺，梅瑜，等．数据驱动的智慧供应链生态体系构建 [J]．商业经济研究，2020（18）：38-41．

[31] 胡斌，王莉丽．物联网环境下的企业组织结构变革 [J]．管理世界，2020，36（8）：202-210，232．

[32] 刘峰．京东物流与茅台物流战略签约，推进全球范围智慧物流合作 [EB/OL]．(2023-11-04) [2024-02-17]．https://www.dsb.cn/231691.html．

[33] 慕静，邓春姊，王俊艳．智慧物流与供应链：微课版 [M]．北京：清华大学出版社，2022．

[34] 霍艳芳，齐二石．智慧物流与智慧供应链 [M]．北京：清华大学出版社，2020．

[35] 王晓阔，范蓉，许玲玲．智能仓储大数据分析：初级 [M]．北京：清华大学出版社，2022．

[36] 章根云，高树城．智能仓储规划 [M]．北京：清华大学出版社，2023．

[37] 姜宏锋，张喆，程序．数智化采购：采购数字化转型的方法论与实践 [M]．北京：机械工业出版社，2021．

[38] 黄文霖．数字化采购：采购转型升级的实践指南 [M]．北京：人民邮电出版社，2023．

[39] 佩罗特，麦卡锡．基础营销学：第15版 [M]．胡修浩，译．上海：上海人民出版社，2006．

[40] 李永平，董彦峰，黄海平. 数字营销 [M]. 北京：清华大学出版社，2021.

[41] 郭晓亭，蒲勇健，林略. 风险概念及其数量刻画 [J]. 数量经济技术经济研究，2004（2）：111-115.

[42] 李倩. 智慧供应链导向的企业风险管理协同研究：以 K 公司为例 [D]. 广州：暨南大学，2020.

[43] MANUJ I, MENTZER J T. Global supply chain risk management[J]. Journal of business logistics，2008，29（1）：133-155.

[44] 杨满意. 供应链风险管理文献综述 [J]. 物流工程与管理，2022，44（4）：50-54.

[45] 张雨. S 集团智慧交通项目风险管理研究 [D]. 济南：山东财经大学，2023.

[46] 刘伟华，曾勇明，乔显苓. 智慧供应链质量标准体系探究 [J]. 供应链管理，2022，3（9）：5-19.

[47] 刘虎沉，王鹤鸣，施华. 智能质量管理：理论模型、关键技术与研究展望 [J]. 中国管理科学，2024，32（3）：287-298.

[48] 张华，顾新. 供应链竞争下制造商数字化转型的博弈均衡研究 [J]. 中国管理科学，2024，32（6）：163-172.

[49] 张豪，张纲，蒋家东，等. 中国制造业产品质量提升策略研究 [J]. 中国工程科学，2022，24（2）：38-47.

[50] 孔雪梅. 基于约束理论的供应链绩效管理 [D]. 北京：北京交通大学，2007.

[51] GRIMM C M. The practice of supply chain management: where theory and application converge [J]. Transportation journal，2004，43（2）：59-60.

[52] 李钟石，文华. 韩国企业供应链伙伴关系的形成特点及绩效对我国的启示 [J]. 经济研究导刊，2020（22）：12-16.

[53] 陈祥丽. 基于平衡计分卡的美的集团供应链绩效评价 [D]. 贵阳：贵州财经大学，2022.

[54] 刘宇，张思宇. 比亚迪智慧供应链变革及优化策略 [J]. 供应链管理，2023，4（4）：78-85.

[55] 仲理峰，时勘. 绩效管理的几个基本问题 [J]. 南开管理评论，2002（3）：15-19.

[56] 汪利虹，刘志学. 基于 PDCA 的供应链视角下物流客户服务绩效评价研究 [J]. 管理学报，2012，9（6）：920-926.

[57] 廖建桥. 中国式绩效管理：特点、问题及发展方向 [J]. 管理学报，2013，10（6）：781-788.

[58] 杨瑾. 大型复杂产品制造业集群供应链绩效评价模式研究 [J]. 中国管理科学，2013，21（6）：64-71.

[59] 李玉凤，邢淋淋. 智慧供应链绩效评价指标体系构建 [J]. 统计与决策，2017（3）：183-185.

[60] 刘伟华，王思宇，贺登才. 面向国际产能合作的智慧供应链绩效影响因素：基于多案例的比较 [J]. 中国流通经济，2020，34（9）：3-20.

[61] 宋华. 新兴技术与"产业供应链+"："互联网+"下的智慧供应链创新 [J]. 人民论坛·学术前沿，2015（22）：21-34.